国际传媒前沿研究报告译丛
黄晓新　刘建华　/主　编

NEW MEDIA AND SOCIETY

新媒体与社会

〔美〕蒂娜·A.罗林格　/著
刘建华　杭丽芳　/译

中国书籍出版社
China Book Press

图书在版编目（CIP）数据

新媒体与社会 / (美) 蒂娜·A. 罗林格著；刘建华,杭丽芳译. -- 北京：中国书籍出版社, 2023.8
ISBN 978-7-5068-9380-0

Ⅰ.①新… Ⅱ.①蒂… ②刘… ③杭… Ⅲ.①媒体(新闻)—社会学—研究 Ⅳ.①G206.2-05

中国国家版本馆CIP数据核字(2023)第082767号

著作版权登记号/图字 01-2023-1973

©2019 by New York University
The simplified Chinese translation rights are arranged through Rightol Media.（本书中文简体版权经由锐拓传媒取得，Email:copyright@rightol.com）

新媒体与社会

[美] 蒂娜·A. 罗林格 著　　刘建华 杭丽芳 译

责任编辑	盛　洁
责任印制	孙马飞　马　芝
封面设计	春天·书装工作室
出版发行	中国书籍出版社
地　　址	北京市丰台区三路居路97号（邮编：100073）
电　　话	（010）52257143（总编室）　（010）52257140（发行部）
电子邮箱	eo@chinabp.com.cn
经　　销	全国新华书店
印　　刷	三河市富华印刷包装有限公司
开　　本	710毫米×1000毫米　1/16
字　　数	221千字
印　　张	18.25
版　　次	2023年8月第1版
印　　次	2023年8月第1次印刷
书　　号	ISBN 978-7-5068-9380-0
定　　价	72.00元

版权所有　翻印必究

国际传媒前沿研究报告译丛（8卷本）
编辑委员会

学术顾问：胡百精　喻国明　周蔚华　魏玉山　张晓明　孙月沐
　　　　　梁鸿鹰　林如鹏　方立新　喻　阳　于殿利　杨　谷
　　　　　王　青　贺梦依　隋　岩　熊澄宇　邓逸群　谢宗贵
　　　　　武宝瑞　高自龙　施春生　林丽颖　张　坤　韦　路
　　　　　（排名不分先后）

主　　编：黄晓新　刘建华

编　　委：刘向鸿　李　淼　师力斌　孙佩怡　康　宏　杨驰原
　　　　　张文飞　董　时　刘一煊　赵丽芳　卢剑锋　王卉莲
　　　　　黄逸秋　李　游　王　珺　遆　薇　王　莹　杭丽芳
　　　　　刘　盼　李文竹　洪化清　黄　菲　罗亚星　任　蕾
　　　　　穆　平　曾　锋　吴超霞　邹　波　苏唯玮　汪剑影
　　　　　潘睿明　傅　烨　肖　蕊　杨青山　杨雨晴　黄欣钰
　　　　　邱江宁　周华北　林梦昕　王梓航　韩国梁　史长城
　　　　　牛　超　薛　创　庞　元　王　淼　朱　琳
　　　　　（排名不分先后）

出品单位：中国新闻出版研究院传媒研究所

著者简介

蒂娜·A. 罗林格(Deana A. Rohlinger)，佛罗里达州立大学社会学教授，著有《堕胎政治、大众传媒和美国的社会运动》及数十篇研究文章。

译者简介

刘建华，江西莲花人，中国新闻出版研究院传媒研究所执行所长、研究员，安徽财经大学兼职教授，扬州大学、河北传媒学院硕士生导师。中国社会科学院哲学所文化研究博士后，中国人民大学传媒经济学博士，中国新闻文化促进会常务理事，中国记协新媒体专业委员会委员，高校毕业生就业协会宣传与全媒体人才工委会副理事长。著有《对外文化贸易研究》等书近40部，《一本书学会新闻采写》(7部)丛书主编，在权威媒体发表文章150余篇，从事新闻传播理论、媒体融合、书法符号传播、传媒经济与文化产业研究。

杭丽芳，女，1989年生，云南寻甸人，菲律宾雷省国立科技大学教育管理博士，云南大学传播学硕士，昆明亚满福科技有限公司总经理，曲靖市麒麟区兴源职业技术学校校长，主要作品有《舆情消长与边疆社会稳定》(参写)、《一本书学会软新闻写作》(合著)。

译丛前言

传播是人类与生俱来的行为，人类社会的不断发展带动传媒技术的不断变革与传媒形态的不断创新。传媒的进化发展反作用于人类社会，发挥社会监督、协调沟通、经济推动与娱乐润滑的作用，促进人类社会的不断进步。

加拿大著名传播学者麦克卢汉的"媒介即信息"认为，媒介所刊载的内容并不重要，重要的是媒介本身，一种媒介其实是一个时代一个社会文明发展水平的标志，它所承载的"时代标志性信息"是辽阔的、永恒的。一部文明史，其实质就是人类使用传播媒介的历史，也是传媒从简单到复杂的发展历史。

媒介发展史其实就是媒介技术变革史，正是因为造纸技术、印刷技术、电子技术、数字技术、网络技术、移动技术、人工智能等新技术的出现，人类传播从口耳相传走向窄众传播、大众传播，又从大众传播走到分众传播、精准传播，一切皆媒介、人人皆传播成为现实，世界也就成为名副其实的"地球村"。

进入21世纪以来，由于互联网特别是移动网络和数字技术的发展和普及，带来新的传媒革命，重构社会生态。党中央审时度势、高度重视、周密部署，2013年我国开启传统媒体与新兴媒体融合发展的步伐。经过10年来各方面的共同努力，我国传媒融合发展取得显著成效，相当多的主流融媒体机构已经成型，融媒体传播能力已经具备，融媒体内容生产提质增效，主流舆论阵地得到稳固，媒体融合加快向纵深发展，并正在构建"全媒体传播体系"。在这个过程中，我们需要了解掌握国外媒体的融合现状、发展道路和趋势，学习借鉴国外媒体融合发展、建设的经验教训，为我所用，进一步攻坚克难。

中国传媒业作为文化产业的核心组成部分，在我国政治经济文化社会生活中发挥着信息传播、人际沟通、休闲娱乐和舆论引导、社会治理的功能，具有举足轻重的地位。国际传播能力也在不断提高，在国际传媒舞台上获得了一定的地位。但是，与纽约时报（The New York Time）、新闻集团（News Corporation）等国际传媒大鳄相比，我们的传播实力与国际地位还远远不足不够，在掌握国际话语权上还有较大的努力空间。

2022年10月16日，习近平总书记在党的二十大报告中指出，要"加强全媒体传播体系建设，塑造主流舆论新格局"，"增强中华文明传播力影响力。坚守中华文化立场……讲好中国故事、传播好中国声音，展现可信、可爱、可敬的中国形象。……推动中华文化更好走向世界"。要落实这一指示，夯实国际传播基础，增强中国软实力，提升国际话语权，我们既要利用国内政策与资源优势，也要了解国际先进传媒业的运作规律、基本格局和受众状况，知己知彼，才能把中华文化推向世界。

有鉴于此，我们组织编译出版了"国际传媒前沿研究报告"丛书。理论是灰色的，而实践之树常青。与以往的新闻传播理论著作译介相比，本套译丛更强调传媒发展实践，着重译介西方发达国家最新传媒发展态势的前沿研究报告，以鲜活的案例和有可操作性的做法，以及比较科学的理论总结，为中国传媒业提供切实可行的参照与抓手，加快走向世界的步伐，加快国内媒体与国际媒体的创新合作和"无缝对接"，加快建设国际一流媒体，为推动建设人类命运共同体作出贡献。

本译丛共8本，分别为《新媒体与社会》（美国）、《加拿大传媒研究：网络、文化与技术》（加拿大）、《传媒产业研究》（英国）、《德国传媒体系：结构、市场、管理》（德国）、《新视听经济学》（法国）、《俄罗斯传媒体系》（俄罗斯）、《澳大利亚的传媒与传播学》（澳大利亚）、《韩国传媒治理》（韩国）。

感谢中国新闻出版研究院，感谢业界、学界与政界的所有领导和师友，感谢本译丛版权方和相关机构的大力支持，感谢在外文转译为中文过程中立下汗马功劳的所有朋友们的努力、帮助和奉献，感谢中国书籍出版社的真诚付出。

由于水平和时间所限，译丛一定存在这样或那样的缺失和不足，望读者、专家不吝赐教。

黄晓新　刘建华
二〇二三年八月八日

以时空观民族观形质观深化文明交流互鉴①

（代序）

2022年10月16日，习近平总书记在党的二十大报告中指出，"增强中华文明传播力影响力。坚守中华文化立场……讲好中国故事、传播好中国声音，展现可信、可爱、可敬的中国形象。……深化文明交流互鉴，推动中华文化更好走向世界"②。中华文化影响力的提升和更好走向世界的一个重要基础就是世界文明的交流互鉴。他山之石可以攻玉，我们对其他优秀文明成果有了全面和深入的了解，可以借鉴其好的经验与做法，促进文化事业和文化产业繁荣发展，为国内外提供更多优秀文化产品，实现健康持续的文明交流互鉴。文化贸易是世界文明交流互鉴的一个非常有效的手段。对外文化贸易既包括文化产品的输出，也包括文化产品的输入，是输出与输入双向一体的过程。对于中华民族文化而言，兼容并蓄是其五千年惯以形成的品格，她对世界文化一直秉持开放借鉴的态度。要彰显中华文化在世界民族之林的应有位置，不仅需要输出我们的文化产品，而且也要输入世界优秀文化，以更好地发展中华民族文化，建设社会主义文化强国，增强中

---

① 本文作者刘建华，原载于《南海学刊》2022年11月第6期。
② 习近平．高举中国特色社会主义伟大旗帜为全面建设社会主义现代化国家而团结奋斗[EB/OL]．新华社官方账号 https://baijiahao.baidu.com/s?id=1747667408886218643&wfr=spider&for=pc./2022-10-26/.

国国家文化软实力，提升中华文化国际影响力。输入世界文化的指导方针与基本原则就是文化扬弃，要对世界各民族文化进行抛弃、保留、发扬和提高。抛弃消极因素，利用积极成分，为中华民族文化发展到新的阶段做出贡献。本文以此为切入点，从时空观、民族观、形质观三个层面来研究分析文化产品输入的文化扬弃问题，力图为政府与贸易主体提供理论性的框架路线与实践性的方法指导，使世界优秀文化为我所用，"发展面向现代化、面向世界、面向未来的，民族的科学的大众的社会主义文化"。①

一、时空观与文化扬弃

对外文化贸易中，作为产品输入国，中国引进文化产品的指导思想与方法论就是文化扬弃。毛泽东指出，继承、批判与创新是文化扬弃的本质。毛泽东的文化扬弃理论的基本内涵是："以马克思主义文化观为指导，尊重文化发展的否定之否定规律，从中国革命和建设的需要出发，批判地继承中外历史文化的成果，从而创造性地建设有中国特色的无产阶级新文化。"②在具体文化实践中，毛泽东提出了文化扬弃的两条总原则，"一是坚持马克思主义文化观的指导，二是坚持从中国的具体情况出发，坚持为人民服务的方向"③。在这两条总原则下，要灵活机动地对中外文化进行继承、批判与创新。"历史上

---

① 习近平.高举中国特色社会主义伟大旗帜为全面建设社会主义现代化国家而团结奋斗[EB/OL].新华社官方账号 https://baijiahao.baidu.com/s?id=1747667408886218643&wfr=spider&for=pc./2022-10/26/.
② 常乐.论毛泽东的"文化扬弃论"[J].哲学研究，1994（2）：4.
③ 常乐.论毛泽东的"文化扬弃论"[J].哲学研究，1994（2）：6.

的许多文化遗产却并没有这种可以截然分割的具体形态，而是好坏相参、利害糅杂的有机统一体。"① 对于国外文化的扬弃，毛泽东作了一个形象的比喻，"一切外国的东西，如同我们对于食品一样，必须经过自己的口腔咀嚼和胃肠运动，送进唾液胃液肠液，把它分解为精华和糟粕两部分，然后排泄其糟粕，吸收其精华，才能对我们的身体有益"②。

在对外文化贸易的实践中，文化输入是一个非常复杂而又需要大智慧与大战略的把关过程，它涉及本国消费者文化需求满足与本国文化价值观主体地位问题。在马克思主义的时空观理论中，时空的本质就是社会时空观，或者说是实践时空观。"实践是人的实践，社会也是人的社会，正是人通过长期的物质生产活动和人类之间的相互交往活动，才形成了人类社会和人类社会历史，世界历史无非是人通过人的劳动而诞生的历史"③。所谓实践时间，是指人类实践活动的持续性。所谓实践空间，是指实践运动的广延性。它包括地理空间与关系空间。前者是指以实体形式存在的地理环境，表现为人们进行生产、生活、科学研究和从事各种活动须臾不可缺少的场所。后者是交往空间，是人们实践活动中结成的经济、政治、文化生活等日常的和非日常的交往关系。实践空间是衡量人类对自然的占有规模以及人类社会联系和发展程度的特殊尺度。

每个时代有一定的文化产品，每个地理空间与关系空间也有一定的文化产品，它们有着各自的本质与特征。随着交通技术与信息技术

---

① 常乐.论毛泽东的"文化扬弃论"[J].哲学研究，1994（2）：3.
② 常乐.论毛泽东的"文化扬弃论"[J].哲学研究，1994（2）：5.
③ 黄小云等.论马克思时空观的实践维度[J].文史博览，2006（12）：33.

的发展，全球化成为现实，各国之间经济、文化、社会的联系与交往日益密切。中国在大力输出自己文化产品的同时，也在努力引进有益于本国经济、政治、文化、社会与生态文明建设的国外文化产品。而世界各国由于地理上的区隔及基于此的改造自然与社会的过程不同，其文化产品也是千姿百态，不同历史时期与不同区位的文化产品必然有其不同于中国文化实践的特征，也不一定都适合中国的文化消费需求。因此，只有对国外文化产品的时间结构与空间结构有准确的了解与把握，才能真正实现文化扬弃的产品输入。

1. 时间结构

关于文化产品的时间结构，我们可以从三个层面来进行分析。一是人类历史层面，二是产品时效层面，三是消费时长层面。

人类历史层面是指不同历史发展阶段的文化产品结构问题。对于不同的输入国来说，对不同时间段的文化产品的需求种类与数量是不同的。关于人类历史的划分，没有一个固定的标准。对于人类发展史上文化产品的时间划分，我们借用美国历史学家斯塔夫里阿诺斯在其著作《全球通史》中的划分标准，分为古典文明时期（公元500年之前）、中世纪文明期（公元500—1500年）、西方崛起文明期（公元1500—1763年）、西方优势文明期（公元1763—1914年）、现代文明期（1914年后）、当代文明期。

我们所说的文化贸易具体是指精神文化的贸易。精神文化又包括几个层面，一是指公益性的承载人类永恒价值的文化，一是指供大众消费娱乐的文化。从以上六个时间段来说，古典文明、中世纪文明、西方崛起与优势文明时期的文化，大多是指那种具有人类永恒价值的文化，主要指精英高雅文化，当然也包括一些民间通俗文化。现代科学技术飞速发展，传播技术不断改进以后，印刷、复制、传播、阅读等变得日益简单与普及，大众文化随之诞生。大众文化产品实质是当前国际文化贸易的主要内容。因为大众文化既能承载精英高雅文化内容，也能承载民间通俗文化内容，并在此基础上，创造出为当代大众所欢迎的文化产品。即使是芭蕾、歌剧等高雅文化内容，也能通过大众生产与传播手段，成为受众喜闻乐见的产品形式。从这个意义上来说，现代文明与当代文明期的文化，实质上主要是指以传媒产品为核心的大众文化产品。

因此，对于中国来说，在输入国外文化产品时，应当注意其历史时间结构。既要输入当代时尚的、先进的文化产品，又要考虑输入其古典文明期、中世纪文明期、西方崛起与优势文明期的精英高雅文化。这些文化具有永恒的人类价值，对于开启中国人的智慧、转换中国人的思维方式，具有巨大的借鉴作用。

产品时效层面是指文化产品的时效性结构问题。时效性是指信息的新旧程度、行情最新动态和进展。对于文化产品来说，我们根据其时间耐久的程度，可以分为即时性文化产品、一般性文化产品与恒久性文化产品。

即时性文化产品对时效性的要求最高，需要即时生产、即时传播、即时接受，一旦时过境迁，该文化产品就没有多大意义了。随着现代传播科技手段的发展，人们对信息时效性的需求将有增无减，永无止境。信息化时代，市场竞争日益激烈的时代，谁最早获得信息，谁将拥有决定胜负的主导权。如同商业竞争者们所说，当下不是大鱼吃小鱼的时代,而是快鱼吃慢鱼的时代。商业竞争如此,日常生活也是如此。人们不再满足于最近、昨天、上午等时间上的信息获得,他们需要了解今时今刻、即时即刻乃至将时将刻的信息,需要了解正在发生与将要发生的信息。但凡是提供这方面服务的传媒产品,必然受到欢迎。从另一个角度来说,如果某个媒体提供的新闻信息不能及时传播给受众,那将毫无意义。

即时性的文化产品主要是指提供新闻信息的大众传媒,诸如报纸、电视、互联网等,当下主要是指微博、微信、移动客户端等新媒体产品。对于中国来说,输入即时性的文化产品主要应该是指电视与互联网媒体。尤其是在网络社会与数字化时代,中国受众对世界各地发生的新闻需要有即时的了解,才能了解自己所处的环境,从而做出各种正确判断与决策。而广播、电视、互联网、微博、微信、移动客户端等,是人们即时掌握国外信息的主要手段。所以,中国必须选择与输入适宜的互联网新媒体及广播电视产品,以满足国内受众的文化需求。

一般性的文化产品是指在短期内或者近期内传播并有效消费的产品,也就是说,这类文化产品的时间跨度稍长,处在恒久性文化产品与即时性文化产品之间。这类文化产品具有当代时尚前卫的形式,是针对当代人的文化消费心理与需求而设计生产的,内容具有当下性,可以在一段时间(如一周、一个月、一年)之内有效传播并消费。当然,这个一段时间不具永恒性,过了一定的时间段,就有可能失去市场,难以为受众所接受。

通常而言,畅销书、音乐、广告、影视剧、演艺、动漫游戏、部分可视艺术(设计、工艺、书画)等,都属于一般性文化产品,它们的传播与消费可以持续一段时间,一两年之内不会过时。比如畅销书,一般拥有一年时间的市场。当然，时间不会太长，试想，十年前的畅销书，现在可能没有多少人愿意去看。流行音乐也是如此，今天的人们恐怕不会有太多人去听几年前甚至几十年前的流行音乐，有些流行音乐也许过几个月就没人去听了。广告、影视、动漫游戏等也是如此，我们不能总是把国外很多年前的电影引进来，因为影视剧还是具有一定的时代性，广告也是根据市场主体某个时段的营销计划而设计的，公司隔一段时间就更换广告深刻说明了这一点。部分工艺与书画作品也不一定具有恒久传播与消费价值，随着时代的变化，人们的消费偏好也会有所变化。譬如，书画领域的范曾热、启功热等，就说明了这一点。

恒久性的文化产品是指此类产品具有永恒价值，没有时效性，不论在什么时代都具有传播与消费价值。这类文化产品主要是指经典文学作品、音乐、工艺与书画艺术等。对于这些文化产品来说，输入者有充裕的时间去甄别去选择，根据本国消费者实际情况与思想意识形态指向，引进适销对路的文化产品。

文化产品的消费时长层面是指受众消费文化产品耗时多少的问题。文化产品是体验性的消费产品，是一种时间性产品。这就要求消费者必须对一个文化产品完整消费后，才能获得其价值，也才能知道是否满足其消费需求，也决定了消费者对此类产品的再购买。因此，把握消费者的消费时间观念就极为重要。消费者对文化产品耗时的接受程度是多元复杂的，不同职业、不同性别、不同年龄、不同民族的消费者，对同一类型文化产品的耗时长短定然不一。譬如电影，有些消费者可能喜欢 1 个小时之内时长的，有些消费者可能喜欢 1—2 个小时时长的，有些消费者可能喜欢 2—3 个小时时长的，当然，电影作为按小时计量消费的文化产品，绝不会达到四五个小时，这已超过了所有消费者的极限。因此，必须根据不同消费者的消费时间偏好，输入不同时长的电影。对于中国观众来说，目前比较喜欢的是长达近3小时的好莱坞大片，1小时左右的电影并不受其欢迎。在浅阅读时代，人们的眼球资源的确不够分配，也应运出现了读图书籍、短视频与微电影等，这就需要文化产品输入者进行及时把握与调整了。

所以，对于中国而言，文化产品输入者应该对不同人口统计特征的消费者进行深入研究分析，针对不同的消费时间偏好及其发展变化趋势，准确引进不同时长的国际文化产品。影视剧、歌舞演艺、图书等文化产品，尤其受消费时长的影响，而这些产品又是国际文化贸易的主要对象，因此，有必要对这些文化产品做出详细分析与区隔，进行分门别类的引进。

2. 空间结构

文化产品的空间结构包括地理空间与关系空间两个层面。

从地理空间来看，2019年，根据商务部服贸司负责人的介绍，"从国别和地区看，中国文化产品对东盟、欧盟出口增长较快，分别增长47.4%、18.9%；对'一带一路'沿线国家出口增长24.9%；对美出口下降6.3%"[①]。根据商务部一位新闻发言人的介绍，"2017年，美国、中国香港、荷兰、英国和日本为中国文化产品进出口前五大市场，合计占比为55.9%，我国与'一带一路'沿线国家进出口额达176.2亿

---

① 数据来源于中国新闻网，https://baijiahao.baidu.com/s?id=1661399484447253162&wfr=spider&for=pc，2021-8-20。

美元，同比增长 18.5%，占比提高 1.3 个百分点至 18.1%，与金砖国家进出口额 43 亿美元，同比增长 48%。文化产品出口 881.9 亿美元，同比增长 12.4%；进口 89.3 亿美元，同比下降 7.6%。顺差 792.6 亿美元，规模较去年同期扩大 15.2%"[1]。从更早的时间 2012 年来看，中国引进的文化产品分布情况如下[2]：我国文化产品进口国家的地理分布都是美洲、欧洲、亚洲、大洋洲的分布格局，几乎没有非洲国家的文化产品。从国家个数来看，排名前 15 的进口国中，欧洲国家最多，核心文化产品国家中有 6 个，占 40%；亚洲国家与地区居次，有 5 个，占 33.3%；美洲国家排第三，有 3 个，占 20%；大洋洲只有澳大利亚，非洲国家缺位。从进口金额来看，欧美国家份额最大，2012 年 1 月份核心文化产品进口额为 1902.9 万美元，占排名前 15 的国家总额 3821.7 万美元的一半；亚洲国家与地区 1896.9 万美元，几乎占据另外一半份额。也就是说，从空间结构来说，中国文化产品进口国主要是欧美国家与亚洲国家，各占据半壁江山。欧美国家主要集中在经济发达资本主义国家，亚洲国家与地区主要集中在日本、韩国与中国台湾及香港地区。值得一提的是，近几年中国与"一带一路"沿线国家和地区的对外文化贸易规模逐步扩大。

这个地理空间结构存在较大的非均衡，欧美国家主要是英美等老牌资本主义国家，应该要兼及对东欧及南美洲一些国家文化产品的进口。亚洲方面，主要是日本、韩国、中国香港、中国台湾等东亚国家

---

[1] 数据来源于中国产业信息研究网，http://www.china1baogao.com/data/20180209/1578390.html，2021-8-20.
[2] 数据来源于商务部服务贸易司，《2012 年 1 月我国核心文化产品进出口情况简析》，中国商务部 http://www.mofcom.gov.cn/aarticle/difang/yunnan/201204/20120408067456.html，2012-4-19.

与地区，而东南亚、西亚与中亚（如印度、泰国、埃及）等国家，虽然在"一带一路"建设倡议下各个指标有所提高，但尚需加大文化产品进口力度。至于非洲国家，也应该有一定的文化产品进口计划，以加强中国与非洲国家的文化交流与互动，从而更好地促进中华文化在非洲国家的影响力。

从关系空间来看，凡是与中国建立外交关系，或者有政治、经济、文化与社会其中之一交往关系的国家与地区，在理论上都应该与中国有文化贸易关系，既包括中国文化产品的输出，也包括中国对这些国家与地区文化产品的输入。只有坚持这种开放与公平的文化交流立场，才能真正使中华文化在世界上有着独立而不可替代的地位，成为公平与正义的代言人，拥有不可小视的话语权，为人类文明的发展与进步做出应有的贡献。

3. 时空文化产品的扬弃

文化产品因其时间性与空间性，结构繁杂多元，中国输入国际文化产品时，应该坚持均衡与适时的文化扬弃策略。

所谓均衡策略，是指文化产品空间结构的合理安排。既要按照先进性原则，大力引进发达国家，特别是西方发达资本主义国家的先进文化。这些文化产品蕴含着人类发展的最前沿思潮与科技创新，对中国文化的发展，对中国人民思维方式的转变，对中国人民知识结构的改善，对中国经济、政治、文化、社会与生态文明的进步，具有巨大的促进作用，应该大力引进。同时，我们又要按照均衡与公平原则，对凡是与中国有经济、政治、文化、社会交往关系的国家，进行一定的文化输入。要在文化没有优劣的理念指导下，对五大洲各个国家的文化产品进行适量而科学的引进。这不仅仅是为了让中国人民了解这些东道国的文化，更重要的是树立中国坚持文化平等交流的大国形象，消解世界各国对中国崛起称霸全球的误会，使中国文化获得更多国际受众的了解与认可，为中华民族文化在世界民族之林中争得应有地位。

所谓适时策略，主要是指对时间文化产品的合理安排与引进。要科学地对国际文化产品按照人类历史层面、产品时效层面、消费时长层面进行分类引进，要在对本国消费者进行深入科学的调研基础上，适时引进不同时间特性的文化产品。从人类历史层面来看，我们不仅要引进现当代的大众文化产品，而且也要引进古典文明时期、中世纪文明时期、西方崛起文明时期与西方优势文明时期各个国家的经典作品，如欧洲文艺复兴时期的哲学与文艺作品、古埃及与古印度的经典文艺与宗教作品。从产品时效层面来看，我们应对国际文化产品的即时性、一般性与恒久性进行区隔，针对本国消费者时间偏好进行适销对路的产品引进。从消费时长来看，要具体把握国内消费者的时间弹性，认清不同国家消费者在文化产品耗时容忍度上的差异，在此基础上，对不同时长的文化产品进行有效引进。

二、民族观与文化扬弃

本文所说的民族文化产品，是指从价值观与思维方式视角来审视的文化产品，也就是说，这些文化产品代表着一个民族的核心价值观与思想意识形态，是一个民族国家合法性存在的前提。从这个意义上来看，作为文化产品引进者，我们必须对某个民族文化产品持辩证的态度，既要认识到该民族文化是该民族国家合法性存在所必不可少的东西，是维系该民族团结、发挥凝聚力与创新力作用的精神性东西；又要清醒地知道，对于自己国家来说，该民族文化产品不一定有其合理之处与存在价值，有些甚至对自己国家文化价值观与思想意识形态的维系起着消解作用。因此，我们需要对某个民族文化产品进行审慎对待与科学分析，需要输入者具有高远的智慧与精准的把关能力，一是尽量输入民族精粹成分占优势的文化产品；二是在两者难以分开的情况下，引进时要对国内消费者进行一定的国际文化鉴赏素养教育，使消费者自己能主动区分并吸收该民族文化精粹，抛弃文化糟粕。

1. 民族精粹与糟粕

首先，我们需要界定何为民族精粹与民族糟粕。所谓民族精粹，是指在某个民族文化中，维系该民族凝聚力、激发其创新力的反映特定价值观与思想意识形态的文化成分。所谓民族糟粕，是指存在于民族文化中，宣传封建迷信霸权，压制个性创造，忽视人本、民主与科学精神的文化成分。在世界各国民族文化中，既存在那种崇尚个性、尊重人本、主张科学民主的文化，也必然存在不同样式的文化糟粕。

其次，我们需要界定民族精粹与民族糟粕的表现形态。对于民族精粹的表现形态，就中国而言，可以从优秀传统文化、主流意识形态文化与先进文化三个层面进行剖析。优秀传统文化主要是指在中华五千年文明历史中，中国劳动人民在改造自然与社会的实践中所形成的民族文化精粹，包括：普适性的科学文化，如四大发明、地动仪等；精英文化，如诸子百家的学说，尤其是儒家的仁爱谦和文化，历代文人墨客对生活与社会感悟的优秀文学作品（李白、白居易诗歌，四大名著等）；民间文化，如各种民间文学，流传于老百姓生活中的风俗与习惯等。就国际文化而言，主要包括优秀传统文化、科学技术文化等。譬如西方文化，其民族精粹就是其科学、民主、人本精神与丰富的科学技术发明，当然，也包括西方历史上哲人大师的作品，如柏拉图、亚里士多德、康德、莎士比亚、贝多芬、凡·高、韦伯等人的著作。科学家们的理论著述与实践发明等，也是其民族文化精粹，需要吸收利用。当下来看，西方民族文化精粹与糟粕交错在一起，其糟粕具有很大的隐蔽性，往往以娱乐的形式，打着人本、民主、科学的旗号，大肆进入世界各国，特别是对发展中国家来说，往往被这些"普世性"文化所迷惑，在享受其文化精华的同时，不知不觉也为其糟粕所俘虏，对本民族文化价值观与思想意识形态构成巨大威胁。例如，我们在享受好莱坞电影、迪士尼文化、麦当劳文化的同时，也被美国文化中的个人主义、拜金主义所影响。具体而言，当下世界各国文化精粹与文化糟粕交错在一起的表现形态就是以娱乐为主的大众文化产品，包括报纸期刊、影视剧、动漫游戏、广告、流行音乐、畅销书、文化旅游、互联网、新媒体等。相对而言，高雅艺术如歌舞剧、经典作家图书、可视艺术（绘画）、经典音乐等，则侧重于表现一个民族文化中的精华内容。

最后，我们需要厘清民族精粹与民族糟粕的作用与影响。对于文化产品输入国来说，引进的文化产品优劣，直接影响到该民族的文化价值观与思想意识形态，影响一个国家的凝聚力与创造力，甚至影响一个社会的动荡与政权的更迭。东欧剧变与苏联解体，使西方国家认识到，比军队大炮更有力更隐蔽的武器应该是文化，于是，硬实力之争转变为软实力之争。经济全球化与文化全球化背景下，各民族国家不能独立于国际文化交流之外。实际上，国际文化交流也的确能够促进一个民族国家经济社会的发展，能够给本国人民带来更多福利。但是，文化毕竟是一个民族国家合法性存在的前提，倘若一个国家的民族文化全然被他国文化所代替，则这个民族国家也就丧失了存在的合法性了。更严重的是，西方经济发达国家，对于和自己政治制度不同的国家抱有敌意，一些政客总是希望通过对别国的控制来攫取更多的利益，形成民族国家之间的不公与非正义。因此，他们有意无意把所谓的普世文化掺杂在各种形式的文化产品中，以达到和平演变、不战而屈人之兵的成效。鉴于此，文化产品输入国应该深切认识各国文化精粹的促进作用与文化糟粕的破坏性，以审慎的态度、科学的方法、高瞻的智慧、宽大的胸怀、自信的立场，引进国际文化产品，有效利用并提升其文化精粹的促进作用，排除并解构文化糟粕的破坏作用。

2. 民族文化产品的扬弃

要有效利用民族文化精粹并解构民族文化糟粕，就要采取毛泽东所说的"吸取精华、去其糟粕"的文化扬弃原则。要做到此，需要从以下三方面入手。

第一，从市场主体来说，需要其兼顾社会效益与经济效益，做一个具有民族发展责任的企业。在对民族文化产品的扬弃过程中，涉及价值观与思想意识形态的一致与冲突问题，关乎整个国家的民族价值观与主流意识形态的形成与传承问题。对外文化贸易中，作为以利润最大化追求为目标的市场主体，偏重对经济效益的考虑定然会多些，这也是无可厚非的。对于具有巨大市场价值的国际文化产品，市场主体必然积极引进，以规避投资风险，寻求利益最大化。然而，民族价值观与主流思想意识形态的维系是所有中国人都应尽的责任与义务。作为中华大家庭中的一员，市场主体在具体的文化贸易执行过程中，也应该有这种责任意识与义务担当，社会效益的维系也必然成为其引进国际文化产品的一个首要度量因素。

第二，从消费者来说，需要具有古为今用、洋为中用的思想境界，做一个有民族荣辱感的主人翁。国际文化产品到达消费者手中时，已经是一个精神产品的接受过程。消费者在体验性消费后，获得的是精神上的收益。精神文化产品的消费过程，不仅能给消费者带来精神性的快感，也会加深、改变或破坏消费者已有的价值观与思想意识形态。如果某种文化产品所承载的文化价值观与思想意识形态与消费者既有的价值观和思想意识形态存在相同或呼应之处，则会强化与加深这些价值观与思想意识形态。如果是相反或者有所偏差，则有可能对消费者既有的价值观与意识形态产生冲击，或者偏离，或者破坏，或者改变。因此，作为消费者，必须有一定的国际文化产品鉴赏能力，要具有"古为今用、洋为中用"的思想境界，以一种中华民族文化主人翁的姿态，对国际民族文化产品进行抛弃、保留、发扬和提高，吸收其有利文化成分。

第三，从政府监管者来说，需要其制定科学有效的民族精粹与糟粕的鉴别框架体系，做一个有民族振兴使命感的主导者。国际民族文化产品，有着不同于普适性的科学技术文化产品或纯粹性娱乐文化产品的本质特征，它所蕴含的价值观与思想意识形态对消费者个体和民族国家的作用并不相一致。同样的文化产品，对消费者个体来说，提供的可能是正向精神福利，但对民族国家来说，也许是负向精神福利。譬如，消费者在消费好莱坞电影时，美国式的叙事方式与高科技技术手段，的确让消费者享受到了正向精神福利，但隐含在影片中的美国价值观与思想意识形态会潜移默化地影响消费者的价值观与思想意识形态，这对一个民族国家而言，具有巨大的威胁，是一种负向精神福利。因此，作为监管者的政府管理部门，必须成为国际文化产品输入过程中的主导者，才能确保文化产品给消费者个体与民族国家提供最大化的正向福利。基本做法是：首先，政府监管者要明确本国涉及价值观与思想意识形态的文化构成。其次，在文化产品的输入实践中，政府部门要制定一个详细的文化产品引进指导方案，对普适性的科学技术文化、纯粹娱乐性文化与价值观和思想意识形态文化进行区分，分门别类。最后，政府部门要构建民族文化产品社会效益评估指标体系，综合评估给输入国带来的正向社会效益与负向作用，做出是否引进的决策。

三、形质观与文化扬弃

形质是普遍地当作一个词语来进行理解的，字典上的解释有肉体、躯壳、外形、外表，才具、气质，形制，形式等。在中国书画艺术中，形质与意象相对应。在建筑、文学等艺术创作中，有形质与意的呼应及渗透问题。中国太极中，也有形质与神意的说法，即以形取意，以意象形。在西方，有一个形质学派，该学派起源于1890—1900年间，由布伦塔诺的弟子厄棱费尔和麦农创立，他们接受了布伦塔诺的思想，将布伦塔诺的意动心理学具体运用到形 (form)、形质 (form-quality) 的形成，认为形、形质的形成既不是感觉的复合，也不是马赫所说形式是一种独立的存在，而是由于意动，才使形、形质呈现出来。形质学派的初衷是对元素主义进行批驳。他们自称发现了一种新元素，并由注重形质而研究复型，后又由复型的分析发现倾向于意动的探讨。形质学派一方面发展了马赫的感觉理论，另一方面又为格式塔心理学派提供了一套完整的形质的概念与理论根据。在知觉理论上，形质学派是由元素主义向格式塔心理学过渡的桥梁。

通过以上关于形质的解释与分析，我们不是想把某种理论简单拿过来分析文化产品，而是力图汲取其中的养料，结合文化贸易实践，分析在引进国际文化产品时，如何在形质上进行评判，以输入适宜的国际文化产品。不论是书画艺术、太极拳，还是西方的形质学派，他们都注重一种事物形式与内涵的完美结合。在中国艺术理论领域，形质偏重于指外形、形态，指人们能观看得到的外在形象。西方的形质学派认为，外形的形成，有赖于意动，这实际上是指事物内涵对人们知觉上的刺激，在内涵意动的驱动下，事物的形质才得以呈现。英文单词 form-quality，就是形式与才质的复合体，这说明了形式与才质交错结合的必要性及它们对于消费者知觉刺激上的必要性。对于文化产品来说，只有美的形态与优的才质的完整结合体，才能值得我们去引进，才能值得本国受众去消费，才能对本国文化创新发展发挥积极有效的作用。

其实，形质一词既包含了外形之义，也兼具才质之指。我们更应该把它作为一个短语来理解，即通常所说的文质彬彬，指的是文采与质量都非常好。对于文化贸易实践来说，我们也应该引进"形质彬彬"的国际文化产品。出于研究上的方便，我们从产品类型与产品才质两个方面分别分析国际文化产品的特征。

1. 产品类型

如果按照两分法，我们可以把文化产品分成有形的与无形的两种。前者是指文化产品实体，后者指的就是版权。文化产品实体包括由产品输出国生产的新闻、报刊、图书、音像、广播影视、广告、动漫游戏、演艺歌舞、可视艺术（工艺品、书画等）、互联网、新媒体等。版权即著作权，是指文学、艺术、科学作品的作者对其作品享有的权利（包括财产权、人身权）。版权是知识产权的一种类型，它是由自然科学、社会科学以及文学、音乐、戏剧、绘画、雕塑、摄影和电影摄影等方面的作品组成。

在国际文化贸易中，既有图书、影视剧、音像制品、绘画、工艺品等实物的贸易，如各种图书博览会、电影节、文化旅游等，也包括关于此类文化产品的版权贸易。在智能技术、移动技术、数字技术与网络技术时代，全媒体的产生，可以使不同媒体形态的内容同时在不同类型媒体上进行传播与消费，媒介介质的边界得以消失，这为版权贸易创造了更加有利的条件，版权贸易是将来文化贸易的主体形式。

从具体的形态来看，国际文化产品的类型主要包括核心文化产品、外围文化产品与相关文化产品三大层次。在当下的对外文化贸易实践中，中国主要侧重输入世界各国优秀的核心文化产品与外围文化产品，这类产品对于文化价值观与思想意识形态的维系起着重大作用，影响一国凝聚力的形成，决定一国文化软实力的强弱，对于一国文化创造力与影响力具有巨大的促进或破坏作用。

国家统计局和中宣部共同编辑的《中国文化及相关产业统计年鉴.2020》数据显示，2019年我国文化及相关产业进出口总额为1114.5亿美元，出口额为998.9亿美元，进口额为115.7亿美元，顺差为883.2亿美元。贸易顺差的扩大，一方面说明了我国文化实力在不断增强，文化产品获得了国际市场的认可；另一方面，也显示了我国在对国外文化产品的引进力度上还有不足。作为一个经济实力全球排名第二的大国，要建成文化强国，除了让自己的文化产品走出去，还应该把世界优秀文化产品引进来，只有在与全人类优秀文化产品的交流互动中，借鉴吸取其精华和优点，才能不断生产出更优秀的文化产品，真正成为有全球影响力的文化强国。反观当下文化进口现状，还是有较大的提升空间。有关数据显示，"2019年我国文化进口方面，图书、报纸期刊、音像制品及电子出版物为16.5亿美元，其他出版物为4.5亿美元，工艺美术品及收藏品为36.8亿美元，文化用品为23.9亿美元，游艺器材及娱乐用品为11.1亿美元，文化专用设备为38.4亿美元"[①]。纵观中国核心文化产品的引进情况，总体来说，类型日益多样，新闻出版、图书、期刊、电子出版物、广电影视等都包括其中，引进数量、金额与版权数也在不断增加。但是，问题也很明显，一是引进总量偏小，二是仅限于图书、期刊、电影的引进，并且主要是图书的引进，包括实体图书与版权的引进。近年来在文化产品引进工作上有了提升，如电影方面，2012年，中国在原本每年引进20部美国电影的基础上增加了14部IMAX或3D电影，中国观众看到了更多的美国电影。近年来，随着国产片的壮大，进口片票房所占份额在不

[①] 国家统计局社会科技和文化产业统计司，中宣部文化体制改革和发展办公室编.中国文化及相关产业统计年鉴.2020[M]，北京：中国统计出版社，2020：245.

断压缩，2018年为35%左右，进口片包括美国片、印度片、日本片、法国片等，但贡献份额最大的还是美国片。

在文化产品引进上，我们还需要在产品类型上多下功夫，既要引进那些优秀的为我国受众所喜闻乐见的产品，又要考虑不同民族国家不同类型文化的独特性，引进丰富多元的文化产品。

2. 产品才质

产品才质主要是指引进的文化产品的质量。ISO8402对质量的定义是：反映实体满足明确或隐含需要能力的特性总和。ISO9000对质量的定义是：一组固有特性满足要求的程度。美国著名的质量管理专家朱兰（J.M.Juran）博士从顾客的角度出发，提出了产品质量就是产品的适用性。即产品在使用时能成功地满足用户需要的程度。适用性恰如其分地表达了质量的内涵。这一定义突出使用要求和满足程度两个重点。对于文化产品来说，其质量的内涵极为复杂。一般来说，文化产品分为社会客体与精神客体两个方面。作为社会客体，主要体现为物质形态、设计、包装等方面。消费者对其的使用要求主要落在美观、舒适、简便等方面，并因人、因时、因地、因民族而不同。虽然复杂多元，但基本的使用要求与一般工商产品并没有太大差异，只要紧扣产品性能、经济特性、服务特性、环境特性与心理特性等同几个方面的满足即可，其追求的是性能、成本、数量、交货期、服务等因素的最佳组合。

对于文化产品的精神客体来说，其质量要求与满足非常难以把握。由于文化产品的精神属性与符号特征，生产者总是以一定的规则与方式把意义编码进去，因此消费者必须具备与生产者共通的文化空间，才能进行准确的解码，不然，就会发生霍尔所说的偏向解读与反向解读。即使是优秀的文化产品，在输入国消费者看来，也就一文不值，遭到唾弃。对引进文化产品精神客体的才质判断是：在使用要求方面，主要包括信息获得、娱乐休闲、思想情操陶冶、良好价值观塑造、思想意识形态强化等。在满足程度方面，对于消费者个体而言，主要是信息获得的及时性、身心放松、精神世界的净化、良好道德的培养、良好的售后服务等；对于民族国家而言，主要偏重于文化价值观与统治阶级意识形态的维系与强化。如果引进的文化产品对一国价值观与思想意识形态构成威胁甚至破坏，在输出国或其他国家看来非常优秀的文化产品，也有可能被输入国视作文化糟粕与文化垃圾。

要之，对于文化产品的才质要求问题，会因个人、因民族、因国家、因环境的不同而不同，没有"普世性"的大一统文化产品，是否为优秀产品，需要以动态的视角去评判，尽可能获得一个综合性的最佳组合。当然，文化产品质量的判断还是有一个基本标准的，首先是形态适宜，其次是产品特性、功能、价格、成本、服务等有一个最佳组合，最后是其给民族国家与消费者个体可能带来的精神福利的最优综合得分。

3. 形质文化产品的扬弃

对于此类文化产品的引进，首先，我们坚持"形质彬彬"的扬弃方略。要综合判断文化产品的类型及其对民族国家与消费者个体可能带来的满足，再进行抛弃、保留、发扬和提高。既不能投消费者所好，仅限于单一类型文化产品的引进,譬如,我们不能因为浅阅读时代、消费碎片化时代的特征,一味引进视听媒介产品,而应该着眼于不同类型文化产品的合理结构加以引进。同时,我们也不能投某个管理组织所好,只引进有利于其价值观与思想意识形态维系并强化的文化产品,而应该考虑综合引进反映全人类先进文化与时尚文化的各种类型文化产品,哪怕是承载美国霸权思想的好莱坞电影与麦当劳文化,我们也要进行一定比例的引进。

其次,引进者需要熟悉本国消费者个体与民族国家对不同类型或者同一类型甚至同一种文化产品的使用要求,进行分门别类的合理引进。这就要求引进者做大量细致的调研工作,要不厌其烦地监测市场消费要求的动态变化,随时调整引进计划,尤其重要的是,对引进产品的类型与才质要具有高远的前瞻性,最大化避免不当文化产品对市场主体、国家与消费者个体造成的破坏与损失。

最后,引进者要对文化产品持有整合满足需求的理念,不要固守于单个因素的极致化追求,要整合文化产品各个因素给消费者个体与民族国家带来的最佳效应,以决定是否引进。

目 录

导论　理解新媒体社会中的社会机构和我们自己 / 1

    关键概念 / 1

    社会机构的解释 / 4

    埃洛宣言 / 8

    新媒体研究的社会学视角 / 9

    解读美国社会中的新媒体 / 14

    结论 / 17

    章节链接 / 19

    章节回顾问题 / 20

    了解更多信息 / 20

    视频和电影 / 22

    本章参考 / 22

1. 虚拟自我与文本交流 / 25

    关键概念 / 25

案例研究：金发女郎 / 30

网络家庭 / 31

案例研究：策划在线生活 / 40

数字关系 / 40

再现不平等：线上种族不平等 / 50

案例研究：在线生活 / 52

结论 / 52

章节链接 / 53

章节回顾问题 / 55

了解更多信息 / 55

视频和电影 / 56

本章参考 / 57

2. 数字化时代的教育　/　61

关键概念 / 61

功能主义教育方法 / 65

案例研究：谁对网络欺凌负责？ / 71

冲突理论：技术能否修复教育不平等差距？ / 72

教师如何在家里和教室里使用科技？ / 77

案例研究：慕课（MOOCS） / 79

符号互动：数字化时代教师的角色 / 80

结论 / 84

再现不平等：营利性网络教育 / 86

章节链接 / 87

章节回顾问题 / 89

了解更多信息 / 90

视频和电影 / 92

本章参考 / 93

3. 老大哥在监视我们吗？ / 97

关键概念 / 97

"活的"法律 / 103

再现不平等："大数据"与警务 / 106

新媒体和公民对权威的挑战 / 108

案例研究：执法部门和随身摄像机 / 115

企业与法律机构：谁来规范虚拟空间？ / 116

案例研究：企业与数据监控 / 126

案例研究：苹果对抗 FBI / 127

徜徉数字世界：应对监控 / 128

结论 / 132

章节链接 / 133

章节回顾问题 / 135

了解更多信息 / 135

视频和电影 / 139

本章参考 / 141

4. 不断变化的工作领域　/　145

关键概念 / 145

异化与自主 / 150

我做电话营销，我讨厌我的生活 / 154

灵活安全性：这对于异化和自主意味着什么？ / 157

再现不平等：优步（Uber）案例 / 167

效率和生产率 / 170

案例研究：玛丽娜·希夫林（Marina Shifrin）在优途上辞职 / 176

结论 / 177

章节链接 / 178

章节回顾问题 / 179

了解更多信息 / 179

视频和电影 / 181

本章参考 / 183

5. 民主就是这样吗？　/　187

关键概念 / 187

个人政治参与和社会包容 / 197

政治组织与社会包容 / 203

案例研究：交换选票与总统选举 / 204

新媒体、新组织 / 206

政治组织和议程设置过程 / 213

政治组织与传统新闻媒体 / 214

再现不平等：线上"另类右翼"（Alt Right） / 218

政治组织和新媒体 / 220

结论 / 221

案例研究：善待动物组织 / 223

章节链接 / 224

章节回顾问题 / 225

了解更多信息 / 226

视频和电影 / 228

本章参考 / 230

结论 / 235

新媒体与我们 / 236

再现不平等：网络中立 / 238

新媒体与社会机构 / 239

现在呢？ / 243

致谢 / 245
术语表 / 247

导论　理解新媒体社会中的社会机构和我们自己

> **关键概念**
>
> **新媒体**（New media）是依靠数字技术（如社交媒体、在线游戏和应用程序、多媒体、生产力应用程序、云计算、可互操作系统和移动设备）的大众传播。新媒体是大众媒体的一部分。
>
> **社会机构**（Social insitutions）是既定的社会规则体系，这些规则对行为产生稳定的预期。社会机构包括提供支持和使命感的家庭和宗教，以及有助于建立社会秩序的教育、政府和法律。大众传媒也是一种社会机构。
>
> **结构**（Structure）是指由社会和社会机构提供的规则和惯例。
>
> **代理机构**（Agency）是指个人为了遵守或质疑社会机构规则或惯例而作出的决定。
>
> **社会交换模型**（The social exchange model）强调了关系动态的重要性，或者说一个行为者的行为是如何通过其他行为者的行为和制度环境的变化来塑造。

鱼将是最后发现水的。

——匿名

你能想象试图向鱼解释水吗？鱼对它们的水世界了解很多。它们知道在哪里可以找到食物，在哪里有可能变成食物，哪里的水太热或太冷以至于它们无法生存。然而，鱼不太可能发现水本身，因为它是不可能看到的。水是它们的现实。水是它们了解一切关于生存和死亡的背景。让鱼类了解水对生命重要性的唯一方法就是把它们从水中移走。

我们与新媒体也是一样的。我们每天使用的依赖于数字技术的大众传媒也是如此。同样，我们使用手机、电脑、平板电脑等设备访问互联网、阅读新闻、看电视、与朋友聊天、预约、注册入学。如果你看一下图1，这是基于尼尔森研究中心提供的数据，你就会意识到新媒体在我们的生活中是多么重要。从图中可以看出，1.22亿美国人在智能手机上播放视频，1.46亿美国人在电脑上播放视频。我们也通过新媒体相互接触。据尼尔森研究中心统计，1.42亿用户通过智能手机上的应用程序访问社交媒体，1.33亿用户通过他们的电脑访问社交媒体。

使用全球统计数据库（Statista）的数据创建的表1显示了我们每天使用媒体的平均次数。可以看到，美国人花费越来越多的时间使用移动设备。五年期间，美国人每天平均使用移动媒体的时间从2012年的88分钟增长到2017年的195分钟——相差107分钟。同时，这并不一定意味着我们看电视的时间减少。请注意，在相同的六年时间里，每天电视使用量仅减少38分钟，台式机/笔记本电脑每天仅减少14分钟。

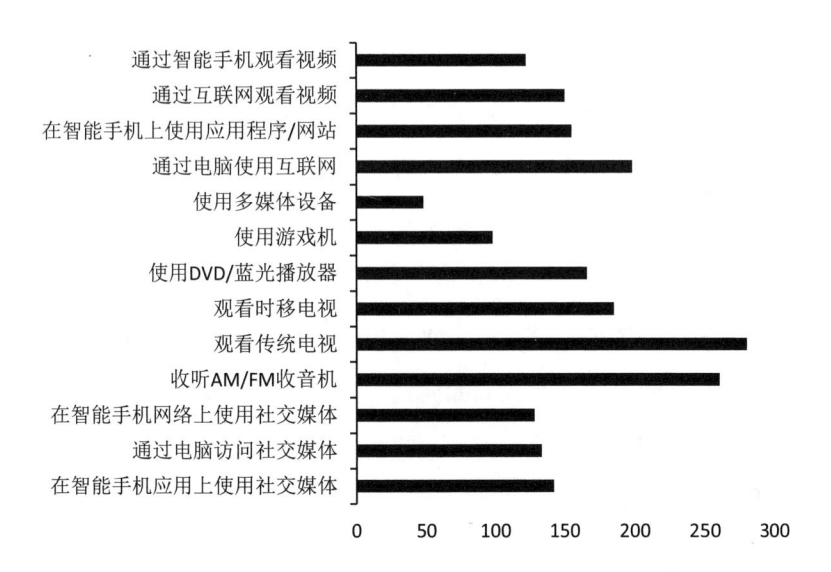

图中条目（从上到下）：
- 通过智能手机观看视频
- 通过互联网观看视频
- 在智能手机上使用应用程序/网站
- 通过电脑使用互联网
- 使用多媒体设备
- 使用游戏机
- 使用DVD/蓝光播放器
- 观看时移电视
- 观看传统电视
- 收听AM/FM收音机
- 在智能手机网络上使用社交媒体
- 通过电脑访问社交媒体
- 在智能手机应用上使用社交媒体

图 1　按设备分类的用户数（单位：百万）

资料来源：尼尔森研究中心（Nielsen Research Center）

表 1　2012—2018 年平均每日媒体使用量（分钟）

时间	电视	台式机/笔记本电脑	手机	收音机	报纸	杂志
2012	278	144	88	92	24	17
2013	271	136	135	90	20	15
2014	262	134	157	88	18	13
2015	251	132	177	87	17	13
2016	245	131	186	87	16	12
2017	240	130	195	86	15	11
2018	235	128	203	85	15	11

资料来源：Statista 数据库

简而言之，新媒体是我们的水；它们为我们的大多数交往提供了背景。我们在一个科技世界里游泳，但就像鱼一样，我们很少思考新媒体如何潜移默化地改变我们彼此互动的方式或如何塑造我们的生活

3

方式。新媒体产生的社会变迁是顺理成章的。例如，新媒体改变了我们理解亲密关系的方式。我们会发现用短信告诉家人好消息和坏消息是更容易的，或者发现电子邮件是结束一段恋情的便捷方式——20年前我们不得不通过电话或面对面交流。同样地，我们可能会发现在线上必修课更令人愉快，因为我们可以穿着睡衣在舒适的家里方便地完成课程——这一选择只是在近十年才出现的。新媒体从根本上改变了我们之间互动的方式以及我们如何驾驭日常生活。这本书提供了一种社会学方法来理解新媒体如何塑造我们的互动和经验。具体而言，本书探讨了两个相关问题：

1. 新媒体如何塑造我们之间的互动和体验？

2. 新媒体如何对确立行为预期和规范人们生活的社会机构或既定社会规则体系产生影响？

如果你是社会学新手，你应该知道社会学家研究人类社会的发展和结构。虽然社会学家对个人感兴趣，但他们分析人们如何共同生活，以及他们的生活如何被家庭、工作和教育等社会机构组织起来。换言之，社会学家明确区分个体经验和这些经验发生的制度背景。如果这看起来令人困惑的话，不要担心。在本章中，我将更详细地讨论社会机构，并概述社会学家如何分析新媒体对社会机构的影响。

社会机构的解释

社会机构是一个组织，它对教导我们文化规范和行为至关重要。社会机构为我们提供了共同的身份，给我们一种秩序感，因为它们确立了一种目标感和方向感，并规定了明确的行为规范。例如，我们在学校里学到的不仅仅是 ABC。美国的教育体系将不同群体的人聚集在一起，让他们成为一个群体的共同成员，比如幼儿园或高中生，同时也为他们提供共同的方向感（在学校取得好成绩、毕业和找到一份工作）。简而言之，社会机构给我们一种目标感，并为我们提供支持，以便我们知道从不同的社会环境中期待什么，并知道如何与他人互动。

一般来说，社会学家为了更好地理解社会结构而研究的社会机构有六种：

1. 家庭，教会我们了解世界和在其中的位置。
2. 教育，教会我们如何与人相处并把我们训练成合格的工作者。
3. 宗教，为我们提供了一套赖以生存的统一信仰体系和道德准则。
4. 企业，提供产品和服务的生产与分配。
5. 法律，通过法律的强制力维护社会秩序。
6. 政治，通过政策维护社会秩序。

这些机构之所以至关重要，是因为它们涵盖社会生活的各个领域，并且履行其他群体无法做到的基本职能——例如维护秩序和维持社会。因此，我们知道在教室、杂货店和我们的工作场所应该如何表现——我们期望其他人也会采取类似的行为方式，承担他们不这样做带来的后果。

当然，社会不是一成不变的。工业化、城市化、全球化和技术发展等社会力量使这些社会机构更加难以履行职责。例如，如果较少的人参加教堂或寺庙礼拜活动，宗教领袖就更难给个人一种目标感并向他们提供支持。这并不意味着社会会分崩离析。事实正好相反。随着我们的社会变得更加复杂，新的机构出现有助于维持社会稳定。事实上，大众传媒是在这个复杂的社会中帮助维护社会稳定的社会机构之一。

你可能会想："等一下，大众传媒不是经济的一部分吗？"毕竟，和其他行业一样，在美国大众传媒公司是以盈利为导向的。这是事实。报纸、书籍、杂志、广播和电视等传统媒体以及新媒体平台，如Amazon Prime，Hulu 和奈飞（Netflix）等播客和服务都是以盈利为导向的。然而，大众传媒也是一种社会机构，因为它教给我们社会规范和行为。大众传媒有助于赋予我们周围世界意义，并指导我们如何在其中行事。我们不必仅仅依靠家人或牧师来告诉我们如何行事；我们可以看电影或者上网去了解更多关于不同类型行为的奖励和惩罚。同样地，我们并不完全依靠教育机构和宗教机构来把我们融入团体，给我们一种成员感。如果我们有特别的兴趣，我们只需上网找一个网站、讨论区或聊天室，让大家聚在一起谈论共同感兴趣的话题。

诚然，大众传媒的经济和社会功能并不是完美互补的。由于媒体公司主要对提升他们的盈亏底线感兴趣，他们利用内容向我们兜售他们的产品和生活方式。让我们用 MTV 的热门真人秀《青少年妈妈》为例来看大众传媒的经济和社会功能如何冲突。《青少年妈妈》关注了几个有孩子的青少年的生活，在全美三千多间初高中教室里用来提醒青少年注意未成年人养育孩子的陷阱。在真人秀节目中，青少年妈妈们在寻找住房、照顾孩子和上学方面都很困难。然而，这并不是观众们看到的唯一现实。由于该节目还需要赚钱，MTV 的特色产品也出现在节目中。《青少年妈妈》成了产品的展示台，这些妈妈们会得到精致的妆容、时髦的婴儿配饰和昂贵的衣服——这些都是大多数青少年妈妈们买不起的。青少年妈妈们还表现出戏剧性的行为，有时甚至是破坏性的或暴力的。从经济角度来看，强调节目中的冲突是很有道理的。毕竟，如果只展示青少年妈妈们给孩子换纸尿裤，MTV 大概不会有广告客户或观众。然而,对产品和戏剧的关注可以说削弱了节目的社会信息。举个例子来说,一个看《青少年妈妈》的人可能不会得到这样的信息:在青少年时期做父母是非常有挑战性的。相反,她可能认为身为青少年妈妈很迷人,她想知道自己是否能亲自上场。事实上,2011 年,《纽约邮报》(New York Post)的一名工作人员指出,青少年妈妈珍妮·埃文斯(Janelle Evans)的三个朋友在看到她在节目中露面后一年之内就怀孕了。另外一位青少年妈妈的室友梅根·纳尔逊(Megan Nelson)怀孕是为了成为节目中的常客。

当然,媒体公司并不是简单地推动美国人的欲望。不是所有的青少年都想当妈妈或者得到最新的婴儿用品。新产品和平台的出现是为了回应我们的喜好和要求。让我们以社交媒体为例。2004 年,脸书(Facebook)突然出现在哈佛大学的舞台上。到 2006 年,脸书已经扩展到大学校园之外,在全球拥有 1200 万用户。考虑到脸书的受欢迎程度,其他公司试图创建更多社交媒体平台,但其中许多努力失败也不足为奇。例如,怪兽网(Monster.com)创始人在 2007 年为 50 多人创建了一个名为万古网(Eons)的社交媒体网站。鉴于社交媒体相对较新,以及该网站专注于不太熟悉数字技术的人群,万古网没有吸引足够的用户,它失败了。相比之下,推特(Twitter)就是一个成功的社交媒体平台。推特成立于 2006 年,利用了脸书的流行功能——状态更新。推特允许用户用 280 个或更少的字符"微博"交流他们的想法、观点和活动,远远超出了他们的标准友谊网络。使用标签,个人可以关注话题并与世界各地分享自己兴趣的人建立联系。

用户偏好以其他方式影响了社交媒体的发展。脸书和推特都是旨在创造利润的商业平台。这两个平台都明显地在其网站上投放广告,并向企业出售用户信息。事实上,我们最近在剑桥分析公司(Cambridge Analytica)丑闻中看到,该公司在2016年总统选举中访问了超过五千万脸书用户的个人信息,然后利用这些信息影响选民行为,我们的个人信息中有多少可以被第三方访问。虽然有些人并不介意脸书和推特的商业方面,但其他人会介意。为解决用户对收集和销售用户信息的关切,新的平台出现了。例如保罗·巴德兹(Paul Budnitz)创建了埃洛(Ello),一个没有广告商的社交网站。正如你从下面的埃洛宣言中看到的那样,巴德兹拒绝了社交网站需要商业驱动才能成功的观点。在接受《纽约观察家》创新栏目 BetaBeat 采访时,巴德兹认为"脸书、谷歌 SNS 社交网站(Google+)、汤博乐(Tumblr)等并不是真正意义上的社交网络,而是广告平台。它们的存在是为了销售广告。"埃洛允许用户发布内容、发送信息和共享链接;它只是禁止广告,因为它会分散用户体验的注意力。另一个社交媒体平台 Yik Yak,也是为了回应用户对脸书、推特、汤博乐及其他商业平台处理个人信息的担忧而创建的。Yik Yak 专为大学生设计,允许距离大学校园 10 英里范围内的个人匿名发布内容。在这两种情况下,我们都可以看到社交媒体平台是针对使用这些平台的人而开发的。

埃洛宣言

你的社交网络归广告商所有。

你分享的每一篇帖子,你结交的每一位朋友,以及你遇到的每一个链接都会被跟踪、记录并转换成数据。广告商购买你的数据,这样他们就可以向你展示更多广告。你就是买卖的产品。

我们相信还有更好的办法。我们相信大胆。我们相信美丽、简单和透明。我们认为制造东西的人和使用东西的人应该结成伙伴关系。

我们相信社交网络可以成为赋权的工具。不是欺骗、胁迫和操纵的工具——而是连接、创造和赞美生活的场所。

您不是一个产品。

总之，家庭、教育、政府、宗教和工作等社会机构对于重塑美国社会至关重要。社会机构满足我们学习的需要，提供社会秩序，给我们一种使命感，并为我们提供支持。然而，随着我国社会日益复杂化，帮助维护社会秩序的新的社会机构应运而生。包括新媒体在内的大众媒体就是社会机构的一个例子，它是为了应对日益复杂的社会而出现的。然而，大众传媒不仅仅是一种社会机构。媒体通常以盈利为导向，这影响着公司如何制作他们告诉我们的故事、他们提供的产品，进而影响我们收到的关于世界及其运作方式的信息。

新媒体研究的社会学视角

很难评估新媒体对我们行为和生活的影响。我们的一些行为受信息技术创新的改变是相当直接的。例如，Amazon Prime、Hulu 和奈飞（Netflix）等基于互联网的视频流媒体服务的兴起，迫使音像店倒闭，导致一些家庭放弃其有线和卫星服务，取而代之的是流媒体视频电视和移动设备。同样，移动电话技术的进步改变了谁拥有手机以及如何使用移动电话的方式。摩托罗拉在1984年推出第一代手机（被称为

1G)。这些早期的移动电话每部售价超过两千美元,大部分安装在汽车上,因为它们体积太大,无法随身携带。这种移动技术带来的不便和成本意味着拥有这些技术的人并不多。20世纪90年代,随着第二代(或2G)技术使手机变得比过去更小、更舒适、更实惠,手机使用量大幅增加。随着手机和电话套餐变得更加实惠,越来越多的人购买了手机,并将这种技术融入日常生活中。

然而,我们今天大多数人所拥有的第三代(3G)和第四代(4G)技术,从根本上改变了我们使用手机的方式。每一代新技术都能更快地传输数据,让我们在手机上做更多事情。因此,越来越多的美国人购买移动"智能手机"并将其用于各种目的。从图2可以看出,45.9%的美国人拥有智能手机,75%的人拥有本身也是手机的网络设备。3G和4G技术的普及改变了我们使用手机的方式。例如,3G和4G技术使我们能够相互传送电子邮件、信息和即时信息。正如你在图3中所看到的,这使得我们可以方便地使用手机处理银行业务(42.7%的手机用户)、查看天气(80.5%的手机用户)、了解新闻(65%的手机用户)和收听互联网收音机(51.2%的手机用户)、玩游戏(65.2%的手机用户)以及通过社交网络与朋友交流(70.2%的手机用户)。换句话说,我们不需要看当地新闻来查看天气或通过收音机等待我们最喜欢的歌曲。通过移动设备,我们都可以做到,甚至更多。

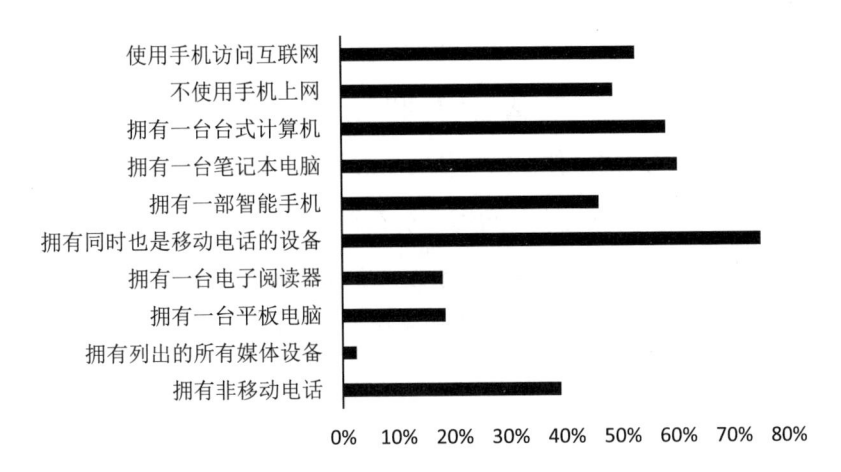

图 2 拥有不同媒体设备的美国人百分比

资料来源：皮尤研究中心（Pew Research Center）

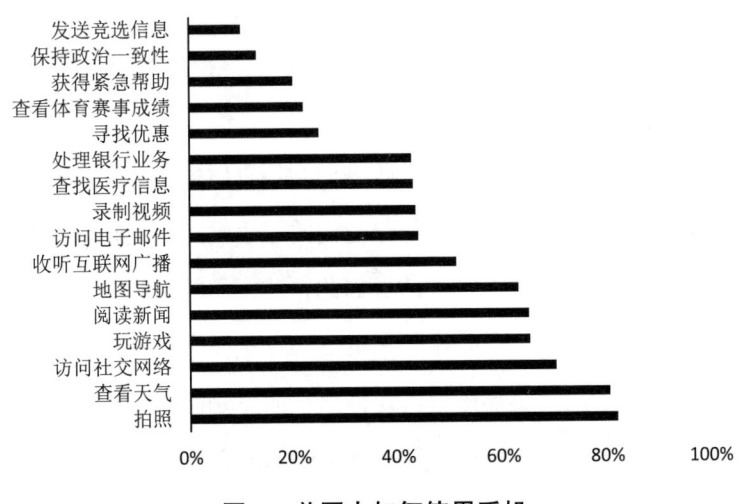

图 3 美国人如何使用手机

资料来源：皮尤研究中心

想想吧！不到一百年前，电视在纽约世界博览会上被介绍给公众。富兰克林·罗斯福总统现身博览会，成为第一位电视转播的美国总统。现在美国总统可以随时通过社交媒体直接与我们交谈。鉴于这些巨大变化，我们如何理解新媒体在我们生活中所扮演的角色？社会科学中不同学科对世界的研究方法也不尽相同。自从社会学家们研究人类社会的发展和结构以来，他们并不认为新媒体对美国社会"好"或"坏"。相反，他们从不同行为者的角度审视新媒体如何塑造人类互动和制度生活，并评估新媒体如何有意（或无意）被用来挑战现有的制度安排。

让我们将关于社会机构的讨论扩展开来，以更好地理解社会学家们如何研究新媒体对美国社会的影响。如上所述，在美国早期历史中，教育、家庭、宗教和政府等社会机构提供个人信息、传统和道德指南针。然而，技术发展削弱了传统社会机构在这方面的作用，越来越多的大众传媒介入进来并弥补了这一空白。大众传媒是一种社会机构。传统社会机构与新媒体之间的关系也因另一因素而变得复杂。新媒体无处不在，传统社会机构，如家庭、教育、宗教、政府和企业，既由传播技术塑造，又依赖于传播技术发挥其功能。

政治就是一个很好的例子。政客们利用媒体影响公众。政客们花费数百万美元购买广告，目的是让他们的对手看起来很糟糕，让他们自己在选民面前看起来很好。话虽如此，政客们的行为也会受到大众传媒的影响。比方说，当巴拉克·奥巴马竞选民主党总统候选人提名时，他把重点放在社交媒体等新媒体上，而不是广播电视台等传统媒体，以击败他的对手希拉里·克林顿（Hillary Clinton）。奥巴马在使用新媒体时采取了双管齐下的态度。首先，他利用社交媒体直接与支持者建立联系。2007年，奥巴马的工作人员通过推特联系并组织选民。事实上，他的账号是当时世界上最受追捧的。其次，奥巴马奖励那些撰写文章支持他竞选总统的博客作者，给予他们独家采访机会和竞选信息。很多博客作者写了支持奥巴马的帖子，因为他们知道拥有内部信息和独家采访会吸引人们进入他们的网站。很少使用新媒体的希拉里·克林顿很快就发现她自己脱离了总统竞选阵营，围绕着奥巴马和他的"改变""希望"的呼声在网上和线下都越来越高。简而言之，希拉里的总统竞选受到大众媒体——尤其是新媒体——的影响，尽管她在自己的竞选中很少用到它。

希拉里·克林顿曾在2016年的竞选周期里加大了社交媒体的使用量，并且非常有效。据美国媒体《国家评论》（*National Review*）报道，希拉里的推文比她的对手唐纳德·特朗普（Donald Trump）的推文得到更多的欢迎、分享和评论。希拉里的"删除你的账号"的推文，是对特朗普批评奥巴马总统支持她的回应。被转发超过50万次。一句讽刺的话"'我从没说过。'——唐纳德·特朗普说。"特朗普2012年的推文声称全球变暖是希拉里的一名工作人员在总统辩论期间发布的一个骗局，他的链接也被转发了10多万次。此外，希拉里的脸书账号比特朗普的账号更活跃，尽管他拥有更多的追随者。《国家评论》报道说，希拉里的账号中有近1.9亿个赞、评论和分享。然而，这并没有转化为希拉里在总统选举中的胜利。这在一定程度上是因为唐纳德·特朗普当面发布的、经常令人不快的推文不仅在红迪网（Reddit）等在线论坛上被转发和讨论，还成为主流和有线新闻。主播和权威人士花了无数个小时分析特朗普使用推特，有时甚至嘲笑他。虽然特朗普单独使用推特并不能解释他赢得总统选举的原因，但很明显，新媒体对于美国人理解政治起着至关重要的作用。

在很多情况下，人们并不清楚人与技术之间的互动将如何影响制度实践。让我们以 Yik Yak 为例。Yik Yak 为大学生们提供了一个虚拟的公共论坛，他们在网上发布各种各样的信息，从抱怨学生会的食物到关于身体机能的笑话。然而，Yik Yak 并不总是按照创造者的意图使用，这影响了机构的运作。例如，一些学生利用 Yik Yak 发布针对高中、学院和大学的匿名威胁——这些威胁导致学校关闭，并引发了警方对校园的调查。类似地，一些学生用 Yik Yak 来发表关于同学和教授的带有种族色彩、性或其他贬低性的评论。这些关于 Yik Yak 的争议促使人们呼吁禁止匿名平台和采取行动，包括教授们用自己的评论控制了 Yik Yak 的"牦牛背"（Yak Back）抗议。全国各地学校都禁止 Yik Yak，Yik Yak 的使用量急剧下降。2017 年，Yik Yak 关闭。

那么社会学家如何研究 Yik Yak 及其对教育的影响呢？社会学家会关注结构与能动性之间的推拉关系。结构是指由社会和社会机构提供的规则和惯例。代理机构是指个人为了遵守或质疑社会机构的规则或惯例而作出的决定。社会学家认为个人可以做出选择，这些选择可能产生重要后果。然而，个人在他们几乎无法控制的机构设置下做出选择。例如，学生可以决定在 Yik Yak 上发帖或查看他的电子邮件，而不是听课程讲座。这是代理机构。虽然这一选择并不能改变他需要学习必修课程作为他专业的一部分这一事实，但它可能改变教授是否允许使用教室里的设备。这是结构。因此，为了更好地理解新媒体如何影响教育，社会学家可以研究有关电子设备和计算机的政策是否随着 Yik Yak 等社交媒体平台的推出发生了变化。

解读美国社会中的新媒体

既然我们对社会机构的重要性有了更好的了解，并且理解了社会学家是如何研究它们的，我们就可以开始理解个人、机构和新媒体之间复杂的相互作用。图4是这些关系的简单图表摘要。大众传媒由包括新媒体在内的多种传播技术组成,为我们与各机构的互动提供了背景。这样,它就是我们游泳的水。新媒体使我们更容易彼此联系,并为我们提供了与社会机构相关的新方式。例如,我们可以在下班后通过发送电子邮件或短信向同事提出与工作有关的问题,并得到回复。我们工作方式的创新改变了工作的社会机构。具体而言,它改变了老板对我们工作日结束时间的期望,也改变了我们对是否应该为下班后通过电子邮件和短信完成工作支付报酬的期望。这种模式被称为社会交换模型,因为它突出了关系动态的重要性,或者一个行为者的行为是如何由其他行为者的行为和制度环境的变化形成的。与这些变化相关的后果可能是积极的、消极的或两者兼而有之。同样,社会学家们对争论新媒体对社会机构有利还是不利不感兴趣。相反,社会学家关注大众传媒、社会机构和个人/行为者之间的关系动态,并研究这些互动如何改变我们的行为以及改变社会。

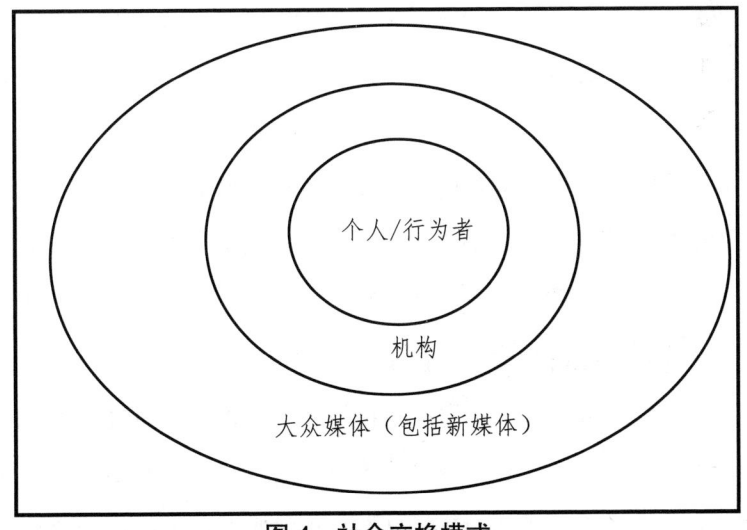

图4 社会交换模式

你可能仍然好奇个人如何融入社会交换模型。代理机构意味着选择，而选择意味着我们可以决定忽略我们被赋予的指导方针，并试图改变统治我们的社会机构。这是事实。一般来说，社会机构告诉我们如何在环境中表现和互动，我们每次参与在里面的时候都会重复这些规则和期望社会学家认为，我们通常坚持——而不是挑战——社会机构制定的规范和行为，因为我们是理性的行为者，他们希望在特定环境下最大限度地利用我们的机会关系（并最小化我们的个人成本）。从我们与经济学联系起来的纯粹成本效益计算得出这一逻辑的原因在于，社会学家认为，利己主义比竞争和财富的积累更重要。相反，社会学家认为，为了实现我们的目标，我们彼此依靠。这是一个至关重要的区别。由于我们需要彼此来实现我们的目标，我们试图在一个机构内建立互利和稳定的关系。这就要求我们相互作出承诺，而不是交换金钱、商品和服务。这些关系涉及信任。理解了这种方式，你可以看到我们基于自身利益和相互依赖相结合做出的选择，如何最终强化社会机构。为了得到我们想要的东西，我们需要了解他人在特定情况下会怎么做——其他人对我们也有同样的期望。因此，我们以可预见的方式采取更温和的行动，并且这些行为加强了社会机构。同样，情况并不总是如此。如果我们忽视、取代或直接挑战社会机构，它们赖以运作的规则会随着时间的推移而改变。我们不是每天都这么做。我们通常以复制我们已经知道和做过的事情的方式行事。

在本书的其余部分，我探讨了一种不同的社会机构——家庭、教育、企业、法律和政治——每一章都概述了新媒体如何改变我们的期望，因为它们与社会机构以及运行规则相关。正如你们将在各章节中看到的那样，关于新媒体对这些社会机构的影响，人们普遍没有达成共识。例如，关于新媒体在制定和执行法律方面的作用存在很多争论。本书的目的在于为您提供一个社会学框架来理解这些争论，并为您提供机会将社会学概念应用于最新案例中。有时材料会让人感到不舒服和有争议。目标是超越你的个人反应，从社会角度思考问题。

结论

在本章中，我们对社会机构进行了定义，并讨论了社会学家是如何研究它们的。我们了解到传统的社会机构，如家庭、教育、宗教、工作、政治和法律，随着美国社会对社会力量（如工业化、城市化和技术创新）的响应而变得更加复杂，其力量已经减弱。新的社会机构应运而生，通过教会我们与美国社会相关的规范和行为，以及给予我们彼此联系的新方式来填补这一空白。包括新媒体在内的大众传媒就是这些社会机构之一。

我们还了解到，大众媒体不仅仅是一个社会机构。大多数媒体公司都是以盈利为导向的，这意味着媒体平台和内容往往受到经济因素的影响。因此，我们有时会收到关于社会机构的歪曲信息，例如，《青少年妈妈》并没有给出一个完全准确的关于青少年时期养育子女的观点。展示睡眠不足的青少年妈妈们换尿布不会吸引很多观众，也不会让MTV赚很多钱。相反，MTV通过关注妈妈们生活的戏剧性方面吸引观众，并通过在节目中展示产品赚取额外收入。简而言之，大众传媒受到经济的影响，经济塑造了整个社会通过传播的课程。

我们以社会交换模型的讨论结束本章，它将我们的注意力集中在关系动态上，帮助我们更好地理解新媒体如何改变我们的行为和社会。

具体而言，社会交换模型提请注意以下方面：
- 参与某一社会机构的不同行为者及其优先事项
- 不同行为者如何复制和质疑某一机构的做法和/或结构安排
- 社会机构如何应对技术创新及其相互作用的转变

我们就像鱼儿一样在科技的水域里游动，很难确定新媒体对我们生活的影响。社会交换模式的价值是它突出了结构和代理之间的相互作用，并允许我们能够批判性地审视新媒体如何改变我们的行为和支配我们生活的社会机构。

在每一章中，我们将思考新媒体如何挑战和改变我们的期望，因为它们涉及社会机构及其运作规则。这里介绍的社会交换模型是本书其余部分的基本框架。社会交换模型帮助我们确定我们在分析新媒体对美国社会机构的影响时应提出的相关问题。在这种情况下，社会交换模型侧重于新媒体的引入如何影响个人对机构的期望，以及机构内行为者如何应对这些不断变化的新需求。理解这些关系是从社会学角度理解新媒体在美国社会中所扮演角色的关键。

关于这本书，有几点值得注意。当你浏览这些章节的时候，你会注意到我列入了一些与新媒体有关的重要问题的案例研究，例如数据监视（指收集和监督关于我们去哪里和我们做什么的数据）。在案例研究中，我提出一些问题供您思考，并具体要求您考虑与课程理念和概念相关的案例。我希望大家能利用案例研究来更详细地探讨新媒体与美国社会机构之间的关系。我还把题为"再现不平等"的章节列入每一章。在本节中，我向您提供关于某个主题的更多信息，例如在线教育和营利性教育的成本，并指出这如何再现美国社会的不平等现象。我希望这些章节能激发更多关于重要社会学话题的讨论。在每一章的末尾，你会看到一些链接指引你去看文章、演讲和电影，这将有助于您了解更多这一章的相关信息。还有一些链接可以帮助您更全面地了解主题。如果您租用或购买本书的打印版本，请转到网站 www.deanarohlinger.com 访问带有"实时"链接的文档。最后，我在书的结尾加入了一个概念索引。如果你不记得前面一章讨论过的术语，可以浏览到书的后面阅读，看看那一页讨论了什么内容。

章节链接

"Connecting With the Cosmos: The Total Audience Media Universe." 2015. Nielsen Company. Retrieved March 19, 2015. http://www.nielsen.com/newscenter.

"Average Daily Media Use in the United States from 2012 to 2018, by Device (in Minutes)." 2017. Statista. http://www.statista.com.

Granville, Kevin. 2018. "Facebook and Cambridge Analytica: What You Need to Know as Fallout Widens." *New York Times*. Last modified March 19, 2018. https://www.nytimes.com.

Budnitz, Paul. n.d. "Ello Manifesto." Ello. Retrieved June 2016. http://www.ello.com.

Yack, Austin. 2016. "Clinton Campaign's Social Media Strategy Was More Effective than Trump's." *National Review*. Last modified November 8, 2016. http://www.nationalreview.com.

Dockterman, Eliana. 2014. "Does 16 and Pregnant Prevent or Promote Teen Pregnancy?" *Time*. Last modified January 13, 2014. http://

www.time.com.

Henson, Melissa. 2011. "MTV's 'Teen Mom' Glamorizes Getting Pregnant." *CNN*. Last modified May 4, 2011. http://www.cnn.com.

"Copycat 'Moms.'" 2011. *New York Post*. Last modified February 10, 2011. https://nypost.com.

章节回顾问题

1. 什么是社会机构，为什么它们很重要？
2. 为什么大众媒体，包括新媒体被视为社会机构？
3. 经济如何影响媒体公司生产的产品和内容？
4. 社会交换模型如何解释新媒体对美国制度的影响？
5. 社会交换模型是否认为新媒体会给社会带来负面后果？为什么或为什么不？

了解更多信息

Alter, Alexandra. 2014. "E-book Mingles Love and Product Placement." *New York Times*. Last modified November 2, 2011. http://www.nytimes.com.

"The End of Mass Media: Coming Full Circle." 2011. *Economist*. Last modified July 7, 2011. http://www.economist.com.

Flatow, Ira. 2011. "What Does '4G' Really Mean, Anyway?" *Science Friday*. Last modified January 14, 2011. http://www.npr.org.

———. 2014. "As the Web Turns 25, Where Is It Going Next?" *Science Friday*. Last modified March 14, 2014. http://www.sciencefriday.com.

Geer, John G. 2008. "Attack Ad Hall of Fame." Chicago University Press. http://www.press.uchicago.edu.

Hendricks, Drew. 2013. "Complete History of Social Media: Then and Now." *Small Business Trends*. Last modified May 8, 2013. http://www.smallbiztrends.com.

Ives, Nat. 2011. "Product Placement Hits High Gear on 'American Idol,' Broadcast's Top Series for Brand Mentions: Coca-Cola Top's Nielsen's Chart of Top Brands by Primetime Integrations." *Ad Age*. Last modified April 18, 2011. http://www.adage.com.

Kelly, Heather. 2012. "OMG, the Text Message Turns 20. But Has SMS Peaked?" *CNN*. Last modified December 3, 2012. http://www.cnn.com.

Meyers, Justin. 2011. "Watch the Incredible 70-Year Evolution of the Cell Phone." *Business Insider*. Last modified May 6, 2011. http://www.businessinsider.com.

Sauer, Abe. 2014. "The Envelope, Please: The 2014 Brandcameo Product Placement Awards." BrandChannel. Last modified February 27, 2014. http://www.brandchannel.com.

Toothman, Jessika. n.d. "What's The Difference between the Internet and the World Wide Web?" How Stuff Works. http://www.howstuffworks.com.

视频和电影

"Sociological Imagination." 2015. *Sociology Live!* Last modified October 22, 2015. http://www.youtube.com.

von Baldegg, Kasia Cieplak-Mayr. 2012. "60 Years of Presidential Attack Ads, in One Video." *Atlantic*. Last modified September 10, 2012. http://www.theatlantic.com.

"What Is Sociology?" 2015. *Sociology Live!* Last modified September 18, 2015. http://www.youtube.com.

本章参考

Berger, Peter, and Thomas Luckmann. 1967. *The Social Construction of Reality: A Treatise in the Sociology of Knowledge*. Norwell, MA: Anchor Press.

Best, Joel. 1995. *Images of Issues*. Hawthorne, NY: Aldine de Gruyter.

Crouteau, David, and William Hoynes. 2005. *The Business of Media: Corporate Media and the Public Interest*. Thousand Oaks, CA: Sage.

DiMaggio, Paul, Eszter Hargittai, W. Russell Neuman, and John Robinson. 2001. "Social Implications of the Internet." *Annual Review of Sociology* 27: 307–36.

Fuchs, Christian. 2008. *Internet and Society: Social Theory in the Information Age*. New York: Routledge.

Hepp, Andreas. 2012. *Cultures of Mediatization*. Cambridge, UK:

Polity Press.

Howard, Philip N., and Steve Jones. 2003. *Society Online: The Internet in Context*. Thousand Oaks, CA: Sage.

Kreiss, Daniel. 2012. *Taking Our Country Back: The Crafting of Networked Politics from Howard Dean to Barrack Obama*. New York: Oxford University Press.

———. 2016. *Prototype Politics: Technology-Intensive Campaigning and the Data of Democracy*. New York: Oxford University Press.

Livingstone, Sonia. 2009. "On the Mediation of Everything: ICA Presidential Address 2008." *Journal of Communication* 59 (1): 1–18.

Mead, George. 1934. *In Mind, Self and Society*. Edited by Charles Morris. Chicago: University of Chicago Press.

Ogburn, W. F. 1937. "The Influence of Inventions on American Social Institutions in the Future." *American Journal of Sociology* 63 (3): 365–76.

———. 1957. "How Technology Causes Social Change." In *Technology and Social Change*, edited by F. R. Allen, 12–26. New York: Appleton-Century-Crofts.

Parsons, Talcott. 1951. *The Social System*. New York: Free Press.

Ruane, Janet, and Karen Cerulo. 2004. *Second Thoughts: Seeing Conventional Wisdom through the Sociological Eye*. Thousand Oaks, CA: Pine Forge.

Scott, Richard. 2003. *Organizations: Rational, Natural, and Open Systems*. 5th ed. Upper Saddle River, NJ: Prentice Hall.

Silverblatt, Art. 2004. "Media as Social Institution." *American*

Behavioral Scientist 40 (1): 35–41.

Su, Hua. 2016. "Constant Connection as the Media Condition of Love: Where Bonds Become Bondage." *Media, Culture & Society* 38 (2): 232–47.

Villegas, Alessondra. 2012. "The Influence of Technology of Family Dynamics." *Proceedings of the New York State Communication Association* 1 (10). http://www.rwu.edu.

1. 虚拟自我与文本交流

关键概念

自我（Self）是指相对于他人而言，我们对自己是谁的一套相对稳定的认知。自我是通过在各种环境中与他人的相互作用而形成的。

身份（Identity）是我们在一个与自我相关的环境中所表现出来的行为。我们扮演着许多身份，包括学生、兄弟姐妹、孩子、朋友、伙伴等等，所有这些都构成了自我。

家庭（Family）由与自己有血缘关系、婚姻或收养关系的人组成。家庭是一种普遍的社会机构。这意味着，尽管它的形式可能有所不同，但无论你身处何方或文化多么边缘，你都会找到家人。

社会化（Socialization）是家庭的一项主要工作。社会化指的是教会儿童语言、社会技能和社会价值观，使他们能够融入更大的社区。

本体论安全（Ontological security）是指我们对自我的生存意识。根据安东尼·吉登斯（Anthony Giddens）的观点，本体论的安全感来自于我们与家人和朋友之间的关系，当我们体验到积极稳定的情绪帮助我们处理超出我们控制范围的事件时，我们就能获得这种安全感。

如果你上过社会学课程，你可能会花一些时间来思考大众传媒对自我的影响，或者我们对于自己与他人的关系有一套相对稳定的看法。与那些光彩照人的杂志页面或屏幕上看到的相比，我们常常发现自己很欠缺。如果你是个女性，那么你可能会发现自己想知道你要如何与你看到的模特和女演员相匹配。比较要点会有所不同。一些女性会关注她们的身体与名人相比如何。其他人会注意女演员们的衣着、头发、面部特征和肤色。然而，大多数女性会发现自己并没有很好地衡量和寻找锻炼计划、饮食和产品，而这些将有助于她们接近我们在几乎每个地方看到的理想状态。这一点同样适用于男性，他们把自己的容貌、身体、能力和成功的形象，与肌肉发达、帅气的演员、音乐家和运动员的形象相比较。现在想象一下，你不符合这些性别理想中的任何一个，没有一套图像反映出你的生活经历。对于美国 100 多万变性者来说，这是事实，直到最近，他们几乎在媒体界消失了。叙事的缺失和歪曲事实是一样的。当大量大众媒体中没有人看起来、感觉或经历像你一样时，很容易认为你的某些事情是错误的——即使那不是真的。换句话说，大众传媒影响着我们对自己的看法——我们的容貌、智力、能力和价值。

大众传媒也会影响我们在世界上的行为。我们看到华丽的演员、女演员、音乐家和运动员都很成功。他们拥有财富和名望。他们做到了，我们关注他们的行为。我们也在寻找关于如何制造它的线索。正如我们在引言中所讨论的那样，通向名人的行为在社会上并不总是可取的。举个例子来说，如果《青少年妈妈》真的因为年轻女性把这个节目看作是名利双收而导致她们怀孕，那这与这个节目想减少少女怀孕的效果就相反了。当然，这是一个戏剧性的例子。大众传媒可能会以更微妙的方式影响我们的行为方式——我们如何走路或跳舞，以及我们认

1. 虚拟自我与文本交流

为什么样的产品能表达我们的身份。

为了更好地了解此操作原理，请观看美国公共电视台前线（PBS Frontline）的视频《酷商》（The Merchants of Cool）（链接位于本章末尾）。虽然有点过时［布兰妮·斯皮尔斯（Britney Spears）在2001年的比赛中名列前茅，而不是试图卷土重来］，但视频说明了两个重要的观点。首先，视频展示大众传媒的经济功能如何影响产品销售的内容和方式。回顾一下，我们讨论了大众传媒如何成为一种社会机构，但它们也具有营利功能。因此，电视节目有时会给观众带来混乱的信息。《青少年妈妈》旨在防止少女怀孕，但同时也利用这些事件来展示对于一般年轻母亲来说过于昂贵的服装和产品。道格拉斯·拉什科夫（Douglas Rushkoff）在视频《酷商》中解释了媒体巨头维亚康姆如何通过MTV为青少年推销"酷"的。其次，也是本次讨论中更重要的一点，视频展示了青少年如何模仿他们看到的内容。在一个特别能切中要害的场景中，一群青少年意识到摄像机正在录制他们的舞蹈，他们开始欢呼和跳舞，就像音乐人、舞蹈家和MTV上的春假舞者（spring breaker）一样。青少年表现出他们认为理想的行为。简而言之，这段视频展示了大众媒体如何塑造我们的行为，或者更具体地说，展示了我们如何向他人展示自己——即使我们看不到他们。

你开始明白为什么社会学家对研究自我感兴趣了。正如我们在前一章中所讨论的，社会学家们对个体如何再造和挑战社会机构感兴趣。请记住，一个行为者的行为是由其他行为者的行为以及制度环境的变化决定的。我们通常会以可预测的方式行事，因为它能让我们实现目标。在更基本的层面上，我们与他人的互动也塑造着自我。社会学家欧文·戈夫曼（Erving Goffman）用戏剧作为隐喻来解释我们的互动如何影响我们思考自己的方式。戈夫曼认为，我们可以通过研究我们如何在不同的"情境"或发生互动的不同社会情境中"表现"来理解我们是如何创造自我意识的。这样想吧，在一个场景中，我们站在舞台上，通过我们的语言、手势和行动，为"观众"表演一种身份——或者一种特定版本的自我。这种表演是可以计算的。我们的行为方式符合观众的实际情况和期望。

正如你可能猜到的那样，我们一天当中有不止一个舞台会给出不同的演出。由于我们与他们的互动有多重设置，我们有多重身份关系，其中许多与社会机构相关联。例如，学生、兄弟姐妹或儿子、召集人和朋友，都是我们可能拥有的与不同行为和背景相对应的身份。因此你如何与宗教领袖在一个礼拜场所互动可能与你在聚会上与朋友互动的方式大不相同。这并不意味着我们缺乏真实的身份或者我们只是为我们正在互动的人表演。我们能在社会世界中游刃有余，因为我们的不同身份融合在"后台"。像剧院一样，后台是观众看不到我们的地方，因此，我们可以成为我们自己，放下我们在别人面前所扮演的身份。在后台，我们可以理解我们的各种身份以及它们的重要性。虽然自我和身份之间的关系可能很复杂，但是戈夫曼的观点是，我们不应该把自我理解为我们与生俱来的生物学特性。当我们预测、解释和回应他人时，自我是通过相互作用发展起来的。

现在想象一下，在数字化时代，可供我们使用的所有舞台。一个人有几个不同的个人资料，这样他们就可以同时对几个不同的观众表演不同的身份，这是很常见的。例如，我的个人网站、一站通（WordPress）、领英（LinkedIn）、学术论文研究网（Academia.edu）、科研之门（Research Gate）、脸书（Facebook）和推特（Twitter）

1. 虚拟自我与文本交流

的个人资料都略有不同。我在我的个人网站和一站通网站上展示我的专业自我。这些网站上有很多关于我所做的研究以及采访和谈话的信息。我认为这个网站是我接触更大的专业世界的第一个点,我花时间更新内容和最小化关于我个人生活的信息。对于我的领英、学术论文研究网和科研之门来说,情况就要差得多,因为我花的时间很少。在这里,我以同事的身份介绍自己。由于我知道我的同事们——其他学者——常常时间紧迫,而且有很多专业要求,他们不会在意我的个人资料偶尔更新。事实上,他们会明白为什么会这样。我主要通过脸书与我的朋友和亲密同事交流,所以我发布的内容更加个人化。我把自己呈现为一个朋友和积极生活的人,所以我分享我的政治观点、洋葱头条新闻和很多家庭照片。我使用推特作为一个半专业网站,因为我也在我的课程网站发布相关材料。我的身份是"一个有兴趣与世界交往的教授,也是一个有自己的生活和观点的人"。我的推特个人资料包括一张我和家人的照片,但我很小心,不会发太多我的个人观点,因为我不想让我的学生把我的课程当作偏见。一旦我完成教学,我对我的政治和社会评论以及孩子们的照片更加自由——尽管我努力记住学生们可以搜索过去几个月的推文。

所有这些身份没有一个是假的。我的个人资料只是反映了不同的身份,并满足预期观众的期望。访问我网站的记者想迅速弄清楚我是否是适合权衡他们故事的人选,如果是电台或电视现场直播,看我是否有任何媒体经验。访问我专业网页的同事们想知道我是否上传了最近发表的文章,那些关注我脸书的朋友们想知道我对不同问题的看法以及我的家人在做什么。当然,戈夫曼并没有预见到这种情况。首先,我们的互动超越了时间和空间,也就是说我们不必同时处于同一个地方才能彼此互动。电子邮件和短信不要求我们靠近正在交往的人，也不需要即时回复。另一方面，戈夫曼设想的后台并不完全超出观众的视野。我们在网上披露了很多关于自己的信息，观众很容易找到不同的方式来描述我们的生活。

在本章中，我们将探讨新媒体如何改变我们的关系。我们将首先关注家庭，因为正如我们下面讨论的那样，家庭关系对于我们的整体福祉起着至关重要的作用，并影响我们如何彼此互动。正如我们将要看到的那样，尚不清楚新媒体是如何影响社会化的，也不清楚父母如何教会孩子们了解世界及其所处位置。这一点不足为奇。社会科学家一直在努力确定大众传媒何时以及如何影响社会化，而这项研究在数字时代并不容易做到。然而，我们可以看到新媒体极大地改变了父母和青少年的沟通方式。然后我们将关注新媒体如何改变青少年与朋友互动的方式。我们将看到新媒体可以使青少年友谊变得更加谨慎和肤浅。在数字时代，有时连接的数量变得比连接质量更重要，这使得友谊变得更加不安全。与此同时，不可否认的是，新媒体允许青少年以20年前不可能实现的方式与他人建立联系。例如，社交媒体允许青少年和世界另一端的人一起建立和维持虚拟友谊。简而言之，我们将看到新媒体以复杂和矛盾的方式塑造关系和自我意识。

案例研究：金发女郎

你有没有假装自己是网络上的其他人？

2006年，一位46岁的父亲托马斯·蒙哥马利（Thomas Montgomery）因一位叫杰西（Jessi）的18岁女性杀死了他的同事，杰西是一位金发女郎。他们在线上青少年聊天室里认识。然而，在这个致命的三角恋中，几乎没有人是他们所说的那样。杰西声称自己是一名喜欢打垒球的高中三年级学生。当杰西给蒙哥马利发一些她自己的充满挑逗意味的照片时，蒙哥马利给杰西发去了他30岁时当水手在训练营拍的照片。没错，蒙哥马利假装他十八岁而不是四十六岁。没过多久，蒙哥马利和金发女郎就在网上开始保持性关系。

蒙哥马利的妻子得知这件事，给杰西寄了她、她丈夫和家人的照片。杰西惊恐万分地结束了这段恋情。她告诉蒙哥马利她恨他。然后杰西开始与蒙哥马利的同事布莱恩·巴雷特（Brian Barrett）建立网上关系。巴雷特是一名22岁的兼职机械师和大学生。蒙哥马利在他和杰西常用的聊天室看着两人的恋情开花结果。蒙哥马利嫉妒起来，他在网上发出威胁，然后一天下班后开枪打死了巴雷特。警察很快了解到了这段三角恋，并去询问杰西。他们得知杰西的母亲玛丽（Mary）一直在网上冒充她女儿。所有信息都是玛丽发送的。蒙哥马利承认谋杀罪并被判20年徒刑。玛丽的丈夫申请离婚，真正的杰西离开了她母亲。

您可以在ABCNews.com网站观看有关案例的视频。讨论以下问题：

- 戈夫曼如何解释这些自我表现？
- 我们能真心实意地假装别人吗？为什么或为什么不？
- 在网上假装成别人是合乎道德的吗？为什么或为什么不？

网络家庭

家庭是普遍存在的，它由认为与自己有血缘、婚姻或收养关系的人组成。尽管它的形式可能有所不同，但无论你身处何方，无论你的文化多么边缘，你都会找到家人。正如前一章所述，家庭是维护社会稳定和保持社会运转的重要社会机构。家庭履行几项重要职能，其中三项我们将在此讨论。首先，家庭在社会化或教育儿童语言、社会技能和社会价值观方面发挥核心作用，以便他们能够融入更大的社区。其次，家庭是为其成员提供实际和情感支持的源泉。父母为孩子们提供必需品——食物、住所和衣服——以及爱，并在需要的时候提供安慰。最后，家庭给了我们一种基本的自我意识。我们最初的互动是与家庭成员，他们为我们提供了第一套信念和价值观，告诉我们如何驾驭这个混乱的世界。

当然，家庭并不是我们成长过程中唯一的影响因素。在你年轻的时候，你可能时不时地看电视，把你在节目中看到的人物和情节用在你自己的身上。你甚至可能还记得父母或亲戚曾教导你看一些节目，比如《芝麻街》《探险家多拉》，或者《出发吧，迪亚哥！》，因为它们具有教育意义。你可能没有考虑媒体内容如何塑造你的自我意识。长期以来，社会科学家和学者一直在关注大众传媒对家庭的影响。一个核心问题是大众媒体在美国青年社会化过程中所扮演的角色。电影和电视节目有时向人们展示一些个人对家庭或社会可能不满意的行为给以奖励，音乐家们偶尔会谈论许多父母可能觉得不好的问题（使用语言）。有趣的是，我们经常讨论大众媒体在儿童社会化方面所起的作用，以及在悲剧发生之后，它是否比家庭更有影响力。人们讨论最多的悲剧之一就是1999年科伦拜高中（Columbine High School）发生的枪击案。1999年4月20日，18岁的埃里克·哈里斯（Eric Harris）和17岁的迪伦·克莱伯德（Dylan Klebold）在科伦拜高中设置了两枚丙烷炸弹。炸弹引爆失败后，男孩们疯狂射击，造成13人死亡，20多人受伤，然后自杀。

这起事件是当时美国历史上最严重的高中枪击案，引发了一场关于大众传媒在这起犯罪中所扮演角色的全国性辩论。这与最近发生的学校枪击案不同，比如桑迪胡克小学和弗吉尼亚理工大学发生的悲剧，因为没有证据表明哈里斯或克莱伯德患有精神病。父母、政治家、公民和记者指出他们的媒体消费。尤其是电子游戏《毁灭战士》（Doom）和玛丽莲·曼森（Marilyn Manson）的音乐遭到抨击。事实证明哈里斯和克莱伯德都是《毁灭战士》的狂热玩家，这是一款早期的第一人称射击游戏。你可以查看一个片段，让你了解优途（YouTube）上游戏的样子（本章末尾有一个链接）。你会看到游戏的特点是一个未命名的太空海军陆战队员，他与地狱里入侵的恶魔作战。这款游戏因为画面暴力和撒旦形象而备受争议。当执法部门发现哈里斯的日记时，关于《毁灭战士》对孩子的负面影响、他们的价值观以及他们的行为的争论达到了新的高度。哈里斯把杀死真人比作玩游戏，吹嘘说他买的枪就像《毁灭战士》里的一样。

权威人士和军事人员批评《毁灭战士》教男孩成为杀手的说法。他们争辩说，这种游戏使男孩们成为士兵。一名前陆军上校曾在《60分钟》和《今日秀》节目中亮相，他形容这场游戏是一种支持军事训练的"大规模谋杀模拟器"。上校争辩说，《毁灭战士》教会哈里斯和克莱伯德如何进行"击杀"，这样他们就可以在游戏过程中节省弹药。上校还暗示暴力游戏最终使他们对杀人的血腥后果不再敏感。据这份《60分钟》的报告称，军方曾利用《毁灭战士》教导士兵如何缓慢穿过建筑物，以及如何射击和杀死目标。报告清楚地表明，游戏使男孩们贬低社会化价值和杀人。

摇滚歌手玛丽莲·曼森也被指责为这场悲剧的罪魁祸首。新闻媒体虚假报道称哈里斯和克莱伯德是曼森音乐的忠实粉丝,他们把自己塑造成哥特式风格,包括一件像他穿的那样的风衣。曼森长期以来一直是宗教组织的敌人,他成了全国的替罪羊,他被指控直接向青少年宣扬暴力、仇恨和赞颂自杀。曼森的批评者认为他的音乐基本上教会了孩子暴力甚至自杀也是解决生活问题可以接受的办法。曼森驳斥了这些说法。他争辩说他的音乐被误解了。他的主要目标是挑战社会规范和价值观,使那些感到在世界上不合时宜的人知道他们并不孤单。曼森为滚石写过一篇文章(1999年6月24日),他指出娱乐一直是美国社会悲剧的替罪羊。他写道:"美国喜欢找一个偶像来掩饰自己的罪恶感。但诚然,我承担了反基督的角色;我是90年代个性的代言人,人们倾向于把任何外表和行为不同的人与非法或不道德的活动联系起来。纵观内心深处,大多数成年人都讨厌背道而驰的人。可笑的是,人们天真到这么快就忘记了猫王(Elvis)、吉姆·莫里森(Jim Morrison)和奥兹(Ozzy)。他们都受到同样古老的争论、审查和偏见。"

在文章的后半部分,曼森指出,找娱乐界人士和电子游戏当替罪羊要比找国家步枪协会的麻烦容易得多。他认为美国步枪协会应该为哈里斯和克莱伯德轻松获取枪支和弹药的能力承担一定责任。曼森指出:"那么娱乐是罪魁祸首吗?我希望媒体评论员问问他们自己,因为他们对这次活动的报道是我们见过的最可怕的娱乐。我认为国家步枪协会太强大了,无法承受,所以大多数人选择《毁灭战士》《篮球日记》。这种争论无助于销售唱片或门票,我也不想这么做。我是一位颇有争议的艺术家,敢于发表自己的观点,并为创作音乐和视频埋头苦干。在我的作品中,我审视我们生活的美国,我一直试图向人们表明,我们所责怪的引发我们暴行的魔鬼其实就是我们每个人。所以不要指望世界末日总有一天会突然降临——很长时间以来它每天都在发生。"

这一讨论应该清楚地表明,要弄清大众传媒对于社会化有多重要是很难的,因为还有其他因素在社会化过程中起着重要作用。除了家庭和大众媒体之外,我们的朋友、社区、学校以及我们团体的附属关系(例如那些有宗教团体或帮派的团体)都会影响着我们如何思考这个世界以及我们在世界中所扮演的角色。更重要的是,科伦拜高中发生的案件突出表明我们倾向于将大众传媒视为对社会化的积极或消极影响。一方面,这很有道理。我们想知道对我们和我们的孩子来说,什么是好的,什么是坏的。另一方面,社会化对于科学主义者来说太复杂了,只能说大众传媒在其中发挥了作用。

数字时代人们对大众传媒社会化影响的关注并没有改变。我们最清楚地看到了这种担忧,那就是追踪美国青年花多少时间使用新媒体以及他们用数字设备做什么。例如,常识媒体每年进行一次人口普查,追踪青少年使用大众媒体的时间。在2015年关于青少年使用媒体情况的人口普查中,常识媒体发现,孩子们平均每天花9个小时接触新媒体,不包括他们花在学业和家务上的新媒体使用时间。如果你看下面的图表(图1.1和1.2),你会发现常识媒体普查对青少年的看法不同,他们根据用户最活跃的活动划分为不同类别:轻量级用户、读者、手机游戏玩家、重度观众、视频游戏玩家和社交网络工作者。你很快注意到总体青少年(13~17岁)使用媒体的时间比10~12岁之间的少年多得多,而且大量媒体使用涉及手机游戏或电脑游戏。青少年每天花费9小时17分钟玩游戏。10~12岁之间的少年只花费大约6个小时从事同样的活动。常识媒体在人口普查中还指出,大多数新媒体的使用都发生在孩子们应该做作业的时候。记住,人口普查主要关注与学校工作和作业无关的新媒体使用。人口普查表明,新媒体可能会分散孩子们的注意力。

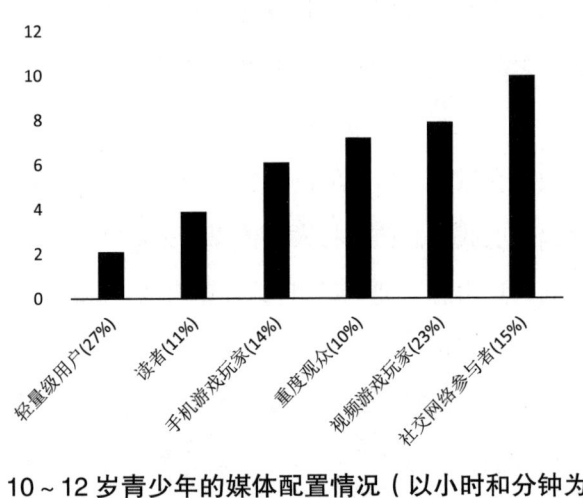

图1.1 10~12岁青少年的媒体配置情况(以小时和分钟为单位)

资料来源:常识媒体(Common Sense Media)

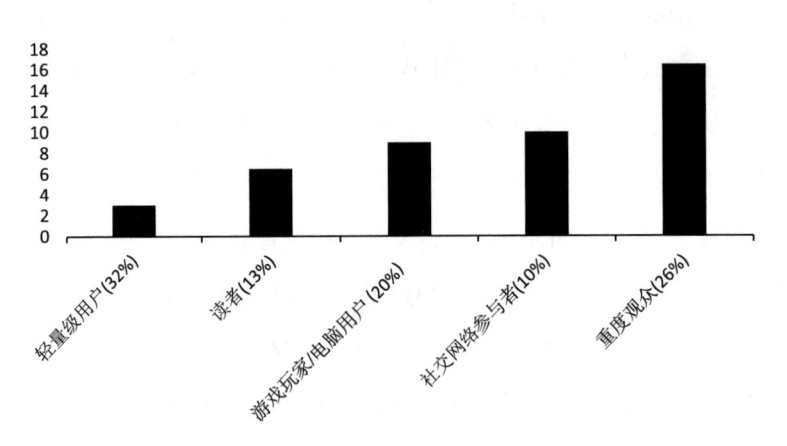

图1.2 青少年的媒体配置情况(以小时和分钟为单位)

资料来源:常识媒体

跟踪青少年新媒体使用情况的调查也显示,在数字时代,儿童会分享并接触到不恰当的内容。《儿科医生杂志》发表的一项调查发现,58%的青少年(14~17岁)看过电脑或手机上的色情制品,37%的青少年收到过与色情内容有关的链接。此外,一项针对本科生的匿名调查发现,一半以上的参与者承认高中时曾通过短信发送过色情内容。

高达61%的受访者承认,他们没有意识到未成年人色情活动在一些州是非法的,他们也没有意识到伴随定罪而受到的严厉惩罚,包括监禁和被贴上性犯罪标签。如果您访问移动媒体卫士网站,您可以查找待定和现有立法。例如,在德克萨斯州,被抓到从事性活动的未成年人可能被指控犯有轻罪,将被迫与父母一起参加国家主办的性别教育课程。如果未成年人被发现制造、传播或拥有另一未成年人的色情形象,他或她可能会受到德克萨斯州儿童色情法规的指控。一些州,比如怀俄明州,不区分未成年人和成年人,而是根据该州的儿童色情制品法起诉未成年人和成年人。调查结果大多数供家长和工作者阅读,其中隐含的一点是:成年人需要关注新媒体如何塑造美国孩子们的核心信念、价值观和行为。虽然这些调查提供了了解数字时代青少年如何相互联系的局部背景,但我们不能利用这些调查来论证新媒体在社会化中的作用。

那么社会科学家们能研究什么呢?当涉及新媒体对父母和孩子之间关系的影响时,社会科学家可以研究什么?他们可以分析新媒体如何改变父母和孩子彼此沟通的方式。新媒体为家庭提供了一些基本条件,几乎不言而喻。在数字化的世界里,一家人更容易协调繁忙的日程安排,彼此保持联系。父母和孩子们经常就课后计划和晚间训练互相发短信,方便家长调整下班后接孩子的时间和地点。

新媒体也改变了现实世界中父母和孩子们之间的联系。社会科学家发现，面对面的互动对于亲子关系至关重要，因为它们提供了对话的背景。当父母和孩子看到对方的面部暗示和肢体语言时，他们可以判断对方的反应，评估对方从谈话中需要什么——一个富有同情心的倾听者、赞美、训诫或建议。我们可能都记得至少有一次我们在学校度过了糟糕的一天，但是告诉家长一切都很好。如果我们所爱的人注意到我们垂下的肩膀和说话的语气，他们就会强调这个问题以确保我们没事或者至少给我们一个同情的拥抱。新媒体可能会分散注意力，把注意力从这些重要的面对面接触中带走。很容易想象，每每一个把鼻子埋在手机或平板电脑里的家庭成员，聚集在一张共享的桌子旁，一起吃晚餐，正沉浸于与其他人交流某事。

社会科学家对新媒体如何可能破坏父母和孩子面对面互动的质量有深刻的见解。例如，马萨诸塞州理工学院的教授雪莉·特克尔（Sherry Turkle）曾采访过数十名成年人和青少年，他发现我们普遍都沉迷于与他人的联系。我们经常查看我们的电子邮件、短信和社交媒体账户，以确保我们不会"错过"相关的新闻或事件。因此，我们的智能手机、笔记本电脑和平板电脑在面对面交流时会分散我们的注意力。这是青少年常抱怨的事情。十几岁的孩子告诉特克尔说，即使他们在同一个房间里共同做一件事，他们也觉得自己远离父母。例如，一名青少年指出，父亲和他一起看体育比赛，但抱怨说他爸爸总是在看手机。他父亲的行为使他感到不安，因为这使他父亲看起来漠不关心，心不在焉。另一位青少年对她妈妈放学后去接她时总是打电话表示沮丧。她希望妈妈能放下电话和她说话。此外，青少年并不认为通过社交媒体或短信进行在线联系可以替代面对面交流。他们在脸书和照片墙（Instagram）等社交媒体平台上"交朋友"，以及和朋友外出时发短信都被认为是试图监视他们，而不是试图联系他们。简而言之，特克尔总是发现青少年希望在"真实"世界里和父母共度更多高质量的时光。

您可能认为这个问题的解决方案是显而易见的。父母只需放下手机和孩子联系。你不会是唯一一个有这种想法的人。如果你上网的话，你很快就会发现，在数字时代父母们如何确保他们和孩子建立关系方面并不乏建议。然而，社会科学家发现这个问题可能不是那么容易解决。正如我们将在另一章中详细讨论的那样，新媒体使员工可以在下班后工作或休假。许多员工需要接听电话、收发邮件，甚至在正常工作日之外还要工作。这些工作要求把全家都累坏了，父母总是不能控制好时间。此外，社会科学家发现新媒体可以帮助青少年过渡到成年。新媒体在父母和孩子之间造成的距离可能有利于青少年发展家庭之外的身份。正如我们下面详细讨论的那样，新媒体提供了论坛，让青少年可以尝试他们的个性特征和建立虚拟友谊。

总之，我们不知道新媒体在社会化过程中有多大的影响力。大众媒体的这种影响从来没有完全清楚过。社会化是很难研究的，并且要确定在某个特定的时间点上，伴侣、媒体、社区、学校或附属关系对个人是否更重要几乎是不可能辨别的。然而，很明显，我们花了大量时间接触新媒体，数字技术改变了父母和孩子互动的方式。在一个互联世界里，父母们发现关闭手机和笔记本电脑与孩子互动变得更加困难。这是青少年注意到并抱怨的事情。在下一节中，我们将探讨这种对彼此联系的痴迷如何改变青少年之间的互动方式，以及这对于他们的关系和自我建构可能意味着什么。

案例研究：策划在线生活

为了纪念万维网诞生 25 周年，英国报纸《卫报》建立了一个互动网站，介绍我们如何受到信息革命的影响。这个名为"数字七宗罪"的网站探讨了互联网如何影响我们的社会、道德和个人。对于这个练习，请浏览网站并观看短片"嫉妒"。玛丽·沃尔什（Mary Walsh）在文章中谈到了脸书等社交媒体网站如何让她觉得自己不好。她觉得每个人看起来都比她好看，生活更有趣。观看视频后，请思考以下问题：

- 你花多少时间在社交媒体上策划你的生活？
- 你的个人资料受众是谁？
- 你表现的目标是什么？
- 发布受欢迎的内容，你是否会感到有压力？为什么会或为什么不会？
- 我们能用戈夫曼来了解我们在社交媒体上的表现吗？他的想法在哪里起作用？它们的不足之处在哪里？

数字关系

我们与家庭的联系质量会影响着我们如何处理人际关系。当我们的家庭生活稳定、安全，我们知道自己被爱着的时候，我们会更有信心走向世界，结识新朋友，尝试新事物。我们可以利用社会学家安东尼·吉登斯的思想开始理解我们之间的关系在数字时代的重要性。吉登斯认为，现代世界的特点是全球化之间模糊的界限，或者连接空间和时间的网络，或者使我们彼此区别开来的，影响我们彼此联系方式的个性。

　　这似乎有点混乱。所以让我们使用社交媒体来理解新媒体和我们自己之间的关系。脸书、推特和照片墙等平台主要是将世界各地的人们连接起来的工具。然而，如前所述，我们还利用社交媒体构建我们的身份，并通过这些网站向我们的朋友、同事和其他受众传达我们的身份。例如，我们在脸书上喜欢"谁"和"我们喜欢什么"可以让人们了解我们在全球背景下的品位和喜好。如果你喜欢贾斯汀·比伯（Justin Bieber）和当地的环保团体，这表明你是谁以及你关心的东西和所有其他全球利益和国际关注都有关系。

　　当然，正如我们已经讨论过的那样，我们可以使用不同的账户或社交媒体平台为不同的受众构建不同的身份。比方说，我们可能喜欢名人文化，渴望把我们对金·卡戴珊（Kim Kardashian）最新成果的兴趣留给我们自己。推特等社交媒体平台使得建立私人账户、使用随机用户名以及与我们同样关注卡戴珊戏剧生活的其他人联系起来变得相对容易。在虚拟世界，我们可以真正参与关于名人、足球和女权主义的全球对话——所有这些都能说明我们是谁。简言之，新媒体为我们提供了一种方式，公开展示我们的品位和优势，在一个潜在的全球网络中评估其他人如何看待这些身份。

　　到目前为止，吉登斯的思想似乎与戈夫曼的思想没有太大区别。确实如此。为什么？因为吉登斯考虑我们与家人和朋友的密切关系如何影响我们在数字世界中的行为。具体而言，吉登斯认为，我们生命中有很多是虚拟的，人们要想在现代世界里充分运作必须拥有本体论安全感或生存自我感。吉登斯认为，本体论上的安全感来自于我们与家人和朋友之间的关系，是当我们体验到把我们置于"现实"世界里的积极而稳定的情绪时实现的。吉登斯认为，这种安全感至关重要，因为它有助于增强我们积极的自我意识，并帮助我们处理我们无法控制的事件（如严重分手或经济衰退）。本质上缺乏安全感的个体，换句话说，他们缺乏这些重要的联系，因此经常经历焦虑。鉴于新媒体改变了父母和孩子之间互动的方式，很容易想象新媒体也会影响青少年和青年如何保持一种本体论安全感。

还记得特克尔是如何发现我们不断转向让我们感觉连接的设备的？青少年报告称，通过智能手机和电脑相互连接会让他们感觉到本质上的安全。然而，如上文所述，特克尔还发现青少年注意到需要与他人建立联系。特克尔称为莫里（Maury）的一名青少年解释说，当陌生电话打进来时，他结束了与朋友和家人的电话，因为他必须知道电话是谁打过来的以及他们为什么打电话给他。这通电话可能是电话营销人员打来的，但没有关系。莫里（Maury）报告说他不得不接听电话。正如他和其他青少年描述的那样，他们需要联系，抵制建立新联系的冲动是徒劳的。他们只是不由自主地看着手机，看看谁发过信息，点赞过评论或发帖。

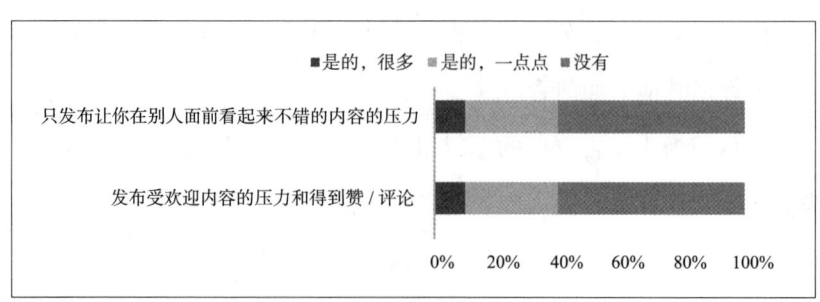

图 1.3　青少年面对的线上压力

资料来源：皮尤研究中心

当然，这样做的问题是，青少年有时会把注意力集中于他们以"朋友"和"喜欢"形式建立的联系数量而不是他们联系的质量。事实上,正如你从基于皮尤研究中心数据的图表中所看到的那样(图1.3),许多青少年觉得有义务发布一些吸引人的内容,从而让他们在社交媒体上获得更多的联系。皮尤里的调查显示,40%的青少年报告称,他们感到压力很大,只能发布那些让自己看起来不错的内容;39%的人说他们觉得发布那些会很受欢迎、能得到很多评论或喜欢的内容有压力。奈飞的电视剧《黑镜》(*Black Mirror*),把发布内容来吸引"赞"的现象推向极端。在名为《急转直下》("Nosedive")那一集中,一个人的地位以及她能否住到一间漂亮的公寓、得到体面的服务完全取决于她的社交媒体排名。

  考虑到对"联系"和"喜欢"的关注,所以很容易提出疑问,在数字化时代青少年在本体论上的安全是什么样的。研究表明,新媒体对青少年本体论安全的影响是复杂的。一方面,新媒体为青少年创造了安全缓冲,这使得他们更不愿意通过电话或面对面交流。在皮尤研究中心关于青少年、科技和友谊调查的图1.4中,你会注意到短信是青少年每天最喜欢联系朋友的方式。事实上,高达55%的青少年通过短信与朋友保持联系。尽管青少年通常表示他们认为朋友很忙,他们不想因拜访或打电话而打扰他们的朋友,但青少年们也指出,他们更喜欢通过短信交流,因为短信可以让他们控制谈话。具体而言,青少年担心他们要么说傻话,要么在"实时"互动中显得愚蠢。短信更好,因为他们可以编辑他们说的话。一名在特克尔的研究过程中接受采访的青少年解释说,她喜欢发短信,因为它保护她免于尴尬和尴尬的互动。她说:"不会有唾沫溅到身上。你有时间去思考和准备你将要说的话,让你看起来你本来就是这样。你可以按照计划控制你如何被描述给对方，因为你正在遣词造句，编辑好后才发送给对方。电话交谈压力很大。人们总是希望你把对话继续下去，这带给人的压力很大。"这位年轻女士接着解释说，她觉得自己对短信的控制力更强。她可以传达自己的要点，决定谈话开始和结束的时间。说得太多或说傻话的风险要低得多。

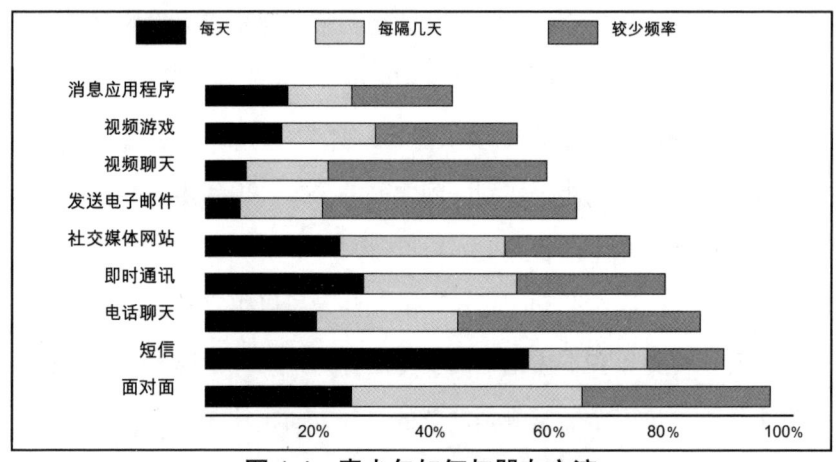

图 1.4 青少年如何与朋友交流

资料来源：皮尤研究中心

社会科学家发现，青少年使用新媒体在自己和他人之间建立数字距离至少存在两个问题。首先，青少年有时会更难处理人际冲突。在数字时代，青少年非常清楚关于自己的每一条负面评论和没有被邀请参加的每一场聚会。青少年不是面对面地对待这些轻蔑行为，而是有时会在社交媒体上大肆抨击，冲突愈演愈烈。例如，一位朋友在脸书上发表的关于另一位朋友的负面评论可能会迅速扩大范围，因为其他人正在权衡这个问题并选择支持哪一方。这些在线冲突可以通过面对面的交谈来快速解决，但也可以被拖得很长，并以"不友好"来结束。青少年在网上的闹剧可能比你想象的更广泛。皮尤研究中心发现，

53%使用社交媒体的青少年看到过人们发表自己没有被邀请参加的活动，68%的青少年社交媒体用户说他们曾在脸书和照片墙等网站上体验过朋友之间的闹剧。

其次，与之相关的是，青少年总是注意到他们在网上比面对面对别人更刻薄。同样，新媒体在互动中创造了距离，这种距离使得一些独立的人可以很容易地说和做一些他们本来不可能说和做的事情。当然，在这方面青少年并不孤单。有很多成年人上网的唯一目的就是为了自己的娱乐而对别人刻薄（这被称为"lulz"）。网络喷子就是一个很好的例子，说明人们在互联网，尤其是社交媒体上进行有意的、刻薄的互动。我们来谈谈几个例子。第一个故事涉及女权主义作家林迪·韦斯特（Lindy West）。在《美国生活》（*This American Life*）的一集中，韦斯特和她最可怕的喷子交谈，问他在推特上发表关于她的丑事时他在想什么。事实上，她有很多喷子。这位喷子与众不同之处在于他冒充她刚刚去世的父亲，并一再发出强奸威胁。正如你想象的那样，这让人非常不安。韦斯特的回应是写了一篇关于她父亲的文章，以及关于这群喷子的所作所为。她感到很沮丧。发帖后第二天，韦斯特收到她的喷子发来的以下邮件，她把邮件发布到网上，并转载给《卫报》的一篇文章。这位喷子写道：

嘿，琳迪，

我不知道为什么甚至是什么时候开始缠着你。这不是因为你对强奸笑话的态度。我觉得它们也不好笑。我想我对你的愤怒源于你对自己存在的快乐。它冒犯了我，因为它突出了我对自己的不快。

我通过另外两个 Gmail 账号发邮件给你只是为了给你发白痴侮辱。

我为此道歉。

我创建了 paulwestdonezo@gmail.com 账户和推特账户。（我已经把两者都删掉了。）

我再怎么道歉也不为过。

这是我做过的最低级的事。当你把它收录进你最新的杰泽贝尔（Jezebel）文章时，它终于击中了我。有一个活生生、呼吸着的人正在读这个狗屎。我攻击的对象从来没有以任何方式和任何理由伤害我。

我已经成了喷子。我再次表示歉意。

为了纪念你爸爸，我做了一笔捐款。

祝你一切顺利。

这位喷子附上一张捐给西雅图癌症护理联盟（Seattle Cancer Care Alliance）的 50 美元捐款的收据。她父亲曾在那里接受癌症治疗。虽然韦斯特跟喷子的后续谈话相当令人难忘（请查看本章末尾的链接），但很明显，喷子并没有真正把韦斯特当成一个有感觉的人。这种距离剥夺了她的个性和他们之间互动的语境，这使他更容易变得刻薄。

韦斯特并不是喷子的唯一目标。女性运动员，尤其是那些处于比赛巅峰的女性运动员，常常成为喷子的目标。瑟琳娜·威廉姆斯（Serena Williams）可以说是世界上最具主导地位的女运动员，在本文撰写之时，她拥有近 20 个大满贯网球冠军头衔，但她经常受到攻击。喷子通常关注威廉姆斯的身体，指责她要么显得过于男性化，要么过分关注她的身体。2016年，威廉姆斯离她的第22次大满贯比赛只剩一场胜利，人们纷纷上推特，批评她的白色网球服装。他们指责白色网球服装太紧和暴露。许多人奇怪地把注意力集中到威廉姆斯的乳头上，声称它们分散了比赛的注意力。作为例子，一位女士在推特上写道："瑟琳娜·威廉姆斯的乳头简直就是高清，可我只想看比赛。"另一位女士评论道："只是为了让你知道@serenawilliams，我们可以通过你的顶部看到你的乳头！哇！#Wimbledon2016#SerenaWilliams#Wimbledon WimbledonshouldbePG WimbledonshouldbePG。"另一位问道："温布尔登网球公开赛中瑟琳娜·威廉姆斯·尼普勒斯这个乳头是怎么回事？"值得注意的是，在本案中，许多喷子是其他妇女。

与林迪·韦斯特不同的是，瑟琳娜·威廉姆斯并没有在网上与诋毁者接触，尽管记者经常问起她。威廉姆斯在温布尔登获胜后接受《费德尔》（*Fader*）杂志采访时指出："人们有权发表自己的意见，但最重要的是我对自己的感觉，因为这渗透到了我所在的每一个空间。不管你是否喜欢我，还是你喜欢我的样子与否，我都对自己充满信心。"同样地，当被《自我》（*Self*）杂志问到关于喷子时，威廉姆斯回答道："我爱我的身体，我永远不会改变它。我不是要你喜欢我的身体。我只是要求你让我成为我。"虽然威廉姆斯继续超越这些喷子的琐事，但很容易看出在数字世界中人们之间的这种距离如何转化为本体论上的不安全感。

另一方面，很明显，新媒体对青少年的人际关系并不全是坏事。个人可以在网上进行有意义的联系，这些联系合法地让青少年感觉到更安全的本体论。皮尤研究中心在青少年、科技和友谊的调查中发现，57%的青少年曾通过社交媒体或网络游戏结交到现实生活中未必会遇到的人。虽然这些友谊中的绝大多数仍然在网上，但20%的青少年报告说他们是在"真实"世界中认识他们的数字朋友的。皮尤发现，在线交流对于男孩来说尤为重要，他们把游戏作为培养和维持友谊的一种方式。事实上，皮尤发现男孩们经常和他们想要发展友谊的其他人分享他们的游戏手柄，71%的男孩使用语音连接，这样他们就可以在玩游戏时与他人合作、聊天和废话。这些联系似乎有利于本体论安全。根据皮尤研究中心下面的数据（图1.5），你可以看到游戏玩家觉得和他们一起玩的朋友联系更紧密（总共78%），在玩游戏时感觉更加放松和快乐（82%）。只有30%的玩家报告说游戏让他们更加愤怒和沮丧。换言之，新媒体提供论坛，使青少年能够相互联系，培养有意义的积极关系。

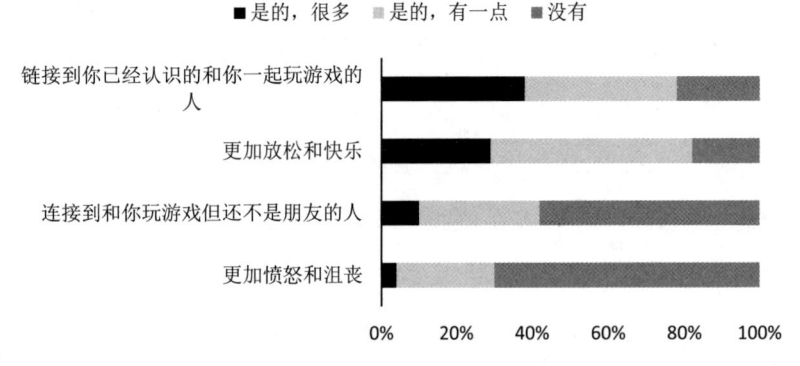

图1.5 游戏玩家对友情的感受

资料来源：皮尤研究中心

新媒体还提供论坛，让青少年可以探索他们的个性，寻求支持，练习亲密联系。网上论坛例如《第二人生》（Second Life）和《魔兽世界》（World of Warcraft），为青少年提供了可以与他人互动的场所，与现实世界没有什么不同。例如，在《第二人生》中，你可以上课、开始

1. 虚拟自我与文本交流

忙碌、购买土地或产品、建造家园、与朋友、贵族和社区成员互动。在这个虚拟空间里,戈夫曼所描述的阶段很清晰。我们选择环境(学校、图书馆、教堂、商店),我们知道我们应该如何表演。像《第二人生》这样的空间——以很多方式模仿"现实世界"——对于致力于身份认同的青少年来说是理想之选。青少年报告说,他们利用这些空间来尝试不同方面的行为。他们练习一切事情,从更自信地对待朋友,到调情和恋爱。青少年也进行性别实验。社会学家发现,13岁至15岁之间的女孩使用社交媒体、聊天室和角色扮演游戏来转换性别,表达线下禁忌的情感(比如性欲和攻击性),并挑战表现女性化的时髦规范。十几岁的女孩甚至上网反对性骚扰和性别歧视行为。不可否认的是,青少年们把他们在网络论坛上的经历描述为富有意义和积极的,这表明这些经历可以帮助青少年感到本体论上的安全感。

最后,社会科学家发现,新媒体可以帮助青少年在过渡到成年的过程中建立一个新的网络。例如,大学生经常上网寻找与新学院和大学相关的虚拟聊天室和论坛。这些普通论坛帮助新生找到他们想要联系的人——游戏玩家、实习牙医、年轻企业家、女权主义者、长曲棍球爱好者等等。这些人际关系网,即使只是在线的,也很重要,因为学生们可以在经历成人和高等教育的考验时相互提供建议和支持。事实上,社会科学家发现,那些在网上交过朋友的大学生,即使是在生活变得艰难的时候也更有可能留在学校里。

总之,新媒体可以破坏和加强青少年之间的关系及其本体论安全。新媒体可能破坏本体论的安全,因为他们把注意力集中在他们拥有的联系数量上,而不是这些友谊的质量上。这个焦点的问题在于这些联系可能是肤浅和遥远的。因此,青少年有时对他们在虚拟环境中的言行更刻薄，更不体贴。无论如何，很难否认这些联系能让青少年更有本体论的安全性。青少年可以利用新媒体结交新朋友，加深现有友谊，探索自己的感情、不安全感和兴趣。这些虚拟空间很重要，因为它们能让我们结交与我们有共同兴趣的新朋友，并能让我们对我们在现实世界中的身份感到更安全。

再现不平等：线上种族不平等

如果你参加过一些社会学课程的话，你可能会读到佩吉·麦金托什（Peggy McIntosh）所著的《白人特权：解开看不见的背包》。如果你不熟悉这篇短文，麦金托什反映的是特权，那些每天都在利用但不一定能看到的无形的、不劳而获的优势。她认为，一旦我们承认特权，我们就有责任解决它。对于许多学生来说，文章最有力的部分就是麦金托什发现她生活中给予她的条件，而不是非白人个体的生活。她讨论的一些条件包括以下内容：

• 我大部分时间都可以独自去购物，我确信我不会被跟踪或骚扰。

• 我从未被要求代表我所属种族群体的所有人说话。

• 如果交通警察把我拉过来，或者如果国税局审核我的纳税申报单，我可以肯定我没有因为我的种族而被选中。

• 我可以选择有瑕疵的覆盖物或者"肉"颜色的绷带，它们或多或少地适合我的皮肤。

虽然你觉得其中一些问题显而易见，但你有没有想过白人特权如何在网上得到强化？考虑以下事项：

- 《第二人生》早期版本使得创建一个非白人头像几乎不可能。虽然《第二人生》扩大了玩家可用的肤色范围，即"皮肤"，但其中很多都是浅色的。此外，《第二人生》玩家不能调整他们的头像的面部特征来反映他们自己。

- 《第二人生》等虚拟空间缺乏多样性，这影响了非白人用户创建暴露其种族身份的化身的意愿。社会科学家罗瑟琳·琼-勇·李（Roselyn Jong-Eun Lee）进行的研究发现，选择非白色皮肤的有色人种会感觉自己像是虚拟空间中的"符号"。一位受访者指出："我在经历'第二人生'时感觉到的最奇怪的事情之一是，无论我去哪里，我都是仅有的黑人化身之一。……当我开始意识到我实际上是第二人生中仅有的黑人之一时，我开始想知道其他人对唯一一个象征性的独自行走的黑人是怎么想的。"

- 在《第二人生》中创建非白人头像的白人会遭遇种族歧视。这些人中的许多人被称为种族主义者，很难结交朋友。

- 种族不平等在网络虚拟空间中得到加强，这是我们每次创建虚拟形象时都参与的事情。当我们选择一个黑色、白色或棕色的头像时，我们就使种族成为在线空间的一部分，并表明了我们重视的身体特征。然而，答案并不像要求白人用户创建非白人头像那么简单。在白人不理解这些社会地位的原因和后果的情况下，要求他们在网上空间成为"身份游客"，或接受种族主义的身份，并不能解决不平等问题。它只会强化它。

案例研究：在线生活

观看优途上的纪录片《生活 2.0》（这一章末尾有一个链接）。这部电影的主角是那些大部分时间都在游戏《第二人生》中互动和工作的人。看完电影后，回答以下问题：

- 你觉得这部电影里的人物怎么样？你是同情还是不同情他们的故事？为什么？
- 你认为你能在网上找到有意义的关系吗？
- 你认为吉登斯会怎么评价这部电影中的人物？他会说他们在本体论上是不安全的吗？为什么或为什么不？

结论

在本章中，我们讨论了数字时代的自我和人际关系。我们认识到自我不同于身份。自我指的是相对于他人而言，我们对自己是谁稳定的认知。我们的自我意识是通过在不同环境下与他人互动形成的——有些是虚拟的，比如《第二人生》；有些是真实的，比如学校。身份是指我们在与自我相关的环境中表现出来的行为。我们在一天中扮演许多身份，包括学生、兄弟姐妹、孩子、朋友、员工和伴侣，新媒体允许我们探索或尝试我们身份的各个方面。如上文所述，我们可以成为推特上金·卡戴珊（Kim Kardashian）的情人，也可以是《第二人生》中的调情者。欧文·戈夫曼用戏剧类比来帮助我们更好地理解自我和身份之间的关系，以及互动和观众对我们表演的重要性。他引入了"后台"的概念，让我们记住，我们所表现出的所有身份都是真实的、相关的，有助于构成自我的。

接着我们谈到家庭及其对建立自我意识的重要性。我们的家庭让我们融入一个更大的社区，是提供实际和情感支持的关键来源，并给予我们基本的自我意识。我们从小与家人交流有助于我们了解自己的优势、缺陷以及我们在世界上的地位。在本章的本节中，我们讨论了关于大众传媒和新媒体在社会化的数字时代如何改变了父母和儿童之间的互动。我们了解到，青少年更希望在现实世界里和父母频繁互动。

我们通过概述新媒体对青少年的本体论安全和关系意味着什么来结束本章。很明显，新媒体对青少年来说并不是简单的好或坏。从感觉连接中获得本体安全感是消极的，因为这意味着青少年主要发送他们认为会被其他人喜欢并获得额外联系的内容。然而，这些联系可能是肤浅的、充满冲突的，并在"现实"世界中给青少年带来问题。也就是说，青少年可以利用新媒体与他人建立有意义的联系。正如我们讨论的那样，像《第二人生》、推特和脸书这样的虚拟空间可以帮助青少年彼此联系，体验他们身份的各个方面，并在他们过渡到成年的过程中感受到支持。简而言之，对社会学家们来说，仍有很多数字世界中的自我和人际关系需要了解。

章节链接

"The Merchants of Cool." 2001. *PBS Frontline*. Last modified February 27, 2001. http://www.pbs.org.

"Doom1(1993)." 2010. YouTube. Last modified August 13, 2010. http://www.youtube.com.

Manson, Marilyn. 1999. "Columbine: Whose Fault Is It? In the Aftermath of the Colorado School Shooting, Marilyn Manson Speaks Out." *Rolling Stone*. Last modified June 24, 1999. http://www.rollingstone.com.

"Seven Digital Deadly Sins." n.d. *Guardian*. http://www.theguardian.com. "Envy" is one of the short films on the site.

"U.S. Sexting Laws and Regulations." 2011. Mobile Media Guard. http://www.mobilemediaguard.com.

West, Lindy. 2015. "Ask Not for Whom the Bell Trolls; It Trolls for Thee." *This American Life*. Last modified January 23, 2015. http://www.thisamericanlife.org.

West, Lindy. 2015. "What Happened When I Confronted My Cruelest Troll." *Guardian*. Last modified February 2, 2015. http://www.theguardian.com.

Bergeron, Elena. 2016. "How Serena Williams Became the G.O.A.T." *Fader*. Last modified October 4, 2016. http://www.thefader.com.

Kahn, Howie. 2016. "Serena Williams, Wonder Woman, Is Our September Cover Star." *Self*. Last modified August 1, 2016. http://www.self.com.

"Home Page." 2018. Second Life. http://www .secondlife.com.

McIntosh, Peggy. 1989. "White Privilege: Unpacking the Invisible Knapsack." *Peace and Freedom*. http://www.nationalseedproject.org.

"Life 2.0" YouTube. http://www.youtube.com.

章节回顾问题

1. 自我和身份之间有什么区别？为什么区别很重要？
2. 社会科学家认为大众传媒影响社会化吗？为什么或为什么不？
3. 新媒体如何影响父母和孩子之间的互动？
4. 什么是本体论安全，它为什么重要？
5. 新媒体是否会消极或积极地影响青少年的本体论安全？

了解更多信息

"The Common Sense Census: Media Use by Tweens and Teens." 2015. Common Sense Media. http://www.commonsensemedia.org.

Dakin, Pauline. 2014. "Social Media Affecting Teen's Concepts of Friendship, Intimacy." *CBC News*. Last modified February 24, 2014. http://www.cbc.ca.

DeRosa, Denise Lisi. 2015. "Practical Advice for Raising Kids in the Digital Age." *Huffington Post*. Last modified November 4, 2016. http://www.huffingtonpost.com.

Dockterman, Eliana. 2014. "Kim Stolz: How Social Media Is Ruining Our Relationships." *Time*. Last modified June 24, 2014. http://www.time.com.

Fowlkes, Jasmine. 2012. "Viewpoint: Why Social Media Is Destroying Our Social Skills." *USA Today*. Last modified October 11, 2012. http://www.usatoday.com.

Gross, Terry. 2016. "The Twitter Paradox: How a Platform Designed for Free Speech Enables Internet Trolls." *Fresh Air*. Last modified October 26, 2016. http://www.npr.org.

"The Lawsuits: A Summary of the Civil Lawsuits Being Filed in School Shootings, as of January 2000." 2000. *PBS Frontline*. Last modified January 2000. http://www.pbs.org.

Moore, David, and Bill Manville. 2009. "What Role Might Video Game Addiction Have Played in the Columbine Shooting." *Daily News*. Last modified April 23, 2009. http://www.dailynews.com.

"Rage: A Look at a Teen Killer." 1999. *CBS News*. Last modified August 17, 1999. http://www.cbsnews.com.

Smith, Aaron, and Monica Anderson. 2016. "5 Facts about Online Dating." Last modified February 29, 2016. http://www.pewresearch.org.

Stout, Hilary. 2010. "Antisocial Networking?" *New York Times*. Last modified April 30, 2010. http://www.nytimes.com.

Ward, Mark. 2001. "Columbine Families Sue Computer Game Makers." *BBC News*. Last modified May 1, 2001. http://www.bbc.co.uk.

视频和电影

Black Mirror. 2017. Season 3, episode 1, "Nosedive." Netflix.

Cox, Courteney, dir. 2012. *TalHotBlond*. Lasky Productions. TV Movie.

Fisher, Helen. 2016. "Technology Hasn't Changed Love. Here's

Why." *TED*. Last modified June 2016. http:// www.ted.com.

Futerman, Samantha, and Ryan Miyamoto. 2015. *Twinsters*. Small Package Films. DVD.

"Generation Like." 2014. *PBS Frontline*. Last modified February 18, 2014. http://www.pbs.org.

Jonze, Spike. 2013. *Her*. Annapurna Pictures. DVD.

"The Merchants of Cool." 2001. *PBS Frontline*. Last modified February 27, 2001. http://www.pbs.org.

Yorkey, Brian. 2017. *13 Reasons Why*. Netflix. TV series.

本章参考

Boyd, Danah. 2014. *It's Complicated: The Social Lives of Networked Teens*. New Haven, CT: Yale University Press.

DeAndrea, David C., Nicole B. Ellison, Robert LaRose, Charles Steinfield, and Andrew Fiore. 2012. "Serious Social Media: On the Use of Social Media for Improving Students' Adjustment to College." *The Internet and Higher Education* 15 (1): 15–23.

Giddens, Anthony. 1991. *Modernity and Self-Identity: Self and Society in the Late Modern Age*. Palo Alto, CA: Stanford University Press.

Goffman, Erving. 1959. *The Presentation of Self in Everyday Life*. New York: Anchor.

Gray, Rebecca, Jessica Vitak, Emily W. Easton, and Nicole B. Ellison. 2013. "Examining Social Adjustment to College in the Age of Social

Media: Factors Influencing Successful Transitions and Persistence." *Computers & Education* 67:93–207.

Greenfield, Patricia. 2014. *Mind and Media: The Effects of Television, Video Games, and Computers*. New York: Psychology Press.

Hasinoff, Amy Adele. 2013. "Sexting as Media Production: Rethinking Social Media and Sexuality." *New Media & Society* 15 (4): 449–65.

Hogan, Bernie. 2010. "The Presentation of Self in the Age of Social Media: Distinguishing Performances and Exhibitions Online." *Bulletin of Science, Technology & Society* 30 (6). https://doi.org/10.1177/0270467610385893.

Kelly, Deirdre, Shauna Pomerantz, and Dawn Currie. 2006. "'No Boundaries'? Girls' Interactive, Online Learning about Femininities." *Youth & Society* 38 (1): 3–28.

Lee, Jong-Eun Roselyn. 2014. "Does Virtual Diversity Matter? Effects of Avatar-Based Diversity Representation on Willingness to Express Offline Racial Identity and Avatar Customization." *Computers in Human Behavior* 36:190–97.

Marwick, Alice E. 2011. "I Tweet Honestly, I Tweet Passionately: Twitter Users, Context Collapse, and the Imagined Audience." *New Media & Society* 13 (1): 114–33.

McGlotten, Shaka. 2013. *Virtual Intimacies: Media, Affect, and Queer Sociality*. Albany, NY: State University Press of New York.

Meyrowitz, Joshua. 1986. *No Sense of Place: The Impact of Electronic Media on Social Behavior*. New York: Oxford University Press.

Nakamura, Lisa. 2002. *Cybertypes: Race, Ethnicity, and Identity on the Internet*. London: Routledge.

Phillips, Whitney. 2015. *This Is Why We Can't Have Nice Things: Mapping the Relationship between Online Trolling and Mainstream Culture*. Cambridge, MA: MIT Press.

Robinson, Laura. 2007. "The Cyberself: The Self-ing Project Goes Online, Symbolic Interaction in the Digital Age." *New Media & Society* 9 (1): 93–110.

Rochadiat, Annisa M. P., Stephanie Tom Tong, and Julie M. Novak. 2017. "Online Dating and Courtship among Muslim American Women: Negotiating Technology, Religious Identity, and Culture." *New Media & Society* 20 (4). https://doi.org/10.1177/1461444817702396.

Schilt, Kristen, and Laurel Westbrook. 2009. "Doing Gender, Doing Heteronormativity." *Gender & Society* 23 (4): 440–64.

Shapiro, Eve. 2015. *Gender Circuits: Bodies and Identities in a Technological Age*. New York: Routledge.

Stets, Jan, and Peter James Burke. 2000. "Identity Theory and Social Identity Theory." *Social Psychological Quarterly* 60:185–217.

Strasburger, Victor C., Marjorie J. Hogan, Deborah Ann Mulligan, Nusheen Ameenuddin, Dimitri A. Christakis, Corinn Cross, Daniel B. Fagbuyi, David L. Hill, Alanna Estin Levine, Claire McCarthy, Megan A. Moreno, and Wendy Sue Lewis Swanson. 2013. "Children, Adolescents, and the Media." *Pediatrics* 132 (5): 958–61.

Strohmaier, Heidi, Megan Murphy, and David DeMatteo. 2014.

"Youth Sexting: Prevalence Rates, Driving Motivations, and the Deterrent Effect of Legal Consequences." *Sexuality Research and Social Policy* 11 (3): 245–55.

Stryker, Sheldon, and Peter James Burke. 2000. "The Past, Present, and Future of an Identity Theory." *Social Psychological Quarterly* 63: 284–97.

Su, Hua. 2016. "Constant Connection as the Media Condition of Love: Where Bonds Become Bondage." *Media Culture & Society* 38 (2): 232–47.

Turkle, Sherry. 2012. *Alone Together: Why We Expect More from Technology and Less from Each Other*. New York: Basic Books.

Watson, Brendan R. 2016. "'A Window into Shock, Pain, and Attempted Recovery': A Decade of Blogging as a Coping Strategy in New Orleans." *New Media & Society* 20 (3). https://doi.org/10.1177/1461444816681523.

2. 数字化时代的教育

关键概念

功能主义（Functionalism），或功能主义观点，是指强调社会机构如何帮助创建一个社会的共识与合作的社会学理论。例如，教育把基本知识和技能传授给下一代，教导青年人什么是社会上可以接受的行为（什么是不可以接受的），并使他们为就业做好准备。

冲突理论（Conflict theory）描述了集中于美国的竞争、权力和不平等的社会理论。顾名思义，这些观点突出表明，争夺稀缺资源如何使不同群体之间发生冲突，这种冲突可能不会立即显现。例如教育制度使收入不平等永久化。在美国，通过培训贫困学校的学生使他们接受他们作为美国社会低收入成员的地位。

符号互动（Symbolic interaction）是一种社会学理论，研究个体如何使用词语、肢体语言和符号与他人达成共识。像冲突理论家一样，研究互动的社会学家思考权力如何影响人际关系。例如，在学校里，教师和教授管理课堂，决定是否允许学生参加课堂讨论以及如何参与课堂讨论。

自我实现预言（Self-fulfilling prophecy）描述了由于别人的预测错误导致错误假设发生的现象。在课堂上，如果学生因为表现良好（或

> 差）而达到了老师的期望，这种情况就会发生。如果老师相信一个学生能提高他的表现或成绩时，学生就会接受这种积极的期望，提高他的表现或成绩。

早就有人告知我们，在美国教育对于成功至关重要。有人告诉我们，穷也没关系。重视教育的人可以在美国脱颖而出。教育是通向"美国梦"和经济成功的道路。我们在生活中从许多不同来源听到这个信息。家长、教师、政治家和评论员都提醒我们教育会带来财政保障。事实上，布鲁金斯学会（位于华盛顿特区的智囊团）最近发布了一份题为《机会、责任和安全：减少贫穷和恢复美国梦的共识计划》的报告，强化了人们普遍持有的教育将帮助人们从贫困走向繁荣的信念（这一章末尾有此报告的链接）。他们2015年的报告概述了不同受教育程度家庭的收入中值，并显示美国人教育程度越高，家庭收入越高。例如，拥有硕士学位等高级学位的个人的收入远远高于高中以下学历的个人（119714美元，相较于32171美元）。即使有专科学历的人也比拥有学士学位的人挣得少一些（57550美元与89261美元相比）。

这绝不是我们学到的关于教育的唯一教训。我们也知道，教育系统是失败的。政治家和权威专家在讨论美国教育体系缺陷的原因时，意见各不相同。自动升级、资金减少、师资培训不足和大众媒体都被认为是教育的问题。关于大众传媒对教育有害影响的抱怨由来已久。例如，20世纪80年代，尼尔·波兹曼（Neil Postman）等社会科学家认为，电视对娱乐的关注就像一种恶意病毒一样感染着美国的社会机构，把美国人变蠢。他认为美国人沉迷于娱乐使得人们很难就紧迫的政治问题进行严肃的讨论和辩论。波兹曼警告说，这会给美国社会带来可怕的后果。最近，加拿大一组研究人员详细概述了大众传媒对我们年轻人造成的后果。在 2013 年的研究中，研究人员发现看电视次数多的孩子对幼儿园的学业和社交方面都没有什么准备。具体来说，他们发现一个 29 个月大的孩子每多看一小时电视他的词汇量、数学知识和运动技能都会减少。

为什么社会科学家如此关注大众传媒对教育的影响？原因之一就是，有电视节目和整个频道专门用来"教育"孩子。关于"教育"节目的争论并不新鲜。例如，1969 年 11 月 10 日首播的以儿童为中心的教育节目《芝麻街》备受争议，因为它使用商业电视技术，如快速镜头和短镜头等来达到诱导的目的。该剧最初由政府和私人基金会资助，由制片人、作家、教育工作者和被称为儿童电视工作坊（CTW）的研究人员共同合作，他们相信制片人可以利用电视的"成瘾"方面来进行教育。具体而言，CTW 运用快速动作、幽默和音乐教给孩子从卫生到 ABC 的一切东西——就像商业电视一样，孩子们经常一次收到不止一条信息。

如果你看《芝麻街》首映式的前十分钟，你将会看到，在介绍一些主要角色（戈登、他的妻子苏珊、胡珀先生、伯特和厄尼以及大鸟）之后，该剧做了三个关于卫生的小插曲。第一个小插曲介绍的是正在洗澡的厄尼和伯特。这一幕被一部动画片打断了。这部动画片的主角是所罗门·格伦迪（Solomon Grundy），他在一周中的每一天都在清洗身体部位。每一天都在几个孩子重复一首儿歌时亮了起来。动画渐渐变黑，一部真人电影开始了。电影的主角是一个年轻的女孩，她讲述了所有我们可以清洁的东西，包括我们自己、我们的衣服和我们的车道。节目又回到伯特和厄尼的浴室里，厄尼突然唱起一首关于自己洗澡的歌。场景切换到厄尼和芝麻街其他居民之间，他们不知道如何洗耳朵、手、胸部和其他所有东西（这一章末尾还有一段链接）。这部电视剧很受欢迎。经过研究，电视制片人和社会科学家了解到，只要稍加调整，他们就能吸引孩子们的注意力，教会他们新的概念和技能。

正如你可能猜测的，评论家们怀疑那是否是孩子们从节目中学到的唯一东西。与我们讨论的话题最相关的是，评论家们担心像《芝麻街》这样的节目教会孩子们教育应该是娱乐性的和有趣的。当然，人们的假设是教育既艰苦又枯燥，对付教育带来的不愉快的唯一办法就是使用乐观的音乐和活泼的角色。随着教育软件在课堂上的普及，这种担忧在数字时代更加强烈。一些专家和学者继续认为，教育的游戏化或者利用游戏思维和游戏机制来刺激学习是有问题的。毕竟大多数教育游戏表面上注重获得足够多的积分来获得徽章或塑造角色，而不是学生是否真正理解某个概念。当然，在数字时代，人们对大众媒体的一些担忧已经被抛到一边。未来的工作将涉及新媒体，因此美国人认为学生需要学会如何在课堂上使用数字化工具。事实上，哈特思研究公司（Harts Research Associates）2012年开展的一项民意调查显示，绝大多数教师（79%）和家长（80%）认为学校需要更多的投资并在课堂上使用技术，因为未来美国大部分工作岗位将严重依赖技术技能。更重要的是，调查发现大多数教师和家长认为美国的学校在使用技术和传授技术技能方面落后于潮流。换言之，过去四十年来，我们如何理解新媒体在教育中的作用发生了巨大变化。

在本章中，我们将探讨新媒体如何改变教育。本章围绕社会学家用来分析教育等社会机构的三种理论展开。这些理论被称为功能主义，或者说功能主义观点，冲突理论，以及符号互动。简言之，功能主义描述了社会学理论,强调社会机构如何帮助社会达成共识与合作。冲突理论强调了对稀缺资源的竞争如何使不同群体相互冲突,有时冲突的方式可能不是我们能立即看到的。符号互动考察个人如何使用词语、肢体语言和符号来创造与他人共享的理解力。以下各节将讨论每项内容。

功能主义教育方法

一些社会学家采用功能主义观点,强调社会机构如何帮助企业达成共识与合作。例如,普及教育旨在向下一代传授基本知识和技能,并使青年人融入社会。教育将来自不同背景的人们聚集在一起,教导他们核心价值观以及什么是社会上可接受(或不可接受)的行为。社会学家将社会机构的显性功能和社会机构的潜在功能区分开来。显性功能指社会体制或现象的预期后果。教育最重要的功能就是帮助年轻人做好准备,让他们一旦长大就能找到有意义的工作。这就是为什么要求学生做作业、整理项目和参加测试的原因,也就是为什么教师奖励那些听从指挥、服从权威、遵守最后期限的学生。这些都是我们获得工作所需要的技能。潜在功能是指社会机构的非预期后果。教育的一个潜在功能就是它充当着一个交友池,有时甚至是婚姻池。正如你可能记得的那样,大多数高中生和他们就读的学校的人约会。这并不奇怪,因为学生们每周大部分时间都有机会在他们必须去的地方互相交流。尽管女性和男性结婚较晚(女性平均初婚年龄为27岁,男性29岁),但超过四分之一的已婚夫妇就读于同一所大学。简而言之,学校为我们提供了一个社交网络和潜在的浪漫伙伴。

教育的某些功能引起了争论，家长们质疑教育系统是否正在发挥作用。例如，并非所有家长都对学校参与儿童保育和性教育感兴趣——这些任务过去完全属于家庭范畴。重要的是要记住，学校已经承担起更多的家庭职能来回应美国社会的变化。例如，随着越来越多的妇女加入劳动队伍，学校承担起了放学前和放学后照看孩子以及为他们提供早餐和零食的任务。下面你可以看到一张图表，使用劳工统计局的数据显示男女劳动力参与率随时间的变化。妇女参与劳动力队伍的人数稳步增加。这种转变很重要，因为妇女通常负责待在家里抚养孩子，包括向孩子们提供道德教育和性方面的课程。随着越来越多的妇女认为外出工作是可取和必要的，学校制订了计划来帮助填补这一空白。

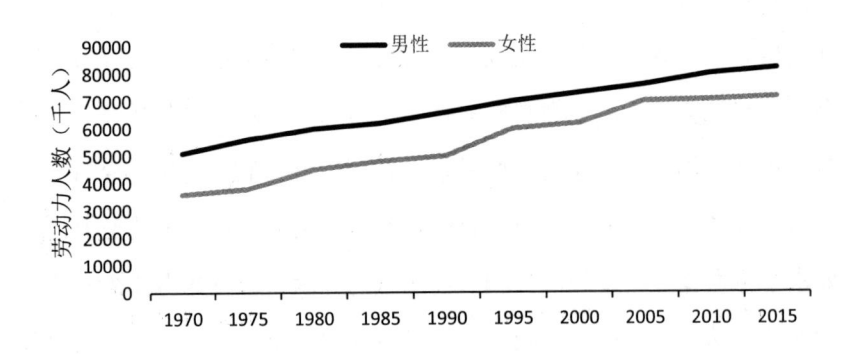

图2.1　随着时间的推移，美国男女的劳动力参与率

资料来源：劳工统计局（The Bureau of Labor Statistics）

当然，妇女成为劳动力并不是父母对教育制度不满的唯一原因。在同一时期（从20世纪70年代到21世纪10年代），美国人越来越怀疑政府，对其通过立法改善国家经济和社会利益的能力提出质疑。这是公众舆论的重大转变。20世纪初，当公立教育标准化，并规定从小学到高中都是义务教育时，公民和教育工作者非常信任联邦政府制定政策改善美国儿童教育的能力。尽管在20世纪60年代和70年代的社会动荡期间联邦政府在教育方面的角色受到了质疑，但正如你可以从下面盖洛普民意测验表中看到的那样（图2.2），直到20世纪80年代，超过一半的受访公民才同意"大政府"，即联邦政府对教育等社会机构的监管——是美国面临的最大威胁。2013年，72%的受访者认为大政府是美国未来面临的最大威胁。

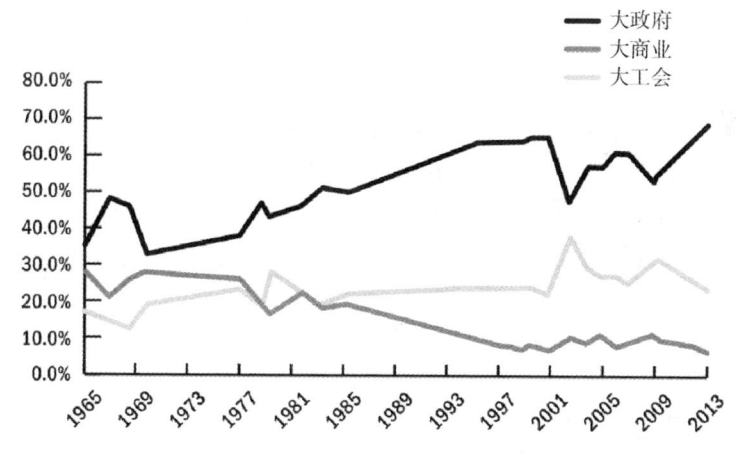

图2.2　1965年至2013年美国面临最大威胁的观点

资料来源：盖洛普(Gallup)

人们对大政府的怀疑延伸到了美国的学校。表2.1显示，2000年至2012年期间接受盖洛普调查的受访者越来越希望联邦政府远离课堂。具体而言，2000年，50%的家长认为政府应该更多地参与教育，26%的家长认为政府应该较少参与教育。您可以看到，随着时间的推移，这种情况发生了变化。2012年，只有42%的家长认为政府应该更多地参与教育，35%的家长认为政府应该较少参与教育。

新媒体为家长提供了如何应对教育系统意外变化的选择。例如，新媒体使父母更容易让孩子上学。如果你不熟悉家教（指父母在家教育孩子），它已经存在很久了。20世纪70年代，它越来越受欢迎，部分原因是对几本批评公共教育的书作出回应。支持在家上学的人认为，儿童上学太早，而且学校教育孩子的方式过于死板。约翰·霍尔特（John Holt）写了几本支持家庭教育的书，他认为孩子们不应该被迫学习阅读和数学等技能。他认为，如果孩子有一个刺激他们的环境，他们就会自行学习这些技能。由于霍尔特认为教育系统无法修复，他主张家长在家教育孩子。

表 2.1 美国人对联邦政府参与教育的感受

就这个国家的公共教育而言，你认为联邦政府是否应该比目前更多地参与教育，还是应该保持同样的参与，还是应该比目前更少地参与教育？				
	更多参与(%)	保持不变(%)	较少参与(%)	无意见(%)
本国成年人				
2012年8月9日至12日	39	24	36	1
2010年8月5日至8日	43	20	35	1
2000年4月7日至9日	46	22	29	3
K-12 父母				
2012年8月9日至12日	42	22	35	*
2010年8月5日至8日	56	16	27	1
2000年4月7日至9日	50	22	26	2
*少于0.5%				

资料来源：盖洛普

很多家长决定让孩子在家上学，因为他们认为美国学校既没有教

2. 数字化时代的教育

师和技能，也没有提供适当教育孩子所必需的环境。2007 年，美国教育部估计大约有 3% 的学生在家接受教育。美国国家家庭教育研究所（National home Education Research Institute）的数据显示，过去十年里，这一数字大幅增加，因为家长们越来越意识到美国教育体系运行不正常。美国教育部在调查中发现，家长们决定选择在家上学主要是因为他们担心学校环境（85%）、希望为子女提供宗教或道德教育（72%）以及他们对学校学术教育不满（68%）。

更重要的是，在数字时代在家学习很容易。家长们可以去维基网站学习几个简单的在家学习的步骤。如果你访问维基网站"如何让孩子们在家上学"（How to Homeschool Your Children），页面会告知家长和监护人说他们的第一步就是学习他们所在州有关在家上学的法律。维基甚至提供了一个链接，这样家长们可以很快看到在他们州，在家学习时什么是允许的，什么是不允许的。家长还可以去 Homeschool.com 和 Homeschoollife.com 等网站找到他们所在地区的其他在家上学的学生，并了解在家上学的孩子们的活动。事实上，许多城市都开设了艺术、戏剧、音乐和健身课程，这些课程是针对想要提高学习体验的在家上学的父母。即使家长们想独自一人参与其中，他们也可以上网寻找大量免费的教育资源。Clickschooling.com 这样的网站为家长们提供数学、科学、语言艺术、社会科学、音乐、艺术和语言的网络课程以及史密森尼博物馆等地方的虚拟游览。或者，在家教育孩子的父母可以去 Khanacademy.org 这样的网站，让他们的孩子探索数学、计算机、科学和工程、艺术和人文科学以及经济和金融方面的课程。例如，迪士尼赞助了一门电脑动画课程，学生们可以学习皮克斯动画工作室如何制作电影甚至创作自己的项目。

在家教育孩子的家长认为，他们可以实现教育的明显功能，即让儿童拥有共同的基础知识和技能，以便在工作中取得成功。同样，在家教育孩子的父母声称在教育孩子方面他们比公立学校做得更好，这一点在测试结果中是明显的。有一些证据支持这些说法。加拿大社会科学家桑德拉·马丁－张（Sandra Martin-Chang）发现5岁至10岁的家庭学校学生，他们的父母遵循明确的课程表，数学成绩高出半个年级，阅读成绩高出两个年级以上。对于那些家长采取非结构化学习方式的家庭学校学生来说，情况并非如此。这些学生测试结果比公立学校的学生低一至四个年级。此外，社会科学家发现，在家上学的学生通常具有良好的社交能力，在年轻时接受差异和融入他人时不会遇到困难。然而，目前尚不清楚为什么会出现这种情况以及何时产生这种差异。例如，使用新媒体将孩子和其他家庭学校教育的孩子联系起来的父母可能比不使用新媒体的父母更加社会化。

总之，同其他社会机构一样，教育在促进社会稳定方面发挥着重要作用。采用功能主义观点的社会学家关注教育等社会机构如何在社会中形成共识与合作。然而，随着社会的变化以及我们越来越依赖学校从事一些家庭工作，例如儿童保育和性教育，家长们显然越来越怀疑学校是否能够有效地为学生提供共同的基础知识并为他们成为劳动力做好准备。新媒体使家长更容易选择脱离传统公共教育，制定出反映其价值观并关注子女教育需求的替代课程。虽然目前尚不清楚新媒体在成功的家庭教育中扮演什么样的角色，但研究表明，正确地完成家庭教育可以是美国孩子接受教育的有效途径。

案例研究：谁对网络欺凌负责？

2013年，南加州一个学区的争议性举动引发了辩论。该区支付了4万美元给一家私人公司，以梳理其1.4万名高中生的社交媒体，寻找网络欺凌和自我伤害的威胁。一些人已经为该地区的行为辩护。一周前，佛罗里达州拉克兰市一名12岁的孩子因受到其他孩子的网络欺凌而自杀。

在《纽约时报》关于这起事件的一篇文章中，这位12岁孩子的母亲讲述了她如何让女儿换学校和换电话号码都无济于事。她认为学校应该采取更多措施来帮助女儿应对网络欺凌。

阅读以下两篇文章，查看下面关于网络欺凌的统计数据（链接位于本章末尾）：

• 库马兰·尚特拉库马尔（Kumaran Chanthrakumar）为《赫芬顿邮报》撰写的《我们没有采取足够的措施来阻止欺凌》

• 约瑟夫·帕米萨诺（Joseph Palmisano）为《法律街》撰写的《青少年与社交媒体：学校如何适应？》

表2.2　网络欺凌统计

网络欺凌	占比
报告称自己遭受网络欺凌的学生百分比	52%
经历过网络威胁的青少年百分比	33%
通过手机或互联网屡遭欺负的青少年百分比	25%
网络欺凌发生时不告诉父母的青少年百分比	52%
未经允许被拍摄过令人尴尬或有害照片的青少年百分比	11%

表 2.3　按性别分类的网络欺凌

网络欺凌	男性占比	女性占比
我一直受到网络欺负	16.6%	25.1%
有人在网上发表刻薄或伤人的评论	10.5%	18.2%
有人在网上发布了一段关于我的卑鄙视频	3.6%	2.3%
我曾在网上欺负过别人	17.5%	21.3%
我在网上散布关于别人的谣言	6.3%	7.4%
我在网上发布了一张卑鄙/伤人的照片	4.6%	3.1%

（资料来源：司法统计局、美国卫生与公众服务部、网络欺凌研究中心。研究日期：2016年2月19日。问题：网络欺凌统计？受到网络欺凌的儿童总百分比？网络欺凌最常见的社交网络是什么？被欺凌的青少年比例是多少？报告说在学校里受到欺凌的受害者有多少？

更多信息请参见"网络欺凌/欺凌统计——统计大脑"。2017年统计大脑研究室，统计大脑出版。2017年5月24日。）

小组讨论以下问题：

- 你认为网络欺凌会严重扰乱学生们的教育吗？为什么或为什么不？

- 你认为谁为解决网络欺凌问题负责？父母？学校？两者兼而有之？

- 你认为所讨论的解决方案存在哪些问题？有没有办法解决这些问题？

冲突理论：技术能否修复教育不平等差距？

一些社会学家关注美国的竞争、权力和不平等。这些社会学家特别强调了争夺稀缺资源如何使不同群体相互冲突。然而，冲突并不意味着你一定会看到人们为了资源而互相争斗。事实上，冲突有时是看不见的，因为那些拥有权力的人分配资源的方式确保他们能够保持在最高地位。社会学家在分析教育时使用的冲突理论认为，学校帮助延续了美国长期存在的收入不平等现象，因为学校训练资源贫乏的学生接受他们作为社会低收入成员的地位。从本质上讲，学校教育贫困生，他们没有进入大学所需要的条件，鼓励他们把注意力集中在他们可以通过高中学位所能得到的工作上，比如快餐行业或沃尔玛。社会学家称之为"隐藏的课程"。贫困学区的学生们被教导说，他们不应期望取得伟大成就，并接受自己在社会中的地位。

使用冲突理论的社会学家指出，学校基金的巨大差异证明了美国的教育制度有意地复制了美国的不平等现象。当地的财产税被用来资助公立学校，正如你可能知道的那样，每个县的房产价值差别很大。这意味着孩子们住在哪里会影响他们花多少钱接受教育。不足为奇的是，更富裕的社区可以花更多的钱用于教育，这意味着他们可以向教师提供更高的薪水；购买最新的教科书、电脑和软件；提供一系列实地考察（有时去华盛顿特区等昂贵的目的地）；以及为学生提供音乐、外语和艺术课程。贫困地区，特别是那些州政府没有帮助填补资金缺口的社区发现，他们的学校负担不起基本修缮费用（例如修复破缺的厕所），不得不与该地区其他学校共用校医和教师。贫困地区教师工资偏低，难以吸引和留住优秀教师。一些地区试图寻找创新的方法来削减成本以增加教师薪酬。位于亚利桑那州菲尼克斯（Phoenix, Arizona）以南的一个学区缩短了上课时间，以节省公共事业费用，这样学校就可以设法阻止教师通勤到该地区较富裕的学区。

让我们仔细看看全国教育支出的差异。美国人口普查局（United

States Census Bureau）2013年度学校系统财政调查发现，2013年学生人均支出最多的州分别是阿拉斯加州、亚利桑那州、康涅狄格州、新泽西州、纽约州和哥伦比亚特区。爱达荷州、密西西比州、俄克拉荷马州和犹他州学生人均支出最少。2016年4月，国家公共广播电台（NPR）制作了一系列关于学校支出的报道。如果您访问NPR的网站（链接位于章节末尾），您会发现每个学生花费多少钱在一个州内可能会有很大差异。佛罗里达州就是一个很好的例子。在佛罗里达北部（该州首府附近），莱昂县的人均消费接近美国的平均水平，即11841美元。然而，佛罗里达州大部分学校的支出却比美国平均水平低10%至33%。美国哪个县花在学生身上的钱最多？位于美国东北部地区的人。这些地区每个学生的支出远远高于全国平均水平——有时高出33%。

如果你觉得这个信息让你吃惊的话，去看看《纽约时报》的《结局》（"The Upshot"），它整理了一张关于金钱、种族和教育成功之间关系的互动地图（链接见本章末尾）。你会看到，正如冲突理论家们所争论的那样，资源和学生在标准化测试中的表现之间存在着某种关系。表现最高的地区主要是富人和白人。表现最高的学区位于马萨诸塞州的列克星敦，那里的学生比平均水平高出3.8级。列克星敦每年家庭收入中值为16.3万美元，白人占59%，亚裔占33%，黑人占4%，西班牙裔占4%。密歇根州马斯克贡高地是表现水平最低的学区之一。住在这里的学生比平均水平低3.3级。该地区每年家庭收入中值为2万美元，相当低。事实上，一个三口之家，如果家庭收入低于每年20090美元，就被视为贫穷家庭。这个地区93%的家庭是非裔美国人。

2. 数字化时代的教育

在前面关于功能主义的章节中，我们看到新媒体为家长提供了一种解决他们看到的公共教育问题的途径。认识到资源不平等导致教育不平等的个人和组织往往提出新媒体作为解决办法。一种流行的观点认为，如果我们能让贫困学区的学校使用高速宽带和笔记本电脑或平板电脑，学生们将拥有教育成功所必需的工具。很多人和组织相信新媒体可以解决我们的教育困境。一些非营利性组织，比如教育高速公路（其部分资金来自马克·扎克伯格（Mark Zuckerberg）的"创业：教育"基金会和盖茨基金会）认为：高速宽带是重塑美国教育卓越声誉的关键。这些组织花了大量时间，试图让联邦通信委员会限定公司可以向学校收取多少互联网服务费用。

例如，教育高速公路相信数字化学习可以使教育公平愿望成为现实，因此每一所学校都需要高速宽带。教育高速公路在其网站上声明其使命是"升级美国每一所公立学校教室的互联网接入，以让每个学生都能受惠于数字化学习的承诺……我们相信，数字化学习有潜力为所有学生提供平等的教育机会，每所学校都需要高速宽带才能实现这一机会。"如果您访问教育高速公路网站（www.educationsuperhighway.org），您将看到为什么倡导者认为这是最好的方法。在网站上，他们认为高速宽带具有以下功能：

• 增加学校所能提供的课程。高速宽带将允许学生使用电话会议，如 FaceTime 和 Skype，与来自全国各地的其他教师和其他学生建立联系并向他们学习。该组织认为，这将扩大学生可获得的教育材料及其教育经验的范围。

• 使教师能够为学生提供不同的学习方法的课程材料。学生不必仅仅依靠一本书或讲座来学习概念。他们可以观看游戏、电影和互动节目，这有助于巩固他们正在学习的课程。

· 可以让家长更好地监控孩子们在教室里学的东西，并在家中给以帮助。新技术使教师能够快速更新成绩并张贴笔记供家长在家复习。父母可以跟孩子一起跟进，甚至安排额外的家庭作业。

· 提高考试分数和毕业率。高速宽带提供教育机会并改善衡量和影响学校经费和教师薪酬的成果。

换言之，假设新媒体将使较贫穷地区的教育更好，因为学生将获得与较富裕地区学生相同种类的技术资源。

在美国的每一所学校都能获得高速宽带是件好事。在贫困地区工作的教师抱怨说让他们的学生上网很困难。然而，单靠高速宽带不可能解决教育不平等问题，原因有几个。首先，社会学家发现，贫困学区的教师往往缺乏技术培训，因此，他们对课堂上使用技术工具缺乏信心。这种缺乏信心的现象由于贫困学校缺乏技术支持变得更为严重。想想吧。那些负担不起全职校医的学校当然负担不起定期支付技术支持人员的费用。这意味着在课堂上使用技术的教师必须能够自行解决从安装到故障排除的所有问题。

其次，即使教师对自己的技术技能充满信心，他们在课堂上也经常面临其他障碍。贫穷学区的教师报告说，没有足够的电脑供大家使用，使用技术方面也还有其他障碍。例如，那些拥有大量英语学习者或大量学生而计算机经验有限的教师，很难将技术融入他们的课程。尽管教授学生基本的计算机技能似乎是显而易见的解决方案，但教师们面临着很大的提高学生考试成绩的压力，因为这会影响学校经费和教师薪酬。

最后，贫困地区的学生并不总是能在家里使用科技或互联网。2013年，皮尤研究中心对美国2462名大学先修课程和国家写作专业的教师进行了调查。调查发现，只有54%的教师报告说他们的学生能在学校获得足够的数字工具，只有18%的人能够在家里使用他们需要的数字工具。正如你在皮尤调查结果摘要中所看到的那样，最贫困地区的教师最不可能说他们的学生在学校和家里都有足够的机会使用他们所需要的数字工具。事实上，56%的低收入地区教师认为缺乏学生可用的数字资源是将数字工具纳入课程的"重大挑战"。

总之，许多个人和团体都同意社会学家的观点，认为美国的教育制度复制了不平等。然而，对于新媒体弥合这一鸿沟的能力，目前还没有达成多少共识。许多政治家、企业家和组织认为新媒体可以用来改善教育和减少不平等。他们认为高速宽带将为贫困学区的学生开放互联网和教育机会。社会学家们发现仅靠互联网接入并不能弥合教育鸿沟。在贫困学区工作的教师资源较少，使用数字工具进行的培训更少，以及额外的压力使得他们更难以在课堂上使用新媒体。此外，贫困学生并不总是能在家里使用数字工具或互联网。所有这些因素清楚地表明，要解决教育系统中的不平等现象，需要的不仅仅是在贫困学校获得新媒体。

教师如何在家里和教室里使用科技？

皮尤研究中心进行的调查发现，教师们在课堂上使用数字工具的经历因他们所教学生的收入状况而异。2013年，皮尤调查了大学先修课程和写作项目的教师，进行了调查，他们的学生将比普通学生有更多机会获得数字资源，尤其是在较贫穷的学区。以下是来自皮尤研究中心网站的其他调查结果：

• 在收入最高地区工作的教师中，70%的人说他们的学校"做得很好"，为教师提供了他们在课堂上整合数字工具所必要的资源和支持，相比之下，在收入最低地区工作的教师这样说的比例只有50%。

•73%的高收入学生教师使用数字工具接受正式培训，相比之下，低收入学生的教师接受培训的比例为60%。

•56%来自较高收入家庭的教师表示他们或他们的学生在学习过程中使用平板电脑，相比之下，收入最低的学生中有37%的教师使用平板电脑。

•55%的高收入学生教师说他们或他们的学生在课堂上使用电子阅读器，而低收入地区的教师中这一比例为41%。

•52%的高中收入学生教师说他们的学生在课堂上用手机查找信息，相比之下，最低收入学生的教师这样说的只有35%。

•39%的低收入学生教师表示，在学习过程中有效使用数字工具时，他们的学校处于"落后"状态；只有15%的高收入学生教师认为在这一方面他们的学校较差。

参见本章末尾的链接，阅读皮尤的所有发现。

案例研究：慕课（MOOCS）

你可能听说过很多关于慕课（MOOCs）及其弥合高等教育鸿沟的承诺。设立慕课是为了使公众更容易获得知识。这个想法是任何人都可以参加慕课活动，了解某个话题，并免费聘请专家讨论这些问题。第一堂慕课于2008年推出。这门课程由加拿大曼尼托巴大学斯蒂芬·唐斯（Stephen Downes）和乔治·西门子（George Siemens）创建，名为"连接主义和连接知识/2008"（Connectivism and Connective Knowledge/2008）。大约2200人报名参加培训班，其中170人创建了自己的博客。

四年后，斯坦福大学的两位教授塞巴斯蒂安·斯伦(Sebastian Thrun)和彼得·诺尔维格（Peter Norving）免费在线开设了一门名为"人工智能入门"的课程。他们把这门课程设计得像个真正的教室。190个国家的16万多名学生报名参加这个班。这是第一次真正意义重大的在线课程。

慕课有批评者也有支持者。支持者声称慕课有可能改变高等教育的面貌。通过免费提供大学水平的课程，慕课为发展中国家的个人提供了一个机会来培养技能，使他们获得十年前无法获得的工作机会。批评家们对这一论点持怀疑态度，尤其是因为研究人员发现：

- 只有一小部分人完成了这些课程。
- 近80%参加慕课的人已经拥有学位。
- 近60%参加慕课的人拥有全职工作。
- 近60%参加慕课的人来自发达国家，如美国。

阅读《哈佛商业评论》（*Harvard Business Review*）上题为《谁受

益于慕课》的文章，并查看作者调查数据的相关信息（链接位于本章末尾）。

请思考以下问题：

- 鉴于我们对调查数据的了解，经济合作与发展组织（经合组织）与非经合组织国家之间有何区别？这些结果是否支持冲突观点？

符号互动：数字化时代教师的角色

一些社会学家将注意力集中于人们如何利用共享符号，并通过日常互动再现社会。分析符号互动的科学家研究个人如何使用词语、肢体语言和符号来创造与他人共享的理解。就像冲突的观点一样，社会学家对符号感兴趣，并思考权力如何影响人们相互联系的方式。一般说来权力更大的人通过塑造我们互动的方式能够更好地影响我们理解现实的方式。例如，在学校里，老师和教授管理教室，决定是否允许学生参加课堂讨论以及如何参与课堂讨论。

社会科学家发现学生与老师的互动是必然的。例如，罗伯特·罗森塔尔（Robert Rosenthal）和丽诺尔·雅各布森（Lenore Jacobson）在1968年的研究中发现教师可以影响学生的表现。罗森塔尔和雅各布森在学年伊始给橡树学校的学生们做了智商测试。研究人员告诉橡树学校的老师们，这项测试是"哈佛习得变化测试"，旨在识别在学业上即将"爆发"的学生。罗森塔尔和雅各布森随后随机挑选一些具有标准智商测试的学生，作为未来一年里可能会在测试成绩上有显著提高的学生。他们要求橡树学校的18名老师密切关注这些学生，看看这些学生是否真正发挥了他们的学业潜力，并在这一年提高了考试成绩。再说一遍，这是编造出来的。智商测试不能预测一个学生是否会在学业上茁壮成长。智商测试衡量你的推理能力和解决问题的能力。然而，当研究者们在年底给所有学生进行智商测试时，那些被贴上"爆发"标签的学生比那些没有用这种方式贴上标签的学生表现出更大的增长。为什么？罗森塔尔和雅各布森认为学生符合老师们的期望。老师们相信学生们可以进步，学生们接受了这种积极的期望，学生们提高了他们的成绩。这种现象被称为自我实现预言。

社会学家雷·瑞斯特（Ray Rist）对自我实现预言进行了补充，他指出，教师对学生的期望因他们的社会地位和经济地位而不同。1970年，瑞斯特在一间更漂亮的教室里进行了他的研究，那里的学生和老师都是非裔美国人。瑞斯特注意到，在第八天的课后，尽管她没有给学生做任何形式的学业测试，但老师还是很乐意根据学生的学术能力将他们分配到不同的桌子。她把她认为是"快速学习者"的学生分配到离她最近的桌子，把她觉得是"一般学习者"的学生分配到邻桌，把那些她认为是"学习速度慢"的学生分配到离她最远的桌子。瑞斯特全年对学生进行了观察，发现距离老师较近的学生得到了最多的关注，学业表现更好。学生坐得离老师越远学习成绩就越差。我们又一次可以看到自我实现预言，教师期望如何影响与学生之间的互动并影响他们的学习成绩。

瑞斯特提出了另外两项重要意见。首先，老师给中产阶级学生贴上了"快速学习者"的标签，而给差生贴上"一般"和"慢"的标签。瑞斯特不知道老师为什么要这么做，只是她知道如何根据社会和经济界限给学生分类。其次，由于瑞斯特在接下来的几年里一直跟踪学生们，他注意到在学生接受幼儿教育期间，老师给学生贴上的标签在整个小学阶段会一直跟着学生。被贴上"快速学习者"标签的学生在学校期间都被这样认为，被贴上"学习迟缓者"的学生也是如此。瑞斯特得出结论说，幼儿园老师——无论好坏——在学生与老师之间的互动中起着至关重要的作用，这影响了他们长期的学业成功。

你可以想象，一些政治家和专家认为新媒体是解决师生间消极互动问题的潜在解决办法。新媒体改变课堂动态和教师角色而不是教学材料。教师可以简单地利用资源，如美国教师联合会的分享我的课堂网站（Sharemylesson.com）等资源查找与他们想要涵盖的概念相关的内容的"播放列表"代替教学材料。使用此网站和其他教育网站（TES Connect 和 Teacherspayteachers.com），教师可以从字面上汲取在线资源——教程视频、新闻短片、短篇文章和 PowerPoint 演示文稿——为学生提供不同的学习课程材料的方法。这改变了学生与教师之间的互动，因为教师不是传授知识的专家，而是给学生提供不同工具的促进者，以便他们基本上能够教授自己必要的材料。如果学生需要的话，老师可以帮助他们，但是学生们可以选择他们学习的节奏和方式。"快速学习者"可能会读一篇关于某个主题的短篇文章，并参加在线测验，以确保他们理解主要概念。相比之下，"学习迟缓者"可能会读一章、看视频、做虚拟笔记，然后再完成同样的测验。无论学生的学习风格如何，他们学到了相同的知识，只要他们把材料学得足够好，就可以通过在线测验。

在线课程也被认为是一种改变师生互动更好的方式。互动方式最明显的改变就是教师和学生不再面对面交流。一些社会科学家认为，虽然缺乏面对面交流意味着交流不是即时的，但它可以做得更好，因为学生会反思课程材料和教师反馈，而不是简单地做出情感反应。举

2. 数字化时代的教育

个例子来说,一个学生如果在试卷上拿到"C",他就不能在课后炮轰他的老师,要求他知道他为什么获得他的成绩。相反,他将阅读老师提供的意见,如果就提高学业成绩需要更多指导,他可以联系老师。此外,正如上面提到的那样,一些社会科学家指出在线课程拓宽了学生互动的范围。学生既可以与国内其他地区和世界的专家交谈,也可以互相交谈。这些在线互动非常重要,原因有几个。首先,害羞或学习缓慢的学生可能会发现更容易分享他们的经验和表达他们与课程伙伴相关的意见。如果你是一个喜欢在演讲前把事情想清楚的学生,课堂讨论可能会让人望而生畏。一旦你觉得你已经准备好参与,这个话题就会转移到别的事情上去。在线互动较少受时间限制,这使所有参与者更容易参与。第二,也是相关的电子空间,鼓励同龄学生互动,可以培养参与者之间的社区意识和文化理解意识,这是教育的重要目标。

并非所有社会科学家都认为新媒体有利于师生互动或更广泛的教育。一些学者认为新媒体对教育影响的证据参差不齐,而另一些学者则认为,教育工作者在课堂上采用新媒体之前应该更加谨慎。例如,一些社会科学家认为,将教师转变为以排除技术故障为主要任务的促进者忽视了教师——作为训练有素的专业人员——在学习过程中发挥重要作用这一事实。教师是他们教授的材料方面的专家,他们接受培训不仅仅是为了帮助学生学习,而是认识他们如何学习和发展他们的技能。新媒体可能使教育资源更加广泛,但教师和学生之间的合作有助于学生智力发展。如果教师只是辅导员,或者他们只是偶尔与匿名学生在线互动,那么帮助学生发展或提高他们的批判性思维能力是非常困难的。此外,一些社会学家指出,在线课堂论坛的结构实际上会再现不平等现象，因为那些拥有技术诀窍的学生（正如我们从上述讨论中所知道的那样，他们往往是富有的白人学生，居住在资源丰富的学区）往往主导着在线讨论。

总之，对于新媒体是否有助于还是破坏学生与教师之间的互动，几乎没有达成共识。一些学者认为，新媒体将有助于解决社会不平等问题，因为教师更难以根据学生实际成绩以外的其他因素对学生进行分类。让学生负责自己的教育，教师的角色从教育者转变为学习的促进者，这削弱了他们在评价学生及其进步方面所起的作用。此外，新媒体和网络教育为害羞的学生和学习缓慢的学生提供更多机会处理信息和参与课堂讨论。其他学者不同意这一评价，指出教学是一种职业，在数字时代依然重要。尽管新媒体给教育带来了种种资源，教师们仍然需要评估和鼓励学生的智力发展，这在虚拟世界是很难做到的。

结论

在本章中，我们讨论了新媒体如何改变关于美国教育体系质量的争论，以及如何改进。具体而言，我们回顾了三个中心社会学概念及其与教育的相关性。我们从功能主义或社会学理论开始，强调社会机构如何有助于在社会中达成共识与合作。我们认识到教育的作用在于向下一代传授基本知识和技能，教会年轻人什么是社会上可以接受（以及不可以接受）的行为，并使他们为工作做好准备。一些家长不相信教育系统运行正常并选择不同的方式教育孩子。我们重点讨论了家庭教育的例子，讨论了家长如何利用新媒体进行各种事情，从更多地学习家教到为孩子找到完整的课程。

然后我们讨论了冲突理论，它强调了争夺稀缺资源如何以无法立即看到的方式使不同群体彼此发生冲突。教育体系通过训练贫困学校的学生接受他们作为美国社会收入较低成员的地位来消除收入不平等。我们谈到了"教育高速公路"和"创业：教育"等个人和团体如何相信宽带进入贫困学区将修复教育系统中的不平等现象。他们认为宽带将使竞争更加平坦，因为贫困学校将获得与富裕学校相同的技术资源。使用社会科学研究，我们用这种观点概述了其中存在的一些问题。那些没有钱修厕所或支付给老师合理工资的学校是无力支付技术支持的。这意味着教师必须愿意并且能够安装在课堂上使用的软件、排除软件的故障。即使教师愿意充当他们自己的技术支持人员，教师们报告说，学生很少有机会能在家里接触新媒体。

我们以符号互动结束了这一章，符号互动是一种社会逻辑理论，研究个人如何使用词语、肢体语言和符号来创造与他人共同的理解。像冲突理论家一样，象征性互动主义者考虑权力如何影响人们之间关系的方式。我们讨论了教育中最重要的关系，即教师与学生之间的关系。我们了解到教师在学生的教育过程中起着至关重要的作用，他们还根据学生的社会和经济状况来假设学生的学习速度。换句话说，教师通过与学生互动来遏制不平等现象，这种交流方式支持收入较高家庭的孩子比收入较低的家庭的孩子聪明。正如我们上面讨论过的那样，学生们没有辜负老师的期望；这种现象被称为自我实现预言。目前尚不清楚新媒体能否完全解决这些问题。一些社会科学家发现害羞的学生和学习缓慢的学生受益于在线课程。然而，其他人发现在线课程使得教师几乎不可能评估和鼓励学生的智力发展。

再现不平等：营利性网络教育

你有没有看过菲尼克斯大学（University of Phoenix）这样的营利性大学的广告？广告作出了很大的承诺。这些机构承诺容易入学、持续注册、开设大量在线课程，当然，最后还有丰厚的薪水。然而，就读营利性大学是非常昂贵的。当我使用菲尼克斯大学网站估算获得商业理学士学位的费用时，我被告知学分、学费、课程相关材料和费用大约需要 55400 美元。这笔估计的数目不包括书籍或其他间接费用，可能使我再花费 23000 美元至 49000 美元。根据国家教育统计中心的数据，这远远超过一所公立学校，公立学校四年的教育花费需要 18632 美元。网站还鼓励我申请经济援助——该网站指出，经济援助是一种方式，额外的钱将减少我的压力水平，因为我投资的是我的未来。

思考以下事项：

• 营利性机构招收学生——通常是那些有资格获得最高数额经济援助的学生——这些学生是社会上最贫穷的学生——这样他们就能靠学费赚钱。事实上，菲尼克斯大学近85%的资金来自联邦政府资助的学生贷款项目。因此，学费成本反映出允许学生可以从联邦学生援助计划借款的数额。

• 营利性大学提供的证书通常比非营利机构的相同学位贵30%至40%。例如，2013—2014学年营利性学院的学费平均为15130美元。相比之下，两年制公立学院为3264美元，四年制公立大学为8893美元。

- 众所周知，营利性院校的学分很难转学，许多营利性大学拒绝考虑其他院校的课程。
- 根据大学入学和成功研究所2014年发布的一份报告显示，营利性大学的学生拖欠助学贷款的可能性比社区学院学生高出近四倍。比来自四年制公立或非营利学院的学生高出三倍多。违约率特别高，因为学生在校期间需要偿还私人贷款。
- 根据美国国家经济研究局的数据，获得营利性学校学位的学生比社区学院拥有类似学位的申请者收到雇主回信的可能性低22%。此外，拥有营利性学校学位的个人收入往往低于同龄人。部分原因在于雇主没有认真对待许多营利性大学的学位。

尽管营利性机构并非普遍糟糕，但它们确实不能给学生带来经济安全和成功帮助他们实现"美国梦"——恰恰相反。营利性机构专注于赚钱，利润下滑时就关门，让学生债台高筑而且没有学位。一些学生正在反击。例如，包括马洛里·海尼（Mallory Heiney）在内的15名学生拒绝偿还珠峰学院（科林西亚学院旗下一所现已不复存在的学院）的助学贷款，以抗议其掠夺性贷款做法和不合标准的教育。海尼注意到她的指导老师从书本上阅读材料，为期12个月的课程进行了几个月就结束了。海尼和债务集体这样的组织正在抵制高昂的教育成本。

章节链接

"Opportunity, Responsibility, and Security: A Consensus Plan for Reducing Poverty and Restoring the American Dream." 2015. Brookings

Institute. http://www.brookings.edu.

"Sesame Street Debut-Monday, November 10, 1969." 2015. YouTube. Last modified July 6, 2015. https://www.youtube.com.

Alvarz, Lizette. 2013. "Girls Suicide Points to Rise in Apps Used by Cyberbullies." *New York Times*. Last modified September 14, 2013. http://www.nytimes.com.

Rich, Motoko, Amanda Cox, and Matthew Bloch. 2016. "Money, Race and Success: How Your School District Compares." *New York Times*. Last modified April 29, 2016. http://www.nytimes.com.

Chanthrakumar, Kumaran. 2014. "We Aren't Doing Enough to Stop Bullying." *Huffington Post*. Last modified October 29, 2014. http://www.huffingtonpost.com.

Palmisano, Joseph. 2014. "Teens and Social Media: How Do Schools Fit In?" *Law Street*. Last modified September 10, 2014. http://www.lawstreetmedia.com.

"Cyberbullying/Bullying Statistics." 2017. *Statistic Brain Research Institute*. Last modified August 24, 2017. http://www.statisticbrain.com.

Turner, Cory, Reema Khrais, Tim Lloyd, Alexandra Olgin, Laura Isensee, Beck Vevea, and Dan Carsen. 2016. "Why America's Schools Have a Money Problem." *National Public Radio*. Last modified April 18, 2016. http://www.npr.org.

Purcell, Kristen, Alan Heaps, Judy Buchanan, and Linda Friedrich. 2013. "How Teachers Are Using Technology at Home and in Their Classrooms." Pew Research Center. Last modified February 28, 2013. http://

www.pewinternet.org.

Zhenghao, Chen, Brandon Alcorn, Gayle Christensen, Nicholas Eriksson, Daphne Koller, and Ezekiel Emanuel. 2015. "Who's Benefiting from MOOCs, and Why." *Harvard Business Review*. Last modified September 22, 2015. http://www.hbr.org. Be sure to check out the information about the authors' survey data.

Heiney, Mallory. 2015. "Students Like Me Don't Want a Handout. Merely Justice for Students Ensnared in a Debt Trap." *Washington Post*. Last modified March 16, 2015. http://www.washingtonpost.com.

Vara, Vauhini. 2015. "A Student-Debt Revolt Begins." *New Yorker*. Last modified February 23, 2015. http://www.newyorker.com.

章节回顾问题

1. 为什么学者们如此关注大众媒体（不包括新媒体）对教育的影响？

2. 功能主义、冲突理论和符号互动之间有何异同？

3. 有什么变化可以帮助我们理解为什么有些家长认为美国的教育系统不再运转良好？他们如何回应？

4. 为什么宽带不能解决教育系统中的不平等问题？

5. 新媒体如何潜在地改善师生互动？新媒体如何让这些互动变得更糟？

了解更多信息

Bielick, Stacey. 2008. "1.5 Million Homeschooled Students in the United States in 2007." National Center for Educational Statistics. Last modified December 2008. http://www.nces.ed.gov.

Coughlan, Sean. 2015. "Too Much Technology 'Could Lower School Results.'" *BBC*. Last modified September 15, 2015. http://www.bbc.com.

Dynarski, Susan. 2016. "Why Talented Black and Hispanic Students Can Go Undiscovered." *New York Times*. Last modified April 8, 2016. http://www.nytimes.com.

Edsall, Thomas. 2016. "How the Other Fifth Lives." *New York Times*. Last modified April 27, 2016. http://www.nytimes.com.

"Emerging and Developing Economies Much More Optimistic than Rich Countries about the Future." 2014. Pew Research Center. Last modified October 9, 2014. http://www.pewglobal.org.

Godsey, Michael. 2015. "The Deconstruction of the K-12 Teacher." *Atlantic*. Last modified March 25, 2015. http://www.theatlantic.com.

Henny, Christiaan. 2016. "Self-Fulfilling Prophecy in eLearning." e-Learning Industry. Last modified March 23, 2016. http://www.elearningindustry.com.

Jankowski, Stephanie. 2015. "Online Teaching: The Good, the Bad and the Ugly." We Are Teachers. Last modified March 3, 2015. http://www.weareteachers.com.

Jeffries, Stuart. 2004. "Is Television Destroying Our Children's Minds?" *Guardian*. Last modified July 21, 2004. http://www.theguardian.com.

Knee, Jonathan. 2016. "Why For-Profit Education Fails." *Atlantic Monthly*. Last modified November 2016. http://www.theatlantic.com.

Kokalitcheva, Kia. 2015. "Facebook's Sheryl Sandberg Has a Few Ideas about Improving Education." *Fortune*. Last modified November 3, 2015. http://www.fortune.com.

Postal, Leslie. 2015. "Orange School Starts Monitoring Students' Social Media." *Orlando Sentinel*. Last modified May 28, 2015. http://www.orlandosentinel.com.

Quillen, Ian. 2012. "Teachers Report Mixed Impact of Digital Media." *Education Week*. Last modified November 6, 2012. http://www.edweek.org.

Rohde, David, Kristina Cooke, and Himanshi Ojha. 2012. "Special Report: The Unequal State of America— Why Education Is No Longer the 'Great Equalizer.'" *Reuters*. Last modified December 19, 2012. http://www.reuters.com.

Ross, Terrance. 2015. "When Students Can't Go Online." *Atlantic*. Last modified March 13, 2015. http://www.theatlantic.com.

Semensa, Gregory. 2015. "Online Teaching, It Turns Out, Isn't Impersonal." *Vitae*. Last modified December 11, 2015. http://www.chroniclevitae.com.

Shannon, Salley. 2005. "The Homeschool Revolution." *Parents*. Last modified February 2005. http://www.parents.com.

Tankersley, Jim. 2015. "Study: Kids Can Learn as Much from 'Sesame Street' as from Preschool." *Washington Post.* Last modified June 7, 2015. http://www.washingtonpost.com.

"Testing Our Schools." 2002. *PBS Frontline.* Last modified March 2002. http://www.pbs.org.

Walker, Tim. 2015. "Technology in the Classroom: Don't Believe the Hype." *NEAToday.* Last modified January 8, 2015. http://www.neatoday.org.

Wong, Alia. 2015. "The *Sesame Street* Effect." *Atlantic.* Last modified June 17, 2015. http://www.theatlantic.com.

视频和电影

Dhingra, Raj. 2012. "Can Technology Change Education? Yes!" *TEDxBend.* Last modified June 15, 2012. http://www.youtube.com.

Dyer, Harry. 2016. "Incorporating & Accounting for Social Media in Education." *TEDxNorwichED.* Last modified March 28, 2016. http://www.youtube.com.

Declining by Degrees: Higher Education at Risk. 2005. PBS. DVD.

Guggenheim, Davis. 2010. *Waiting for "Superman."* Electric Kinney Films. DVD.

Gosier, Jon. 2014. "The Problem with Trickle-Down Techonomics.'" *TED.* Last modified October 2014. http://www.ted.com.

Mitra, Sugata. 2013. "Build a School in the Cloud." *TED*. Last modified February 2013. http://www.ted.com.

Mondale, Sarah. 2004. *School, the Story of American Public Education*. Films for Humanities & Sciences. DVD.

Moyers, Bill. 1992. "Unequal Education." Moyers & Company. Last modified September 8, 1992. http://www.billmoyers.com.

Ward, William. 2013. "Incorporating Social Media in the Classroom." *TEDxKalamazoo*. Last modified October 7, 2013. http://www.youtube.com.

本章参考

Aagaard, Jesper. 2016. "Breaking Down Barriers: The Ambivalent Nature of Technologies in the Classroom." *New Media & Society* 19 (7): 1127–43. https://doi.org/10.1177/1461444816631505.

Bernard, Robert, Philip Abrami, Yiping Lou, Evgueni Borokhovski, Anne Wade, Lori Wozney, Peter Andrew Wallet, Manon Fiset, and Binru Huang. 2004. "How Does Distance Education Compare with Classroom Instruction? A Meta-analysis of the Empirical Literature." *Review of Educational Research* 74 (3): 379–439.

Binder, Amy. 2002. *Contentious Curricula: Afrocentrism and Creationism in American Public Schools*. Princeton: Princeton University Press.

Blumer, Herbert. 1968. *Symbolic Interactionism: Perspective and Method*. New York: Prentice-Hall.

Bowles, Samuel, and Herbert Gintis. 1976. *Schooling in Capitalistic America: Educational Reforms and the Contradictions of Economic Life*. New York: Basic Books.

Brown, David. 2001. "The Social Sources of Educational Credentialism: Status Cultures, Labor Markets, and Organizations." Extra issue, *Sociology of Education* 74:19–34.

Calarco, Jessica McCrory. 2014. "Coached for the Classroom: Parents' Cultural Transmission and Children's Reproduction of Educational Inequalities." *American Sociological Review* 79 (5): 1015–37.

Chapman, Lauren, Jessica Masters, and Joseph Pedulla. 2010. "Do Digital Divisions Still Persist in Schools? Access to Technology and Technical Skills of Teachers in High Needs Schools in the United States of America." *Journal of Education for Research* 36 (2): 239–49.

Collins, Randall. 1975. *Conflict Sociology: Toward an Explanatory Sociology*. New York: Academic.

Cottom, Tressie McMillan. 2017. *Lower Ed: The Troubling Rise of For-Profit Colleges in the New Economy*. New York: New Press.

Edmundson, Mark. 2008. *Why Read?* New York: Bloomsbury.

Gerber, Hannah. 2015. "Problems and Possibilities of Gamifying Learning: A Conceptual Review." *Internet Learning* 3 (2): 46–54.

Giroux, Henry. 1988. *Schooling and the Struggle for Public Life: Critical Pedagogy in the Modern Age*. Minneapolis: University of Minnesota Press.

Goode, Joanna. 2010. "The Digital Identity Divide: How Technology Knowledge Impacts College Students." *New Media & Society* 12 (3): 497–

513.

Hansen, John, and Justin Reich. 2015. "Democratizing Education? Examining Access and Usage Patterns in Massive Open Online Courses." *Science* 350 (6265): 1245–48.

Hughes, Gwyneth. 2009. "Social Software: New Opportunities for Challenging Social Inequalities in Learning?" *Learning, Media and Technology* 34 (4): 291–305.

Journell, Wayne. 2007. "The Inequities of the Digital Divide: Is E-learning a Solution?" *E-Learning and Digital Media* 4 (2): 138–49.

Martin-Chang, Sandra, Odette N. Gould, and Reanne E. Meuse. 2011. "The Impact of Schooling on Academic Achievement: Evidence from Homeschooled and Traditionally Schooled Students." *Canadian Journal of Behavioural Science/Revue Canadienne des Sciences du Comportement* 43 (3): 195–202.

Medlin, Richard. 2013. "Homeschooling and the Question of Socialization Revisited." *Peabody Journal of Education* 88 (3): 284–97.

Nguyen, Tuan. 2015. "The Effectiveness of Online Learning: Beyond No Significant Difference and Future Horizons." *MERLOT Journal of Online Learning and Teaching* 11(2): 309–19.

Palloff, Rena, and Keith Pratt. 2013. *Lessons from the Virtual Classroom: The Realities of Online Teaching*. New York: John Wiley & Sons.

Postman, Neil. 1985. *Amusing Ourselves to Death: Public Discourse in the Age of Show Business*. New York: Penguin.

Rosenthal, Robert, and Lenore Jacobson. 1968. *Pygmalion in the Classroom*. New York: Holt, Rinehart and Winston.

Sims, Christo. 2017. *Disruptive Fixation: School Reform and the Pitfalls of Techno-Idealism*. Princeton: Princeton University Press.

Uecker, Jeremy. 2008. "Alternative Schooling Strategies and the Religious Lives of American Adolescents." *Journal for the Scientific Study of Religion* 47 (4): 563–84.

Warschauer, Mark, Michele Knobel, and Leeann Stone. 2004. "Technology and Equity in Schooling: Deconstructing the Digital Divide." *Educational Policy* 18 (4): 562–88.

Warschauer, Mark, and Tina Matuchniak. 2010. "New Technology and Digital Worlds: Analyzing Evidence of Equity in Access, Use, and Outcomes." *Review of Research in Education* 34 (1): 179–225.

3. 老大哥在监视我们吗？

关键概念

法律机构（Legal institutions）是指授权执法和保护民众的组织。美国联邦调查局（FBI）、中央情报局（CIA）、国家安全局（NSA）、执法部门和法院系统就是这样的法律机构。

法律执行者（Legal actors）系指为法律机构工作并代表法律机构的个人，包括警官、联邦调查局特工、国家安全局分析师、律师和法官。

官僚化（Bureaucratization）指采用明确的组织结构、规程和程序。马克斯·韦伯指出，官僚化是现代制度的一个关键特征，在维持对公民的权力方面发挥了重要作用。

权威（Authority）是指机构发出命令、作出决定和强迫公民服从的权力。

法理权威（Rational-legal authority）指的是政府官员用来维系其在民众中的合法性的一种权力。法律机构（Legal institutions）之所以从一整套规则中获得合法性，迫使人们遵守，是因为它们与社会的价值观一致，并得到制度执行者的支持。

企业合法性（Corporate legitimacy）是人们如何评价企业、企业

> 目标及其适当性的结果。企业的某些合法性来自于它遵守一国的规则和法规。然而，我们也根据企业所代表的社会价值观来评价企业的合法性。

"老大哥正在监视你"这句话要么让人想起哥伦比亚广播公司（CBS）的流行电视真人秀，要么让人想到一种看不见的政府力量在监视着你——做什么、和谁一起、读什么、看什么、听什么。法律机构或那些负责执法和保护公众的组织对公民的监视，长期以来一直是争论的话题。为了国家安全，法律机构应该被允许获取什么样的信息，这在美国人中有很大的分歧，这里指的是政府需要保护自身和公民都免受威胁。虽然有些美国人认为，法律机构应该被允许广泛收集个人和团体的信息，以维护国家安全，但另一些美国人则认为，联邦调查局（FBI）等法律机构经常越界，侵犯了《第四修正案》中反对不合理搜查和扣押的权利。

你可以想象，大众传媒对于美国有关监视的争论已经发生了巨大的变化。在新媒体出现之前，法律机构必须彻底调查国家安全面临的威胁，并采取措施监督个人和团体。比如，1956年至1971年期间，美国联邦调查局（FBI）实施了五个反间谍项目，目的是监视其认为具有"颠覆性"和威胁美国政府稳定的组织。这项名为COINTELPRO的大规模监控项目针对的目标是各式各样的政治团体，比如三K党（KKK），一个旨在确保"白人种族"统治地位的仇恨组织；以及民主社会学生会（SDS）。民主社会学生会是争取政治代表权和平等的进步团体。虽然它们的组织性质差别很大，但FBI试图控制这两个组织。大众传媒在联邦调查局的行动中起着重要作用。

3. 老大哥在监视我们吗？

三K党以恐吓和使用暴力对付非裔美国人而臭名昭著，目的是维护白人至上。FBI认定三K党对国家安全构成威胁，因为三K党，特别是在南方，有当地执法部门的支持。当地警察以及县警长等对三K党的非法活动睁只眼闭只眼，有时，执法人员自身就是该组织的活跃领导者和成员。毫不奇怪，FBI不希望更多的公众知道南方执法部门支持三K党，这会让民众质疑政府维护法律和保护民众的能力。FBI还担心，这可能导致该国其他地区的暴力或革命。为了遏制三K党，FBI渗透进了他们的地方支部，并利用大众媒体扰乱他们的活动。

某些时候，FBI通过写信运动来激起三K党内部的不满。FBI认为，如果三K党出现内讧，他们将无暇他顾。例如，FBI特工给"帝国巫师"（联合三K党创始人）罗伯特·谢尔顿（Robert Shelton）发了一封匿名信，报告三K党的另一位领导人在背后议论他。谢尔顿很生气，于是将该领导逐出组织。FBI还试图通过其他方式用信件扰乱该组织的日常活动。FBI利用匿名信影响某些三K党成员，比如批评其使用公共资金为三K党的活动提供便利（如在三K党集会地点周围铺路），或透露错误的集会日期和地点。不出意外，谢尔顿最终开始怀疑他们中间有叛徒，并建议该组织对三K党成员使用测谎仪和喷妥撒（又名吐真剂），以便将告密者公之于众。由于担心监视计划被曝光，自己的特工被铲除，FBI寄了一封来自竞争对手领导人的假信，向三K党成员"揭露"了谢尔顿的提议。这封信谴责谢尔顿对三K党成员缺乏信任，并强烈批评其危害他们的健康和安全。FBI甚至与报社联系，以确保三K党活动不会得到媒体的报道。例如，FBI特工确保三K党"运动员俱乐部"的射火鸡的报道永远不会在社区报纸上刊登。虽然FBI没有摧毁这个组织，但有效地在其成员间播下了不和的种子，使该组织的运作更加困难。

FBI也的确参与了促成"民主社会学生会"（SDS）的衰落。SDS利用大学校园鼓动学生参与政治辩论——尤其是关于越南战争的辩论——以及抨击从帝国主义，美国利用国家政策和军事力量实施扩张，到企业操控民主等现象。FBI认为SDS对国家安全构成威胁，因为该组织攻击种族和收入不平等；征兵制度（或美国军队的非自愿服役）；以及有关性行为和吸毒的社会规范。"自由性爱"（Free love）和"花的力量"（Flower power）今天仍然存在——只是不再像SDS当初设想的那样。例如，"花的力量"就是被动反抗和非暴力行动的象征。这个运动是为了使反战抗议的形式和平而积极（而不是暴力）。正如你在图3.1中所看到的那样，学生抗议者向士兵和宪兵献花。然而FBI却利用大众媒体来形容SDS成员肮脏和性堕落。FBI散发反SDS传单，宣传煽动分子，在报纸和杂志刊登关于该组织及其成员非法滥用毒品和性的负面文章，制作和散发嘲弄该组织的漫画。FBI甚至写信给SDS成员的父母，告知其子女在学校的"颠覆性"活动。毫不奇怪，FBI对大众媒体的利用有效地瓦解了SDS。有关SDS的刻板印象依然存在。今天，当我们听到"花的力量"时，我们会联想到肮脏、性欲过强的嬉皮士以及尝试各类致幻药物的形象。

数字时代，法律机构对公民的监督更为普遍。法律机构不再需要确定具体的监视目标。法律机构可以获得关于我们是谁（称为人口统计学）、我们所处位置（称为地理人口学）以及我们在思考什么（称为心理图形）的数据，它们"挖掘"这些数据，从中提取模型。2013年，爱德华·斯诺登（Edward Snowden）公布了美国国家安全局（NSA）通过棱镜计划（PRISM program）收集到的数千份文件，披露了监控

3. 老大哥在监视我们吗？

范围。当时，广泛监视美国公民成为国际性的辩论话题。棱镜计划于2007年推出，监控公民、企业和其他政府的通信和电子信息。棱镜的工作原理尚不完全清楚。来自全球之声（Mashable）的洛伦佐·弗兰切斯基-比莱齐（Lorenzo Franceschi-Bicchierai）创建了该程序的假设/工作模型（本章末尾有图表链接）。NSA分析员提出用户数据请求，FBI负责处理请求，分析员通过棱镜接收数据。分析人员的请求不会被拒绝，因为其请求根据2001年《美国爱国者法案》（通过阻止和避免恐怖主义所需的适当手段来团结和强化美国）获得许可，该法案允许执法部门无须法院命令即可搜索电话、电子邮件和财务记录。

图3.1 "花的力量"（伯尼·波士顿拍摄）

资料来源：电子前沿基金会（Electronic Frontier Foundation），CC BY 3.0 US

监视并不仅限于个人。斯诺登还透露了许多秘密法庭命令的细节，如要求威瑞森无线通信（Verizon）（以及其他所有电话公司）每天交出数以百万计的美国人的电话记录；NSA对谷歌和雅虎数据中心的秘密窃听行为；以及名为 XKeyScore 的程序——实时搜索未经过滤的互联网流量。NSA 分析师可以使用 XKeyScore。XKeyScore 可以清理个人电子邮件、用户名、密码、搜索历史、社交媒体活动、传真、视频和电话交谈，只需提供搜索的一般性理由——而法庭或 NSA 高级官员未对此进行审查。目前尚不清楚 NSA 分析师对多少数据进行了多少清理，也不清楚这些数据是如何使用的。NSA 和中央情报局（CIA）甚至使用新媒体监控虚拟世界中的个人，如《魔兽世界》《第二人生》和微软多用户在线对战游戏平台（Xbox Live）。斯诺登发现 NSA 和 CIA 既监视这些网民，又从中招募线人。

公布的文件引发了国际争议，有人称斯诺登为叛徒，也有人公开感谢斯诺登为维护民主所作的努力。有趣的是，你可以看到美国民众对法律机构在涉及国家安全问题上是走得太远还是不够深入的争论不断变化。图 3.2 显示了皮尤研究中心的舆论调查结果，显示了受访者认为政府在保护国家方面做得不够，以及在过多限制公民自由方面的比重，这说明了民众在这场争论中的情绪转变。值得注意的是，图中显示，2013 年斯诺登曝光 NSA 监控项目后，公众舆论的转变，受访者认为政府过度限制公民自由的百分比上升。此外，还需要注意的是，尽管每年有波动，但美国人普遍认为法律机构在保护国家方面做得不够。斯诺登在莫斯科发表的一份声明中公开为自己的行为辩护，他表示，"我坚信 NSA 大规模监控项目经受不住宪法的考验，美国公众终有机会看到公开法庭的裁决……今天，一个秘密法庭授权的秘密项目，被暴露在光天化日之下，它侵犯了美国人的权利。然而这只是众多项目中的第一个。"显然，关于法律机构和个人权利之间界限的争论正在进行中，而且很复杂。

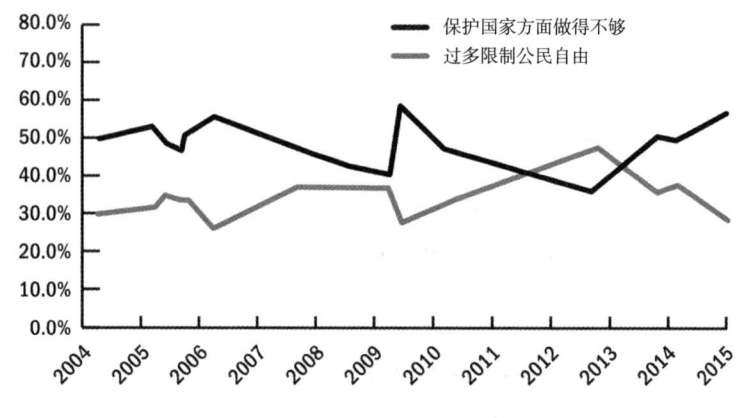

图 3.2　公众对安全和公民自由的担忧正在转变

资料来源：皮尤研究中心，12月开展的调查。2015年12月8—13日。未显示"不知道"的回答。

"活的"法律

对于某些读者来说，法律是存在争议的东西也许是个新的想法。我们常常认为法律是我们必须遵守的，无论我们是否同意它们。社会学家认为法律是"活的"，这意味着法律是通过法律执行者（如警官、联邦调查局探员、国家安全局（NSA）分析师、律师和法官）在法律机构的实践所创造（和再造）出来的。例如，警官、FBI探员和NSA分析师在决定将谁作为潜在罪犯目标时，都借鉴了他们的培训和经验。虽然现行法律一定程度上反映了他们的培训和经验，但它们并不是唯一重要的东西。社会接受度或大多数公民是否同意某项法律影响到法律是否得到执行。这里有一个直接的例子。你是否知道（或听说过）有人因同居而被捕？考虑到几十年来美国人一贯的普遍做法，因同居而被捕入狱的想法似乎显得很荒唐。然而2013年，四个州（佛罗里达州、密歇根州、密西西比州和弗吉尼亚州）制定了法律，规定异性伴侣同居是非法的。你可以想象，这些州的法律执行者并没有执行同居禁令。这些禁令并不能反映出我们当前对于"关系"的理解，这使这类法律的执行成为一个问题。例如，被逮捕的夫妇可能会起诉该州制定歧视性法律。事实上，佛罗里达州和弗吉尼亚州最高法院最近取消了所在州的同居禁令，称它们违宪。

法律也是"活"的因为我们创造了新的法律（正如前述，摆脱了旧的法律）以适应更广泛的政治环境和社会需要，或人民的要求和诉求。从这个角度来看，我们必须关注2001年9月11日美国遭受的恐怖袭击，将我们关于监视、民权和法律机构的讨论置于这个背景之下。恐怖分子劫持了四架商用飞机，其中一架撞向五角大楼（国防部所在地）；一架降落在宾夕法尼亚州尚克斯维尔附近的田野中（飞机是飞往华盛顿特区的，但乘客制服了劫机者）；两架撞向纽约世贸中心。这些袭击为政策的改变铺平了道路，包括2001年的《美国爱国者法案》。它扩大了法律机构的权威或权力。像NSA这样的组织就利用它们新的法律权威发起了上述的监控项目。然而，之所以对这些监控项目仍存在争议，是因为美国人在"法律机构的权威是否比公民个人权利更重要"的问题上没有形成明确或一致的共识。在图3.2中可以看到，关于这场辩论的公众意见每年都在变化。

权威是一个重要的社会学概念，尤其是在数字时代。事实上，今天的社会学者们仍然参考着马克斯·韦伯的著作。韦伯曾在19世纪撰写有关制度权威的著作。韦伯注意到官僚化或采用清晰的组织结构、协议和程序，是现代制度的一个关键特征。他论述了官僚机构如何维护对公民的权力。他注意到，法律机构主要通过法理的权威来维护其权力,这意味着它们从一整套规则体系中获得了合法性,因为这些规则与社会的价值相一致,并得到制度执行者的支持。换言之,法律被这些领导机构和公众视为合法和正当。例如,美国人重视"生命、自由和追求幸福"的权利。法律制度决定我们实现这一目标的规则和我们必须接受的规则。我们知道,如果有人违反这些规则行事(例如偷窃我们想要的东西或者谋求别人拥有的东西而杀人),就会被逮捕、审判和监禁。

法律机构之所以保持其法理的权威,部分原因在于其权威覆盖整个国界之内,而现实世界中我们(作为公民)和法律机构之间的互动规则是明确的。例如,像警察这样的法律执行者,如果没有法官签发的搜查令或"可能的理由",就不能搜查我们的车辆或闯入我们的家。"可能的理由"是指有足够的信息使一个理性的人相信发生了犯罪或有犯罪的证据存在。而在虚拟时代,法律机构的权威就不那么明确,因为网络空间超出了任何特定国家的边界,也不是法律执行者的专属领域。例如,跨国公司也在线上运营,为互动交易提供平台。美国在线(AOL)、苹果(Apple)、领英(LinkedIn)、微软(Microsoft)、脸书(Facebook)、谷歌(Google)、推特(Twitter)和雅虎(Yahoo)都是跨国公司的例子,它们向美国消费者提供产品,这样它们就能够访问虚拟空间、开展社交、从事商务,甚至犯罪。

虽然企业并不希望它们的产品被用于犯罪活动,但它们确实希望维系一个客户群,保持健康的利润底线。企业维系消费者对其产品感兴趣的一种方法是使用"缓存文件(Cookies)",这是存储在你电脑上的一个小文件。当你访问企业网站时,网站会向你的电脑发送一个缓存文件,它会跟踪你在网站上的访问和活动。这些信息被用于跟踪购物车中的商品，以及建议你可能购买的其他商品等领域。跨国公司维持客户关系的另一种方式是保护客户的个人信息，但正如我们在下面更详细地讨论的那样，在是否需要交出客户数据的问题上，它们与法律机构产生了分歧。跨国公司认为，它们不仅要面对美国的法律制度，也要面对其他国家的法律制度。许多跨国技术公司将《联合国人权宣言》第12条纳入其经营理念，该条宣称"任何人的隐私、家庭、住宅或通信均不应受到任意干涉，其荣誉和名誉也不应受到攻击。每个人都有权受到法律的保护，免受此类干扰或攻击"，并相信其全球经营成功取决于是否有效保护客户数据免受威胁，包括NSA等法律机构的侵入。由此可见，谁在数字空间拥有权力的界限变得非常复杂。

本章将深入探讨新媒体是如何为当代权威之争造势的。我们首先将考察个人和团体如何利用新媒体挑战法律机构的权威以及法律执行者的实践。然后我们把注意力转向企业，它们也在努力保持数字时代的独立性。正如我们将看到的，权威面临着竞争，意味着数字时代，不同参与者在挑战谁拥有权力，以及谁在利用他们的权力。

再现不平等："大数据"与警务

> 我们听到很多关于"大数据"的信息。只要听到新闻，总会有人提到大数据正如何被用来影响从公司利润到总统选举的方方面面。那么，什么是大数据呢？
>
> 大数据意味着如何掌握数据。例如，一家公司从大型数据集开始，搜索数据，并根据搜索结果将信息聚类。由于该公司可以访问多个数据集，它可以交叉引用信息并查找某种模式。

像奈飞（Netflix）这样的公司会利用这些结果来推荐我们可能喜欢的电影和电视节目。

法律机构可以利用大数据预测犯罪发生前的行为和风险。大数据彻底改变了警务和警情的运作方式。法律执行者过去常常是先辨别他们认为可能从事非法活动的人并对其进行调查。而在数字时代，我们所有人都是潜在罪犯，执法部门通过从机场Wi-Fi、车牌识别软件、手机和社交媒体收集和交叉引用数据等来确定我们谁可能真正犯罪。

芝加哥市长拉姆·伊曼纽尔（Rahm Emanuel）称之为"预见性治安"，并用以确定可能遭受暴力犯罪的社区、可能犯罪的人以及可能的受害者，然后在犯罪发生之前派出警察进行干预。那么这是否有什么问题呢？请考虑以下事项：

• 警方数据收集不统一。实际上这很有道理。犯罪很大程度上是一种隐蔽的社会现象，这意味着警方数据库可能包括了诸如拨打911之类的许多非违法行为。

• 警方数据不客观。如果说我们从最近"黑人的命也是命"（Black Lives Matter）运动对当地执法的抵制中学到了什么的话，那就是低收入社区和有色人种社区常常感到被排挤，而非受到了警方的保护。但逮捕行为，不管是否正当，都会进入警方数据库，由此对结果造成偏差。

• 算法不是中性的。我们主观地认为从"公式"中剔除人员就可以预见性地开展警务了。当然，也许是蹩脚的人设计了算法，无法处理好数据。例如，即使是那些承诺"种族中立"的程序也会失败，因为它们正在处理的数据本身可能存在很大缺陷。

> 那么结果呢？低收入社区和有色人种社区被执法部门盯上的比例高得不成比例。更糟糕的是，预见性治安有时被用来确定保释和量刑决定，从而再造了种族不平等。例如，美国许多县使用 COMPAS（替代制裁的教养罪犯管理特征分析），预测累犯或某人重返监狱的可能性。非营利新媒体 ProPublica 的一项研究发现 COMPAS 系统：
>
> 错误地发现黑人被告比白人被告有更高的再犯风险。
>
> 错误地发现黑人被告犯下暴力犯罪的风险比白人被告高得多。

新媒体和公民对权威的挑战

2001 年 9 月 11 日的恐怖袭击是前所未有的。在 20 分钟时间内，一小撮恐怖分子——据称是为了报复美国对以色列的支持、美国参与波斯湾战争以及美国在中东的军事存在——有力地改变了美国人对国家安全和个人权利的看法。袭击发生后，公民们纷纷赞成种族定性，即执法部门利用种族或民族特征来确定谁可能犯罪，并防止此类犯罪的发生。三分之一的美国人支持拘留，或将阿拉伯裔美国人从社区中驱逐出去，安置在专门营地，直至可以证明他们的清白。而且，支持增加军费开支的比例飙升至 50%，远远超过了此前 25 年的水平。在袭击发生三年后，对种族和民族定性的支持依然很高。根据一项盖洛普民意调查，几乎一半的受访者认为机场安检口的（种族）定性是合理的。与此相比，同样的受访者在很大程度上不赞成其他类型的定性分析。

3. 老大哥在监视我们吗？

毫不奇怪，在恐怖袭击之后的几个月和几年里，美国穆斯林感觉他们好像生活在一个超级全景监狱（Superpanopticon）里。什么是全景监狱？这是哲学家和社会理论家杰里米·边沁（Jeremy Bentham）在18世纪提出的理想监狱模型。全景监狱的独特之处在于它的结构，所有的牢房都通向一个有守卫的中央塔楼。囚犯们不能相互交流，也不能确切地知道他们什么时候被塔上的看守监视着。这影响了囚犯的行为。全景监狱让囚犯们觉得他们的行为总是被看不见的看守看到，他们总是被监视着。所以他们的行为方式就是远离麻烦，以防被实际监视。"超级全景监狱"指的是在数字时代，法律机构等可能实施的超级监控。计算机数据库为法律执行者提供了检索和核实个人信息的能力，而不必知道他们具体是谁。数字时代，没有警卫或囚犯，而有信息，有机构参与者检索他们想要的信息，还有我们自身——要么符合他们的搜索标准，要么不符合。然而，效果是一样的。我们知道我们正在被观察，但我们不知道我们何时被监视，我们在哪里被监视，或者我们被监视的频率。这会影响我们的线上和线下行为方式。

回到911事件后美国穆斯林的处境，纽约的穆斯林意识到他们仿佛置身于超级全景监视之中，他们有意识地改变自己的行为方式，使自己远离法律机构的监视和麻烦。2013年，创建执法责任与责任项目（CLEAR）以及几个美国穆斯林公民自由组织发表题为《绘制穆斯林地图：纽约市警察局（NYPD）间谍及其对美国穆斯林的影响》的报告，描述了穆斯林如何审视他们的谈话、改变活动方式以及使用互联网的习惯，不让自己受到NYPD的监视。报告中，一位主日学校的教师解释说，她害怕批评针对穆斯林的政策，因为担心自己可能成为执法部门的目标。为了确保NYPD不会上门，她在脸书等社交媒体网站小心翼翼。她解释说:"我不会在脸书上谈论NYPD。我们会把文章写出来,但是我们永远不会评论它们,发表任何言论。至多我们会说:'很遗憾发生了这种事。'但是,我们永远不会表现出愤怒,尽管我们真的真的很生气。"

他们小心一点也没有错。2011年8月,美联社发布了时任市长迈克尔·布隆伯格(Michael Bloomberg)批准监控项目的报道。该计划允许纽约市警察局(NYPD)与中央情报局(CIA)合作,对市界数百英里外的数百名穆斯林进行监视。该计划的目标是绘制社区穆斯林地图。NYPD利用代号"耙(Rakers)"的卧底警探深入书店、咖啡馆、酒吧、夜总会监视穆斯林的日常生活,利用代号"清真寺爬虫(Mosque crawlers)"的警探或线人监控布道者,哪怕没有任何证据显示被监视者存在嫌疑。该计划总共监控了250多个清真寺和学生团体,以消灭潜在的恐怖分子。如果你访问美联社网站,你可以看到部分"地图"是什么样子的(本章末尾有链接)。比如其中一张地图,标明了埃及人在纽约布鲁克林经常光顾的商店——主要是餐馆、书店和杂货店。NYPD的计划还包括密切关注个人和社团网站以及社交媒体页面,以寻找任何威胁的迹象。

民权组织批评这个项目侵犯了美国穆斯林的隐私权。纽约阿拉伯裔美国人协会的琳达·萨苏尔(Linda Sarsour)指出:"这些文件曝光了我们的位置。那里有我们吃饭的咖啡馆、祈祷的地方,还有卖杂货的商店。他们能够在地图上看到你的整个生活。这完全扰乱了社区居民的心理。"美国联邦调查局一位高级官员也认可,这个项目弊大于利。他补充说,这个项目实际上破坏了国家安全,因为它播下了对穆斯林社区法律制度的不信任。纽约市市长迈克尔·布隆伯格为这个项目辩护说："我相信我们应该做我们必须做的事情来保证我们的安全。我们必须维护宪法和人民的权利。我们生活在一个危险的世界里，我们必须积极主动防范恐怖主义的威胁。"布隆伯格进而将纽约警察局的种族定性与儿童麻疹筛查进行了比较。他指出："如果一个社区的犯罪率非常高，不向该社区派驻更多的警察是荒谬的。而如果你想寻找麻疹病例，你会在年轻人中发现更多。这并非是针对年轻人而去检查他们是否患有麻疹。"NYPD 的"人口统计部门"（Demographic Unit）是监视美国穆斯林的官方部门名称，该部门于 2015 年解散。

在布隆伯格执政期间，美国穆斯林不是唯一的监视目标。当共和党全国委员会宣布将在纽约召开 2004 年大会时，布隆伯格将他的监视范围扩大到全美国、加拿大和欧洲的进步活动人士。NYPD 利用"开源情报"（OSINT）以及推特、脸书、照片墙和优途等社交媒体跟踪抗议计划；甚至把在线数据也作为调查非暴力组织和质询抗议者政治活动的理由。布隆伯格还批准了一项活动期间大批逮捕和处置抗议者的计划，超过 1800 名公民——甚至不是所有都是抗议者——在大会召开前和大会期间被捕。平均而言，一名拘捕者会在恶劣环境被拘 24 小时。他们被关在 57 号码头人满为患的金属笼子里，在那里他们获得食物、水、医疗和药物的机会很有限，而且暴露于极度温差、睡眠不足和危险化学品威胁之中。许多被捕者最终仅被控以轻微的违法，不需要坐牢。律师和活动人士认为，NYPD 实际"惩罚"了抗议者行使宪法第一修正案的权利。这一指控在民事诉讼以及由环保、人权、住房权和动物权利活动者组成的联盟提出的申诉中得到了回应。他们谴责 NYPD 针对了"受第一修正案保护的政治宣传活动"，这些活动"为我们的民主制度提供了至关重要的滋养，防止其走向腐败和萎缩。"

虽然这一超出大会范围的监控项目是在会后几年后才由媒体披露的，但活动人士记录了NYPD的行为。事实证明，NYPD不喜欢人们记录他们的监视活动。"为无家可归者拍照（Picture the Homeless）"组织的一名组织者在拍摄麦迪逊广场花园附近的邮局时，被一名警察抓住并拖过了马路。当时公共援助的受助者报告说他们领取支票时遇到了困难。这位组织者被警察抓住，拖着穿过街道。一名警长告诉他，禁止在邮局外拍摄警察检查站。并告知他将删除任何他不喜欢的镜头。根据纽约公民自由联盟（New York Civil Liberties Union）2004年汇编的一份报告，至少有10名独立录像师成为NYPD的目标。其中7名录像师被捕，NYPD甚至在他们获释后仍扣留相机作为证据。其中一名录像师报告说他的照相机被一名警官砸碎了。

但是人们对新技术和新媒体的使用很多却是NYPD没有发现的。有市民和活动人士用手机披露了57号码头的情况和他们的遭遇。例如，一名被拘留的活动人士用私藏的手机联系了新闻媒体《民主在此刻》（Democracy Now）并报告了情况。被拘者把电话传过来，节目制片人迈克·伯克（Mike Burke）采访了在押人员（本章末尾提供了报告的链接）。一位名叫艾米丽（Emily）的妇女报告说：

> 昨天我在联合广场东边被捕了，就在联合广场东和欧文广场之间的东15街。我当时在人行道上，从来没有人告诉我我会被捕。我就是在人行道上。没有人在意我的权利。他们把我们都带走了，然后都困在公共汽车里。我们现在已经被关在监狱里13个多小时了。最初九个小时，我们只得到一个苹果。在我们入狱的头四个小时里，我们不允许去洗手间或者喝水。没有

3. 老大哥在监视我们吗？

人了解我们的权利；我们无法和律师谈。很多人被捕时根本没有抗议，他们只是碰巧在那个街区的人行道上——就被逮捕了。我们被关押的地方到处都是化学品警告的标志。很多人的皮肤因为地板——不管是什么东西——而起疹子。我要把这件事分享给别的有类似经历的人。

另一位名叫爱尔西亚（Althea）的女性也讲述了她的故事：

> 我过去是纽约市公立学校的一名教师。当时正在16街的联合广场上散步，想要好好享受这一天，结果我被一场示威游行给卷走了。我并没有参加游行，就被逮捕了。我是晚上8点左右被捕的，戴着手铐，当时我们一直坐在切尔西码头上，那里非常拥挤。有些人对环境产生毒性反应，皮肤发痒，真的非常拥挤。他们给了我们水和一个三明治，但没有给我们任何信息，我们只是坐在这里，真的被困住了。没人知道我在哪里。我觉得自己已经消失了。家人不知道我被捕了。也许以为我独自出去购物了；所以，你知道，没有人去通知——他们也不允许我联系任何人。

这两名妇女是NYPD在一次大规模的逮捕行动中被抓走的——这是NYPD大会期间常用的策略。警察会封锁某一地区并逮捕其中的每一个人。

行人并不是唯一被卷入冲突的人群。有几名专业摄影师和记者在示威活动中被捕，尽管他们佩戴着NYPD颁发的记者证。那些能够利用关系迅速释放的人报告了大规模逮捕和拘留的情况。例如，摄影师罗伯特·斯托拉里克（Robert Stolarik）正在拍摄一次逮捕时，警察抓住了他，掐住他，并把他的手紧紧铐在背后。手铐太紧了，医生诊断斯托拉里克手腕的骨头折了，他的手可能留下永久性的神经损伤。斯托拉里克并不是唯一被逮捕并受到粗暴对待而同时又有 NYPD 签发记者证的偷拍者。另外六名专业摄影师也描述了自己被推倒或被警察殴打的经历，和斯托拉里克一样，他们很快利用新闻博客、广播和大众媒体报道了发生在纽约街头的故事。

也有经过统一筹划的市民监督警察行动。全国律师协会（National Lawyers Guild）观察了逮捕情况，纽约公民自由联盟（New York Civil Liberties Union）培训了 154 名监督员，负责监督警察在大会期间使用的策略。监督员们参加了密集的训练课程，学习如何监督警察，学习如何使用相机和视频拍摄设备，并熟悉了有关警察与抗议者如何被允许互动的指导原则。可以想象，个人和组织报道 NYPD 行为的努力带来的不仅仅是负面新闻和全国愤怒。监控人员拍摄的视频帮助推翻了一些法律案件。例如，一个名为"我看到"的组织记录了不当行为，推翻了 400 起视频证据与警察宣誓证词相矛盾的案件。此外，全国律师协会联合其他几个组织起诉 NYPD 非法逮捕和拘留美国公民。2014年，纽约市处理了这一案件，并向受害的 1638 人赔偿了 1800 万美元。

这一切对于人们与法律机构的关系意味着什么呢？法律机构可以在我们不知情的情况下监视我们，而且难以评估其频率和规模。"棱镜"项目和 NYPD 在 2004 年共和党全国代表大会之前对市民的监视表明，"9·11"恐怖袭击改变了许多人对法律机构责任的看法，而《美国爱国者法案》在涉及国家安全的问题上赋予了法律机构更多的权力。

然而，并不是所有人都赞成监控项目，他们认为法律机构有时会滥用所赋予的权力。公民个人或团体使用新媒体监督法律执行者的行为，有助于保障公民不受不当的搜查、扣押或逮捕。一旦发生，民众和团体可以报告这些违规行为，并作为民事和集体诉讼的证据。因此，虽然法律机构和公民之间的权力是不平等的，但新媒体使监视成为双向的。执法部门可以监视个人，而个人也可以监视执法部门。这是一个重要的转变，因为它使美国公民可以更好地确保法律机构不滥用其权力。

案例研究：执法部门和随身摄像机

过去几年里，有很多关于允许警察佩戴随身摄像机的讨论。支持使用随身摄像机的人认为，使用摄像机提高了执法透明度，阻止警察滥用权力，使公民更加尊重警察的权威，并有利于保留支持逮捕和起诉违法者的证据。支持者指出，有数百起涉及警察的事件表明使用随身摄像机的时代已经到来。而反对使用随身摄像机的人认为，摄像机花费太多，并侵犯了公民以及官员的隐私。

反对者指出，只有不到1%的警民接触涉及武力。大多数情况下，警察负责调解纠纷，扶助困难的人，帮助精神疾病患者——这些都不应该被拍摄。更重要的是，使用摄像机损害了警察的权威，因为这表明执法人员和他们所保护的社区之间没有信任。

几乎没有证据支持这两种观点。事实上，剑桥大学和兰德欧洲公司（RAND Europe）在2016年5月发布的一项研究发现，佩戴随身摄像机的警察被侵犯的可能性要高出15%。研究人员不确定为什么会出现这种情况。可能的原因包括：（1）警察戴着摄像头时不那么自信，（2）市民在得知自己被拍摄时变得有攻击性，（3）警察更有可能报告市民的袭击，因为他们有视频证据。

优途上不乏记录警察与公民互动的视频（有时是图文并茂的）。可以去优途上浏览这些非常不同的视频。（本章末尾提供了链接）。其中：

• 第一个用手机拍摄的视频显示，警官本·菲尔兹（Ben Fields）将一名南卡罗来纳州高中生掀翻在地，并扔到教室另一侧。这一事件引发了全国媒体的关注。

• 第二个视频是由丹佛警察局制作的，显示了该部门对随身摄像机的使用情况，以及他们为什么认为这很重要。

• 第三个视频显示一名男子正走到前门，刺伤了一名身穿防弹背心的警官。

讨论以下问题：

• 你认为警官应该用随身摄像机吗？为什么应该或为什么不应该？
• 随身摄像机是否削弱了执法权威？为什么是或为什么否？

企业与法律机构：谁来规范虚拟空间？

我们正过着数字化的生活。我们在社交网站上分享照片和视频，激活手机上的位置感知应用程序来寻找交通堵塞的解决办法，登录网站获取电子邮件，检索存储的文件，查看搜索历史。所有这些数据都以我们不太了解的方式在网络上迅速传播，而且这些数据大部分都是由企业来维护的。当我们在照片墙上分享照片、在推特上发表观点或在 Snapchat（照片分享平台）上使用被赞助的镜头时，我们能够知晓自己身处企业的服务空间中，但我们很少考虑企业如何处理我们的数据，更不必说法律执行者是否曾要求企业交出数据了。然而，正如上文关于棱镜门和其他监控项目的讨论所强调的那样，这些要求确实发生了，而我们几乎从未发现。事实上，这些数据请求是如此频繁，以至于引发了科技公司对法律机构权威的挑战。

让我们思考一个最近的例子。2016 年 4 月，微软起诉美国政府，声称其被政府要求访问保密数据，这侵犯了个人关于反对非法搜查和扣押财产的宪法赋予的权利。据微软总裁兼首席法律官布拉德·史密斯（Brad Smith）称，在过去 18 个月里，法律机构提出了 2576 次数据请求；1752 个保密命令（占总数的 68%）没有固定的终止日期，并禁止微软告知客户政府获取了其数据。微软诉讼美国政府利用"向云计算的过渡"扩大了对美国消费者和企业秘密调查的权力。在微软官方博客（发布于 2016 年 4 月 14 日）上，史密斯解释道：

> 我们认为，这些行为侵犯了自建国以来一直属于我国一部分的两项基本权利。这些冗长甚至永久的保密命令违反了《第四修正案》。《第四修正案》赋予人民和企业了解政府是否搜查或扣押其财产的权利。它们还违反了《第一修正案》，该修正案保证我们有权告知客户政府行为如何影响他们的数据。《宪法》规定的言论自由权仅受到为政府利益量身定制的限制，这一标准既不是适用法规所要求的，也没有被政府实际履行。

这场官司在一定程度上是对现有公共政策的回应——监视政府的

监视。国会需要重新审查这一政策。目前，监视主要是由1986年的《电子通信隐私法》（ECPA）规定的，该法案保护正在进行、传输中以及计算机存储中的有线、口头和电子通信。ECPA有三个具体条款。第一，禁止截取、使用和披露通信，禁止以非法获取的通信作为证据。举例来说，你不能在没有房东知情和许可的情况下录下与她的电话交谈，并试图利用它来对付她。其次，ECPA保护服务提供商（如雅虎）存储的内容以及服务提供商关于个人的记录隐私（例如你的姓名、计费记录和IP地址）。最后，ECPA要求法律机构在监控你的通信之前需获得法院的命令。然而，ECPA是在互联网普及和谷歌等科技公司问世之前通过的，因此不适用于电子邮件以及通过脸书、推特和照片墙发送信息等数字通信方式。因此，正如我们上面所讨论的，许多关于法律机构在线监视你的合法性都因《美国爱国者法案》而变得容易了。

这场诉讼也是为了维护企业在客户基础方面的合法性。企业的部分合法性来自于它是否遵守国家的规章制度。然而，我们也会根据企业所代表的社会价值来评估其合法性。企业通过确保客户对自身的正面评价来维持自己的合法性。让我们进一步揭示企业合法性的定义。首先，为了合法，企业必须遵守规范它们的法律。当我们发现一家企业在某种程度上违反了美国法律时，我们会感到不安，并撤回对他们的支持和资金。这种情况最近发生在石油巨头英国石油公司身上。2010年，英国石油公司的一个钻井平台"深水地平线"在墨西哥湾爆炸沉没，造成11名工人死亡，导致美国历史上最严重的石油泄漏。海底石油喷涌了87天，向海洋中倾倒了2.1亿加仑的石油。美国政府的一项调查发现，油井故障和重大疏忽是造成泄漏的原因。换句话说，英国石油公司违反了多项安全和劳动法规。英国石油公司被判犯有11

3. 老大哥在监视我们吗？

boycott polluters

图 3.3 英国石油公司"文化困境"标识

资料来源：Eric Hunsaker on Flickr，CC BY 2.0

项过失杀人罪，两项行为不端罪，一项向国会撒谎的重罪。英国石油公司同意接受联邦政府的监督，并支付 45 亿美元的罚款，并向因漏油事件而生计受损的美国人（如渔民和当地企业）支付赔偿金。毫不奇怪，美国民众对英国石油公司不满。民众在德克萨斯州休斯顿的英国石油公司总部前游行抗议；并利用脸书组织消费者抵制的活动。民众污损并重新制作了英国石油公司的标志，将其改为"抵制污染者"（见图3.4）。英国石油公司的销售额直线下降。

第二点相关的是，企业必须代表消费者的某些价值观。我们期望企业回馈（或至少关心）他们所在的社会。这就是为什么大多数企业都有一个社会责任计划，详细说明企业如何使用部分利润来解决我们普遍关心的问题，如健康的社区和环境。包括GAP（服装企业）和可口可乐在内的许多公司都强调了他们为使业务更具可持续性所做的努力。例如，GAP在广告中说，该公司正在致力于减少气候排放，使用优质原材料，如采用有机棉生产服装，并与道德贸易倡议组织（Ethical Trading Initiative）等合作，以改善其供应链中的劳动条件。这些可持续发展项目的目的是促进企业更好地开展业务和盈利，同时有效保护环境、自然资源和企业员工。

那么这跟微软的官司有什么关系呢？微软希望通过向公众表明其关心公众受宪法保护的权利来维护企业的合法性。你可以从布拉德·史密斯（Brad Smith）下面的声明中看出这一点。2013年12月4日斯诺登曝光美国国家安全局监控项目后，这份声明发布在微软官方博客上。史密斯显然把微软定位为美国公民自由和法律机构（以及更广泛的美国政府）的捍卫者，认为它威胁着我们的隐私权。他指出：

> 我们的许多客户都很担心政府对互联网的监管。我们理解他们的担心。正因为如此，我们正采取措施确保政府使用法律

3. 老大哥在监视我们吗?

程序而不是技术暴力来访问客户数据。同许多其他国家一样，我们尤其感到震惊的是，最近报界指控一些政府采取更广泛而一致的手段来规避在线安全措施，在我们看来，法律程序和保护是为了秘密收集客户的私人数据。特别是，最近的新闻报道指控政府在没有搜查令或法律传票的情况下，拦截和收集在客户和服务器之间或在行业内企业数据中心之间传输的客户数据。如果这是真的，这些行为可能严重破坏人们对在线通信安全和保护隐私的信心。事实上，与复杂的恶意软件和网络攻击一样，政府的监听现在可能构成一种"高级持续威胁"。鉴于这些指控，我们决定在三个方面立即采取协调行动：

- 我们正在扩展加密服务。
- 我们正在加强对客户数据的法律保护。
- 我们正在增强软件代码的透明度，使客户更放心，我们的产品没有后门。

请注意，史密斯将政府的窥探行为比作"复杂的恶意软件和网络攻击"，并暗示微软正在努力保障其客户的"法律保护"。该帖子明确表示，这是一项自愿的努力，旨在保护美国消费者的隐私权。

然而，微软针对政府的行动也转移了消费者的注意力，让他们忽视了微软向其他企业出售数据挖掘工具以及挖掘自己用户数据的事实。数据挖掘指的是搜索大量数据存储以发现其中的趋势和模式的行为。企业从事数据挖掘，这样他们就可以预测销售，创建购买和使用其产品者的档案，并找到推销产品的最佳方法——以及许多其他事项。在微软提起诉讼之前的那个夏天，新操作系统 Windows 10 因收集大量用户数据而受到抨击，随后这些数据被用于信息挖掘。根据微软隐私政策，微软可以：

> 访问、披露和保存私人数据，包括用户电子邮件的内容、其他私人通信或私人文件夹，当其认为这样做是为了：1.遵守适用的法律或响应有效的法律程序，包括来自执法部门或其他政府机构；2.保护其客户，如防止滥发垃圾邮件或试图欺骗使用服务的用户，或防止任何生命损失或严重伤害；3.运作及维护当地服务的安全，包括防止或阻止对当地电脑系统或网络的攻击；或 4.保护微软的权利或财产，包括执行管理使用服务的条款——但如果了解到有用户试图使用其服务传输所窃取的微软知识产权或物理财产，微软将不亲自检查用户的私人内容，但可将其提交执法部门（摘自 BGR 网页）。

你可以想象，一些 Windows 10 用户非常愤怒，指责微软在长达 12000 字的服务协议中隐藏了数据收集和挖掘信息。对微软行为的愤怒在 2016 年 1 月增长并达到了狂热的程度，就在这起诉讼的几个月前，当时 Windows 和设备集团副总裁优素福·迈赫迪（Yusuf Mehdi）分享了公司的一些重要数据，其中包括用户使用包括 Xbox One 在内的微软设备的时间。当然，微软并不是唯一一家使用数据挖掘的企业。推特拥有 Dataminr 公司约 5% 的股权，为该公司提供实时访问公开推文的权限。这些推文被用于趋势挖掘和提供相关信息，然后出售给各类企业（包括报纸、对冲基金和投资银行），为日常决策提供参考。同样，谷歌向学校免费提供教育应用程序（称为谷歌教育应用程序），

3. 老大哥在监视我们吗?

并从学生的电子邮件中挖掘个人信息,用于产生广告收入。

你可以看到,企业对个人隐私权采取强硬立场的部分原因是,他们希望分散消费者对自己的数据挖掘活动的注意力,并维护他们在消费者中的合法性。企业行为的合法性越来越重要,因为消费者越来越不愿意用自己的数据换取折扣和免费赠品。约瑟夫·图罗(Joseph Turow)和他的同事在 2015 年进行的一项调查发现:

- 91% 的受访者不同意(其中 77% 的受访者强烈反对)以下观点:"如果公司给我折扣的话,他们在我知情的情况下收集我的信息是一种公平的交换。"
- 71% 的受访者不同意(其中 53% 的受访者强烈反对)以下观点:"在线商店或实体店监控我在网上行为是公平的,以此换取我免费使用商店的无线互联网或 Wi-Fi。"
- 55% 的受访者不同意(38% 的受访者强烈反对)以下观点:"如果我购物的商店利用它拥有的关于我的信息来创建一个关于我的画像,从而改善为我提供的服务,这是允许的。"

简而言之,我们越来越不容忍利用我们的数据换取产品和服务折扣。

法律机构和企业之间争夺权威的斗争有趣之处在于,它们有时会为同样的数据挖掘公司提供创业资金。上面提到的 Dataminr 就是一个很好的例子。2016 年 4 月,在线杂志"the Intercept"报道称,美国中央情报局(CIA)有一家风险投资公司,投资于高风险业务,名为 In-Q-Tel。这家风险投资公司一直投资于调查和挖掘推特等社交媒体平台的业务。In-Q-Tel 和 CIA 之所以对 Dataminr 感兴趣，是因为它可以识别来自推特和其他公共来源实时数据的模式和趋势。如果你浏览 Dataminr 网站，你会发现网站使用了各种数据源，包括位置数据、财务数据、新闻线索、推文甚至维基百科来识别突发新闻、真实事件、隐匿观点以及新兴趋势，并将其销售给新闻领域、公共部门和金融领域的企业。

In-Q-Tel 还投资了一些制造定位工具的公司。例如，In-Q-Tel 投资了 Geofeedia 公司，该公司允许用户（包括部分警察部门）使用工具在感兴趣的区域周围画出边界。Geofeeddia 可以显示来自推特、脸书、照片墙、优途、Flickr、Picasa 和 Viddy 等社交媒体的所有带有地理标签的帖子，用户可以将社交内容组织成时间轴，实时监控多个地点。一般情况下，用户会凸显感兴趣的某些地理区域，关注该区域所有带有地理标签的社交帖子。用户可以选择按日期和时间组织帖子，并关注新帖子的发布。

CIA 的风险投资公司 In-Q-Tel 并不是 Dataminr 这样企业的唯一支持者。推特也投资了 Dataminr，实际上推特拥有该公司 5% 的股份。虽然从数额的角度来说，这不是一个巨大的股份，但 Dataminr 是唯一一家能够完全访问推特实时数据并获准出售这些数据的外部公司。如果不能访问所有推特原始数据（被称为 Twitter firehose），Dataminr 就会崩溃。然而 Dataminr 最近发现自己处于一个尴尬的境地。推特利用其影响力迫使 Dataminr 停止将数据出售给需要这些数据用于监控目的的法律机构。这一切都到了紧要关头，因为 Dataminr 为美国情报机构创建了一个用于监视目的的免费试运行项目。2015 年 9 月，免费程序的合同到期，Dataminr 正努力将该程序转换为付费合同。2016 年 5

月，推特使用合同中的否决权条款阻止该公司这么做。推特的一位发言人告诉《连线》杂志（Wired），"Dataminr 使用公共推文向道琼斯等媒体机构和世界卫生组织等政府机构出售突发新闻简讯，用于非监视目的。我们从未授权 Dataminr 或任何第三方将数据出售给政府或情报机构用于监视目的。这是推特长期以来的政策，并不是什么新的取向。"

权威性是关于如何使用 Dataminr 的争论中心。法律机构希望将 Dataminr 用于广泛的监视目的，鉴于《美国爱国者法案》，他们相信自己有权这么做。以下是两个直接的例子，说明法律机构是如何使用 Dataminr 进行监控的。2013 年，波士顿马拉松赛（Boston Marathon）发生爆炸，造成 3 人死亡，260 人受伤。事发后，当地执法部门使用 Dataminr 试图确保这项每年吸引数千人参加的赛事不再受到袭击。联邦调查局和警察部门也使用 Dataminr 来监控那些活跃分子和社会变革团体（如"黑人的命也是命"），后者使用推特讨论政治问题和组织问题。但使用 Dataminr 进行监视与推特的目标背道而驰，推特的目标是让人们可以"即时无障碍地创造和分享想法和信息"。换句话说，推特将自己视为民主和言论自由的平台。人们可以就一个话题表达自己的想法，甚至组织起来影响改变。如果推特故意让法律机构使用它的 Firehose（数据流分析）进行监视，人们可能会放弃使用推特。简而言之，推特正试图维持其企业的合法性。

总之，新媒体和数字工具的使用方式会使法律机构和企业彼此对立。法律机构需要企业的合作和遵守，以便监督他们认为威胁国家安全的个人或团体。企业可以遵守或质疑法律机构的权威。如果企业认为其与公众之间的合法性受到威胁，他们很可能会挑战法律机构的权威。考虑到美国围绕监控的争论，一些企业决定公开质疑个人信息的涉密请求就不足为奇了，比如微软的案件；或者拒绝法律机构访问其数据，比如推特。

案例研究：企业与数据监控

当你走过杂货店走道时，你有没有感觉自己被看不见的眼睛注视着？某种程度上说，你正受到监视。杂货店正在监控你买什么以及多久买一次。这被称为数据监控，指的是通过我们的通信设备在线监控我们的行为。许多企业从事数据监控。

让我们以迪士尼的魔法王国为例。迪士尼通过多种不同的方式监控你的行为。比如迪士尼在公园里大量使用摄像机和便衣保安。这种监视已经存在很长时间了。如果你在园内下载了迪士尼的应用程序或浏览了"我的迪士尼体验"网站，迪士尼就会通过这种方式跟踪你的足迹。如果你戴上"MyMagic+"腕带，迪士尼就能知道你到底在做什么。当你在小吃摊买零食、购买下一趟旅行的预售票或在某个度假村放松身心时，迪士尼也可以知道。迪士尼甚至在公园里使用了生物识别技术，即测量我们的部分生物数据。当你刷卡进入迪士尼乐园时，它们会扫描你的指纹来验证你的身份。

当你离开公园时，数据监视也不会结束。与我们下载的许多应用程序（包括航空公司和酒店应用程序）一样，这款迪士尼应用程序会在我们旅行结束后很长时间内继续工作。事实上，如果你不完全关闭很多应用程序，他们会跟踪你的位置。然后企业出售这些数据以获取利润。

3. 老大哥在监视我们吗？

请听《新鲜的风（Fresh Air）》一档名为"过道有眼"的节目，它警告实体店使用各种方式监视着你。下面讨论以下内容：

- 为什么我们要赋予企业这么多权力？求方便吗？还是无知？或有别的缘由？
- 当企业买卖数据时，消费者应该得到补偿吗？如果是，如何做？
- 有哪些类型的数据企业不应该收集？是什么？

案例研究：苹果对抗FBI

2015年12月2日，赛耶德·法鲁克（Syed Rizwan Farook）和塔什芬妮·马利克（Tashfeen Malik）闯入加州圣贝纳迪诺的内陆地区中心开枪，造成14人死亡，22人受伤。枪战发生后的第二天，FBI搜查了这对夫妇的联排别墅，发现了一部手机。由于这对夫妇在枪战中丧生，FBI无法得到法鲁克的密码——手机设定在十次猜错后自动删除信息。FBI向法鲁克手机的制造商苹果公司寻求帮助。FBI希望苹果公司"诱导"法鲁克的手机更新程序，该程序将关闭10次猜错的触发，这样FBI将能够破解法鲁克的密码。苹果给了FBI一些建议，但拒绝破解法鲁克手机获取数据的要求。

于是FBI获得了一份法院命令，要求苹果公司侵入法鲁克的手机。苹果再次拒绝了。苹果首席执行官蒂姆·库克（Tim Cook）表示，该公司担心FBI也会利用这个解决方案访问其他iphone，这显然是对个人隐私的侵犯。苹果还对联邦调查局用来获得法院命令的《所有令状法案》（All Writs Act）提出了异议。《所有令状法案》允许联邦法院发布"所有必要或适当的令状，以帮助其各自的司法管辖权，并同意法律的用法和原则。"苹果公司认为，强迫该公司编写、测试、调试、部署和记录入侵法鲁克手机所需的软件是一种沉重的负担，且超出了《所有令状法案》的范围。很多其他公司都同意苹果的观点。AT&T、Airbnb、易贝（eBay）、Kickstarter、领英（LinkedIn）、红迪网（Reddit）、Square、推特、Cisco、Snapchat、亚马逊（Amazon）、脸书、谷歌和微软都公开支持苹果的立场。

辩论时间到！

分成小组（三到五个人），提出支持或反对以下主张的论点：法律机构有权监督我们的通信情况，以防止恐怖主义并获得实施恐怖主义行为者的设备。在你选择了一方立场之后，至少拿出三个可靠的证据来解释为什么你的立场是正确的。你要预测你的对手的论点，并且很好地反驳！但不允许人身攻击。

徜徉数字世界：应对监控

我们生活在数字化的世界里，实际也参与了对自己的监控。每当我们通过照片墙和 Snapchat（照片分享平台）分享照片，或上传照片到 Flickr 或 Picasa 时，我们就提供了大量关于我们自己的数据。照片通常包含或带有标签信息，包括地点、时间和拍摄方式，更不用说照片里的人物了。如果你想想 Flickr 等网站上的照片，你甚至可以获得有关拍摄照片的相机及其设置信息。我们也喜欢使用社交媒体网站，如脸书和照片墙，来"登到"我们的位置，让我们的朋友和家人知道我们在哪里，我们在做什么。然而，正如我们在本章中学到的，我们的朋友和家人并不是唯一关注我们在哪里和我们在做什么的人。

3. 老大哥在监视我们吗？

选择退出新媒体是非常困难的。正如在引言中所了解到的，人们使用新媒体进行一系列活动，包括购物、与朋友保持联系、去银行、工作和学校。新媒体使我们的生活变得更加轻松和愉快。然而，你也可以做些什么来减少你所提供的关于你自己的信息。首先，你可以在设备安装新软件之前阅读最终用户许可协议（EULA），并在设置社交媒体账户之前仔细阅读条款和条件。诚然，这样做并非易事。众所周知，这些协议很长。洛丽·费斯·克拉诺（Lorrie Faith Cranor）和艾丽西亚·麦当娜（Aleecia McDonald）在 2008 年进行的一项研究发现，网站上隐私政策的平均篇幅是 2215 字。苹果的 EULA 要长得多，大约 1.2 万字或 50 多页长。上文讨论过的 Windows 的 EULA 同样长。协议中也充斥着法律语言，很容易被跳过。几乎总有一个写着"我同意"的按钮你可以点击，而我们大多数人都会不假思索地点击这个按钮。杰夫·索罗（Jeff Sauro）分析了 2500 人花费多少时间阅读 EULA 后发现，平均每个年龄段的用户在点击"我同意"之前只在页面上花了 6 秒钟。

第二种更简单的方法是，找到值得信赖的组织，为你分析和总结这些协议。电子前沿基金会（Electronic Frontier Foundation, EFF）等非营利组织致力于保护数字世界中人们的公民自由，他们对企业及其隐私协议进行研究和报告。你可以看到电子前沿基金会 2017 年年度报告的概要，标题是"谁在支持你？"，摘要介绍了几家公司的隐私政策，并特别介绍了哪些公司有支持用户的政策，向用户披露他们的数据保留政策，以及披露政府要求数据或删除内容的要求（表 3.1）。你可以看到 Adobe、Dropbox、Pinterest、WordPress 和 Uber 等公司在这五项指标上都做得很好。其他公司，如 AT&T、Verizon、亚马逊、

T-Mobile 和 WhatsApp 的表现则相当糟糕。使用这些信息，我们可以决定是否更换供应商或取消我们的账户。另外，我们也可以参考诸如 *Intercept*、*Wired*、*PC World* 和 *Technology Review* 等媒体，了解我们使用的程序（如 Siri、Cortana 和 S Voice）向第三方传输和存储什么信息。

表 3.1 电子前沿基金会的"谁在支持你"评级

谁在支持你					
保护你的数据不受政府请求影响					
	遵循行业最佳实践	告知用户政府数据请求	承诺不把用户卖光	遵守 NSL Gag 订单	亲用户公共政策
Adobe	√	√	√	√	√
airbnb	√			√	√
Amazon.com	√				√
Apple	√	√	√	√	
AT&T	√				
Comcast	√				
Credo Mobile	√	√	√	√	√
Dropbox	√	√	√	√	√
Facebook	√	√	√		√
Google	√	√	√		√
LinkedIn	√	√	√		√
Lyft	√	√	√	√	√
Microsoft	√	√	√		√
Pinterest	√	√		√	√
Slack	√		√	√	√
Snap Inc.	√		√		√
Sonic	√	√	√	√	√
T Mobile	√				
Tumblr	√	√			√
Twitter	√		√		√

续表

谁在支持你					
保护你的数据不受政府请求影响					
	遵循行业最佳实践	告知用户政府数据请求	承诺不把用户卖光	遵守 NSL Gag 订单	亲用户公共政策
Uber	√	√	√	√	√
Verizon	√				
WhatsApp	√				√
Wickr	√	√	√	√	√
WordPress.com	√	√	√	√	
Yahoo!	√	√	√		√

你可以隐藏你的浏览数据。你搜索和点击的内容可能被用来创建一个关于你是谁以及你喜欢什么的档案。如果你上过脸书，你就会发现广告是根据你的浏览习惯而针对你的。一个相当简单的掩盖浏览习惯的方法是使用虚拟专用网络（VPN）。通常，当我们上网时，我们的电脑通过互联网服务提供商（ISP）访问万维网，我们会被导航到某个网站。如果我们仔细观察，就会发现这种联系。而 VPN 在我们和我们要连接的网站之间放置了一个中介服务器。因此，如果有人试图窥伺，只能看到从 VPN 服务器到另一端站点的连接。VPN 会隐藏你的身份。你甚至可以下载一个 TOR 浏览器，它会在连接到一个网站之前将你的连接分配到三个不同的服务器上。正如你可以想象的那样，任何人都很难使用 TOR 来监控你的浏览数据。如果这听起来太难，你可以在你的浏览器上安装一个扩展程序，使你能够发现哪些公司在跟踪你。例如，扩展程序 Ghostery 可以让你更好地控制所访问网站上的广告和跟踪数据，并匿名化你的个人数据。如果你只是想在社交媒体上花钱找点乐子，那就找一些免费的扩展程序，比如 Go Rando，

它会自动平衡你在脸书上的情绪表达，以迷惑公司的算法。随着时间的推移，Go Rando 让你看起来似乎拥有完美均衡的观点，这使得你的数据更难以被解释。使用 VPN 和 TOR 可能会在未来几年变得越来越流行，特别是自从国会 2017 年 3 月投票取消对 ISP 跟踪、交互和出售我们数据的监管后。

结论

我们首先讨论了数字时代的监控。我们了解到法律机构或负责执法和保护民众的组织利用新媒体监视美国公民的数字流量。法律执行者或为法律机构工作和代表法律机构的人认为，这是国家安全所必需的。然而，这并不是美国人普遍接受的。大约一半的被调查公民认为法律机构越权了。为了解释这些关于权威的争论，社会学家认为法律是活的。法律机构之所以保持其法理权威，部分原因在于我们遵守的法律更广泛地符合社会价值观。新媒体对这一权威提出质疑。

然后探讨了民众如何直接挑战权威。本文讨论了 2004 年共和党全国代表大会期间市民挑战警察执法行为的三种不同方式。首先，那些被错误逮捕的人通知"民主在此刻！"（*Democracy Now!*）的新闻节目报道 57 号码头的情况。其次，市民们利用新媒体来宣传大会期间的警察策略。最后，与此相关的是，律师们利用这些视频对纽约市警察局提起诉讼，最终胜诉。当然，美国人意识到法律执行者可以在他们不知情的情况下在线和线下观察他们的行为。例如，美国穆斯林知道他们受到了法律执行者的监视，并且不在网上表达愤怒，因为担心他们的愤怒可能被误解为恐怖主义的威胁。

尽管《美国爱国者法案》等立法赋予了法律机构更多的权力来监视我们在数字时代的活动，但他们并不是唯一想要控制我们数据的机构。为我们提供日常使用的程序、平台和技术的企业也想获得访问我们数据的权限。事实上，企业在争夺这一合法性，并希望我们积极地看待他们。要做到这一点，企业必须让我们相信，尽管他们收集、存储，有时还分享我们的数据，但他们在捍卫个人隐私的斗争中是善意的。我们可以看到，微软和推特之间的争论正在戏剧性地展开。法律机构和企业之间的拉锯战相当复杂。有时，企业和法律机构会向同一家公司投资。Dataminr 就是一个很好的例子。CIA 和推特都对 Dataminr 的未来有经济利益的考量，但在如何使用推特的数据上存在分歧。这些问题不太可能很快得到解决。正如我们在前述所看到的，关于法律机构可以做什么，企业可以做什么，以及隐私问题如何适应两者之间的关系的现有法律是模糊的。

章节链接

Bicchierai-Franceschi, Lorenzo. 2013. "See How PRISM May Work—in This Infographic." *Mashable*. Last modified June 14, 2013. http://www.mashable.com.

Larson, Jeff, Surya Mattu, Lauren Kirchner, and Julia Angwin. 2016. "How We Analyzed the COMPAS Recidivism Algorithm." *ProPublica*. Last modified May 23, 2016. https://www.propublica.org.

"Egyptian Locations of Interest Report." 2006. *Associated Press*. Last modified July 7, 2006. http://www.ap.org.

"Cop Flips Black Student in Her Desk." 2015. YouTube. Last modified October 27, 2015. http://www.youtube.com.

"How It Works: Police Body Cameras." 2014. YouTube. Last modified August 27, 2014. http://www.youtube.com.

"Knife Attack against a Police Officer Caught on Body Camera." 2015. YouTube. Last modified April 24, 2015. http://www.youtube.com.

Smith, Brad. 2016. "Keeping Secrecy the Exception, Not the Rule: An Issue for Both Consumers and Businesses." Microsoft. Last modified April 14, 2016. http://www.blogs.microsoft.com.

Meisner, Jeffrey. 2013. "Protecting Customer Data from Government Snooping."

Microsoft. Last modified December 4, 2013. http://www.blogs.microsoft.com.

Epstein, Zach. 2015. "Windows 10 is Spying on Almost Everything You Do—Here's How to Opt Out." BGR. Last modified July 31, 2015. http://www.bgr.com.

Turow, Joseph, Michael Hennessy, and Nora Draper. 2015. "The Tradeoff Fallacy: How Marketers Are Misrepresenting American Consumers and Opening Them Up to Exploitation." Annenberg School for Communication, June 2015. http://www.asc.upenn.edu.

Gross, Terry. 2017. "The Aisles Have Eyes Warns That Brick-And-Mortar Stores Are Watching You." *Fresh Air*. Last modified February 13, 2017. http://www.npr.org.

Fang, Lee. 2016. "The CIA Is Investing in Firms That Mine Your

Tweets and Instagram Photos." *Intercept*. Last modified April 14, 2016. http://www.theintercept.com.

Barrett, Brian. 2016. "Twitter May Have Cut Spy Agencies Off from Its Flood of Data." *Wired*. Last modified May 9, 2016. http://www.wired.com.

Reitman, Rainey. 2017. "Who Has Your Back? Government Data Requests 2017." Electronic Frontier Foundation. Last modified July 10, 2017. http://www.eff.org.

章节回顾问题

1. 新媒体如何改变法律机构和法律执行者进行监视的方式？
2. 当我们说"法律是活的"意味着什么？
3. 超级全景监狱的隐喻是好的还是太简单？为什么？
4. 法律机构如何维护其权威？这与企业有何相似之处和不同之处？
5. 什么是《美国爱国者法案》，为什么关于监视问题的辩论如此重要？

了解更多信息

Albright, Dann. 2015. "Avoiding Internet Surveillance: The Complete Guide." MakeUseOf. Last modified January 25, 2015. http://www.makeuseof.com.

Apuzzo, Matt, and Joseph Goldstein. 2014. "New York Drops Unit That Spied on Muslims." *New York Times*. Last modified April 15, 2014. http://www.nytimes .com.

Ball, James. 2013. "NSA's Prism Surveillance Program: How It Works and What It Can Do." *Guardian*. Last modified June 8, 2013. http://www.theguardian.com.

Belter, Cassandra. 2014. "Unconventional Arrests." Reporters Committee: For Freedom of the Press. http://www.rcfp.org.

Cole, David. 2015. "We've Used Racial and Ethnic Profiling for Centuries, and It Hasn't Worked Yet." *Nation*. Last modified November 25, 2015. http://www.thenation.com.

Conger, Kate, and Ingrid Lunden. 2016. "Dataminr Was in an Unpaid Pilot with Intel Agencies when Twitter Ended the Deal." *TechCrunch*. Last modified May 9, 2016. http://www.techcrunch.com.

Creating Law Enforcement Accountability & Responsibility (CLEAR). 2013. "Mapping Muslims: NYPD Spying and Its Impact on American Muslims." City University of New York School of Law. Last modified March 11, 2013. http://www.law.cuny.edu.

Friedersdorf, Conor. 2013. "The Horrifying Effects of NYPD Ethnic Profiling on Innocent Muslim Americans." *Atlantic*. Last modified March 28, 2013. http://www.theatlantic.com.

Greenwald, Glenn. 2013. "XKeyscore: NSA Tool Collects 'Nearly Everything a User Does on the Internet.' " *Guardian*. Last modified July 31, 2013. http://www.theguardian.com.

Grossman, Lev. 2016. "Inside Apple CEO Tim Cook's Fight with the FBI." *Time*. Last modified March 17, 2016. http://www.time.com.

Hatmaker, Taylor. 2017. "Congress Just Voted to Let Internet Providers Sell Your Browsing History." *TechCrunch*. Last modified March 28, 2017. http://www.techcrunch.com.

"Highlights of AP's Pulitzer Prize-Winning Probe into NYPD Intelligence Operation." *Associated Press*. Retrieved July 2017. http://www.ap.org.

"Human Rights after September 11." 2002. International Council on Human Rights Policy. http://www.ichrp.org.

Jouvenal, Justin. 2016. "The New Way Police Are Surveilling You: Calculating Your Threat 'Score.'" *Washington Post*. Last modified January 10, 2016. http://www.washingtonpost.com.

Kalir, Erez, and Elliot E. Maxwell. 2002. "Rethinking Boundaries in Cyberspace: A Report of the Aspen Institute Internet Policy Project." Aspen Institute. http://www.assets.aspeninstitute.org.

Khazan, Olga. 2013. "Actually, Most Countries Are Increasingly Spying on Their Citizens, the UN Says." *Atlantic*. Last modified June 6, 2013. http://www.theatlantic.com.

Lee, David. 2016. "Microsoft Sues US Government over Secret Data Requests." *BBC News*. Last modified April 14, 2016. http://www.bbc.com.

Lee, Micah, Glenn Greenwald, and Morgan Marquis-Boire. 2015. "Behind the Curtain: A Look at the Inner Workings of NSA'S XKEY-

SCORE." *Intercept.* Last modified July 2, 2015, http://www.theintercept.com.

Madrigal, Alexis C. 2012. "Reading the Privacy Policies You Encounter in a Year Would Take 7 Work Days." *Atlantic.* Last modified March 1, 2012. http://www.theatlantic.com.

Marquis-Boire, Morgan, Glenn Greenwald, and Micah Lee. 2015. "XKEYSCORE: NSA's Google for the World's Private Communications." *Intercept.* Last modified July 1, 2015. http://www.theintercept.com.

"Mayor Bloomberg Defends NYPD Anti-terror Surveillance." 2011. *CBS New York.* Last modified September 8, 2011. http://www.newyork.cbslocal.com.

"Report: Rights and Wrongs at the RNC (2005)." 2005. New York Civil Liberties Union. http://www.nyclu.org.

Rogers, Josh. 2004. "Photographers Describe Picture of Rough Treatment." *Villager.* Last modified September 8–14, 2004. http://www.thevillager.com.

Sauro, Jeff. 2011. "Do Users Read License Agreements?" MeasuringU. Last modified January 11, 2011. http://www.measuringu.com.

Schneier, Bruce. 2013. "The Battle for Power on the Internet." *Atlantic.* Last modified October 24, 2013. http://www.theatlantic.com.

"Top Ten Abuses of Power since 9/11." n.d. American Civil Liberties Union. Retrieved July 2017. http://www.aclu.org.

"Tor." n.d. TorProject. Retrieved July 2017. http://www.torproject.org/.

"Violation Tracker." n.d. Good Jobs First. Retrieved July 2017. http://www.goodjobsfirst.org.

Waddell, Kaveh. 2016. "How Big Data Harms Poor Communities." *Atlantic*. Last modified April 8, 2016. http://www.theatlantic.com.

Weiser, Benjamin. 2014. "New York City to Pay $18 Million over Convention Arrests." New York Times. Last modified January 15, 2014. http://www.nytimes.com.

视频和电影

"Bratton: NYPD Muslim Monitoring Program Never Accomplished Anything." 2015. *CBS New York*. Last modified November 19, 2015. http://www.newyork.cbslocal.com.

Brown, Heather. 2015. "Good Question: What Are Our Social Media Privacy Rights?" *CBS Minnesota*. Last modified September 29, 2015. http://www.minnesota.cbslocal.com.

"Clock Runs Down for Patriot Act Surveillance Programs." 2015. *CBS News*. Last modified May 31, 2015. http://www.cbsnews.com.

"Guantanamo on the Hudson: Detained RNC Protesters Describe Prison Conditions." 2004. Democracy Now! Last modified September 2, 2004. http://www.democracynow.org.

Husband, Andrew. 2015. "Funny or Die Sketch Offers 'Perfect Phone for Filming Police Brutality.'" *Mediaite*. Last modified October 1, 2015. http://www.mediaite.com.

Johnson, Kevin. 2013. "NSA Director: Surveillance Foiled 50 Terror Plots." *USA Today*. Last modified June 18, 2013. http://www.usatoday.com.

Klausner, Alexandra, Ollie Gillman, and J. Taylor. 2015. "'I Want Surveillance of Certain Mosques, OK?': Fans Cheer in Alabama as Trump Continues His Support for a Muslim Database Despite Thousands Protesting Worldwide." *Daily Mail*. Last modified November 21, 2015. http://www.dailymail.co.uk.

Lyon, David. 2013. "Social Media Surveillance: Who is Doing It?" *TEDxQueensU*. Last modified April 27, 2013. http://www.youtube.com/watch?v=_hX1r2Tbv5g.

Macaskill, Ewen, and Gabriel Dance. 2013. "NSA Files: Decoded: What the Revelations Mean for You." *Guardian*. Last modified November 1, 2013. http://www.theguardian.com.

Mayer, Andre, and Michael Pereira. 2014. "Digital Surveillance: How You're Being Tracked Every Day." *CBC News*. Last modified March 7, 2014. http://www.cbc.ca.

"Obama: Surveillance of Muslims 'Makes No Sense.'" 2016. *USA Today*. Last modified March 23, 2016. http://www.usatoday.com.

Oliver, John. 2015. "Government Surveillance: Last Week Tonight with John Oliver (HBO)." *Last Week Tonight*. Last modified April 5, 2015. http://www.youtube.com.

"Paul, Rubio Spar over Surveillance, Data Collection." 2015. *CNN*. Last modified December 16, 2015. http://www.cnn.com.

Poitras, Laura, and Glenn Greenwald. 2013. "NSA Whistleblower Edward Snowden: I Don't Want to Live in a Society That Does These Sort of Things.'" *Guardian*. Last modified June 9, 2013. http://www.theguardian.com.

Roberts, Dan. 2013. "FBI Admits to Using Surveillance Drones over US Soil." *Guardian*. Last modified June 19, 2013. http://www.theguardian.com.

Scriberia, Scott Cawley, Jemima Kiss, Paul Boyd, and James Ball. 2013. "The NSA and Surveillance...Made Simple—Video Animation." *Guardian*. Last modified November 26, 2013. http://www.theguardian.com.

本章参考

Baruh, Lemi, and Mihaela Popescu. 2017. "Big Data Analytics and the Limits of Privacy Self-Management." *New Media & Society* 19 (4): 579–96.

Bauman, Zygmunt, Didier Bigo, Paulo Esteves, Elspeth Guild, Vivienne Jabri, David Lyon, and R. B. J. Walker. 2014. "After Snowden: Rethinking the Impact of Surveillance." *International Political Sociology* 8 (2): 121–44.

Bulger, Monica, Patrick Burton, Brian O'Neill, and Elisabeth Staksrud. 2017. "Where Policy and Practice Collide: Comparing United States, South African and European Union Approaches to Protecting

Children Online." *New Media & Society* 19 (5): 750–64.

Choudhury, Tufyal, and Helen Fenwick. 2011. "The Impact of Counter-Terrorism Measures on Muslim Communities." *International Review of Law, Computers & Technology* 25 (3): 151–81.

Cunningham, David. 2004. *There's Something Happening Here: The New Left, the Klan, and FBI Counterintelligence*. Los Angeles: University of California Press.

Earl, Jennifer. 2009. "Information Access and Protest Policing Post-9/11: Studying the Policing of the 2004 Republican National Convention." *American Behavioral Scientist* 53 (1): 44–60.

Fuchs, Christian, Kees Boersma, Anders Albrechtslund, and Marisol Sandoval. 2013. *Internet and Surveillance: The Challenges of Web 2.0 and Social Media*. New York: Routledge.

Gangadharan, Seeta Peña. 2017. "The Downside of Digital Inclusion: Expectations and Experiences of Privacy and Surveillance among Marginal Internet Users." *New Media & Society* 19 (4): 597–615.

Koskela, Hille, and Liisa A. Mäkinen. 2016. "Ludic Encounters—Understanding Surveillance through Game Metaphors." *Information, Communication & Society* 19 (11): 1523–38.

Lupton, Deborah, and Ben Williamson. 2017. "The Datafied Child: The Dataveillance of Children and Implications for Their Rights." *New Media & Society* 19 (5): 1–15. https://doi.org/10.1177/1461444816686328.

Lyon, David. 2015. *Surveillance after Snowden*. Malden, MA: Polity Press.

MacKinnon, Rebecca. 2013. *Consent of the Networked: The Worldwide Struggle for Internet Freedom*. New York: Basic Books.

Marwick, Alice, and Danah Boyd. 2014. "Networked Privacy: How Teenagers Negotiate Context in Social Media." *New Media & Society* 16 (7): 1051–67.

Schildkraut, Deborah. 2002. "The More Things Change... American Identity and Mass and Elite Responses to 9/11." *Political Psychology* 23 (3): 511–55.

———. 2009. "The Dynamics of Public Opinion on Ethnic Profiling after 9/11: Results from a Survey Experiment." *American Behavioral Scientist* 53 (1): 61–79.

Spalek, Basia, and Bob Lambert. 2007. "Muslim Communities under Surveillance." *Criminal Justice Matters* 68 (1): 12–13.

Staples, William. 2013. *Everyday Surveillance: Vigilance and Visibility in Postmodern Life*. 2nd ed. Lanham, MD: Rowman & Littlefield.

Tsay-Vogel, Mina, James Shanahan, and Nancy Signorielli. 2016. "Social Media Cultivating Perceptions of Privacy: A 5-Year Analysis of Privacy Attitudes and Self-Disclosure Behaviors among Facebook Users." *New Media & Society* 20 (1): 141–61. https://doi.org/10.1177/1461444816660731.

Wood, David, ed. 2003. "Foucault and Panopticism Revisited." *Surveillance & Society* 1(3): 234–430.

4. 不断变化的工作领域

关键概念

异化（Alienation） 是指个人因为无法控制工作而感到与工作疏远。卡尔·马克思认为工作以及我们驾驭它的能力是我们自我意识的核心。他认为资本主义剥削劳动者并导致异化。

自主性（Autonomy） 是异化的对立面。卡尔·马克思认为，个体真正自主的唯一途径就是控制他们生产什么、如何生产以及如何出售。

泰勒主义（Taylorism） 描述了弗雷德·埃里克·温斯洛·泰勒在19世纪80年代和19世纪90年代发展起来的管理学理论。泰勒分析了工人们如何完成工作以提高效率和生产力。与马克思不同，泰勒不关心工人的经历。

麦当劳化（McDonaldization） 指社会学家乔治·里泽关于如何在现代社会中看待泰勒主义的理论。他的理论强调现代雇主如何越来越依赖技术来提高工人的工作效率和生产力以及消费者体验的可预测性。

你可能已经花了很多时间考虑大学毕业后想做什么样的工作。事实上,你可能已经在网上花了相当多的时间,试图弄清楚当你掀开学位帽上的流苏,进入职场后的生活是什么样子。你可能很少花时间去思考媒体在你求职过程中所扮演的角色。就在 30 年前,求职者还依赖报纸和职业中心来了解新的工作。求职者会买报纸,到分类版面,看看他们是否有资格担任其中所列出的任何职位,然后把他们的求职信寄给未来的雇主。在数字时代,找工作和申请工作要容易得多。有很多网站可以帮助你找工作。CareerBuilder、Job.com 和 Monster 都列出了成千上万的工作,你可以轻松搜索找到一份潜在的工作。例如,凯业必达(CareerBuilder)能让你通过其网站创建个人资料、简历、求职信,并申请工作。如果你不想做所有这些工作,你可以简单地根据职位名称、技能或公司搜索工作,或者按特定的城市或州搜索工作。例如,如果你搜索纽约,就会出现一个包含 2500 多个工作岗位的列表。

新媒体的变化远不止于求职。他们还改变了招聘流程。在互联网出现之前,除了简历中所包含的内容之外,雇主们对求职者知之甚少。诚然,许多雇主对潜在雇员进行了背景调查,以核实简历中提供的信息,但雇主获得的大多数记录已经公开。例如,背景调查通常包括你的驾驶记录、信用记录、犯罪记录、教育记录、军事记录和毒品测试记录。虽然这些记录可以向雇主提供一些关于潜在雇员的有用信息,比如他们是否是好司机还是被判有罪,但它们并不能让雇主了解潜在员工是什么样的人。雇主越来越多地在社交媒体网站上查看潜在雇员。据 CareerBuilder 发布的一篇新闻稿称,2014 年共有 2138 名招聘经理和人力资源专业人士参与了一项调查。43% 的雇主通过社交媒体调查求职者,45% 的雇主使用谷歌等搜索引擎进一步了解潜在员工。正如

4. 不断变化的工作领域

你在表 4.1 中所看到的那样，雇主淘汰求职者的原因有很多，包括以下原因：求职者发布不当照片（46%）；发布饮酒或毒品信息（41%）；对前雇主或同事恶言（36%）；发表与种族、性别、宗教或性有关的歧视性评论（28%）；拥有不专业的用户名称（21%）。当然，雇主也会根据求职者的上网情况为求职者提供一个职位。雇主给应聘者提供工作的条件是：他们对应聘者的个性有很好的感觉并且认为他/她很适合公司（46%）；求职者的网站传达出专业形象（43%），求职者看起来很全面（40%），求职者获得过嘉奖和荣誉（31%），求职者曾与公司社交媒体账户互动（24%）。

表 4.1 CareerBuilder 对招聘经理和人力资源专业人士的调查

淘汰求职者的理由	招聘求职者的理由
求职者	雇主
发布不当照片（46%）	对求职者的个性有很好的感觉，能看到与公司的良好契合度（46%）
发布饮酒或毒品信息（41%）	
对前雇主或同事恶言（36%）	求职者的背景信息证实他们具有胜任该职位的专业资格（45%）
沟通能力差（32%）	
做出歧视性评论（28%）	求职者的网站专业（43%）
学历造假（25%）	求职者全面/表现出广泛兴趣（40%）
泄漏前雇主的保密信息（24%）	求职者具有良好的沟通能力（40%）
参与犯罪行为（22%）	求职者具有创造力（36%）
有不专业的用户名称（21%）	求职者获得过嘉奖和荣誉（31%）
考勤造假（13%）	其他人为求职者写了高质量的推荐信（30%）
	求职者与公司社交媒体账户有过互动（24%）
	求职者拥有大量关注者/订阅者（14%）

一些求职者对潜在雇主在网上调查他们有所不满。他们认为这侵犯了他们的隐私。事实上，许多工作人员和求职者试图保护自己的隐

私,他们只与朋友和家人分享帖子(CareerBuilder 调查的 47% 的人),保持个人资料的隐私(41% 的人),保持职业和个人资料的独立(18% 的人)。州立法机构正在权衡雇主是否可以访问未来和现任员工的社交媒体页面。自 2012 年以来,有 25 个州(见表 4.2)通过了法律,防止雇主"媒体窥探",或要求潜在或现任雇员提供个人互联网账户密码以获得或保住一份工作。

表 4.2 不允许媒体窥探的州列表

阿肯色州	密歇根州	罗德岛州
加利福尼亚州	蒙大拿州	田纳西州
科罗拉多州	内布拉斯加州	犹他州
康涅狄格州	内华达州	佛蒙特州
特拉华州	新罕布什尔州	弗吉尼亚州
伊利诺伊州	新泽西州	华盛顿州
路易斯安那州	新墨西哥州	西弗吉尼亚州
缅因州	俄克拉荷马州	威斯康星州
马里兰州	俄勒冈州	

最后,新媒体极大地改变了我们的工作经历。这可能没有发生在你身上,但电子邮件等新媒体改变了传统工作日的面貌。想想吧。在发邮件和远程办公之前,员工要么在办公室待到很晚,要么一天结束后回家。不管怎样,一旦他们离开办公室,一天的工作基本上都完成了。现在的情况远不是这样。2008 年皮尤互联网与美国生活项目的一份报告显示,50% 的员工把电子邮件作为工作的一部分,周末查看工作邮件,34% 的员工在休假期间查看邮件。事实上,有些公司要求员工检查并回复工作时间外的电子邮件。例如,T-Mobile 要求员工在下

4. 不断变化的工作领域

班时检查并回复与工作相关的电子邮件。不得不在清晨或深夜与顾客打交道的员工有时会争辩说他们应该得到加班工资。采用这种做法的公司并不同意。他们认为这些下班后的电话是他们员工工作的一部分。这些分歧可能导致诉讼。2009年7月，T-Mobile的几名前雇员起诉该公司加班。他们声称T-Mobile迫使他们在下班后用公司提供的手机回复与工作有关的邮件。T-Mobile前雇员并非唯一起诉者。自2008年经济大衰退达到顶峰以来，美国工人越来越多地依据联邦和州的工资和工时法起诉雇主。事实上，2008年至2011年员工诉讼案件增加到32%——比2000年增加了378%。很明显，新媒体颠覆了美国人关于每天工作8小时的观念，我们看到围绕工作场所惯例的争议正在上演。

本章探讨了新媒体如何改变我们对工作的看法以及我们在工作场所的经历。我们首先讨论两个对将工作理解为一种社会制度至关重要的概念：异化和自主性。当我们无法控制自己的工作或工作方式时，我们就会感到异化。相反，当我们能够控制我们的工作和它在市场上的销售方式时，我们就会体验到自主权。然后讨论数字经济中的异化与自主。我们会看到，对于新媒体对工作的影响，个人的感受有很大的不同。个体的异化和自主性不仅因其所从事的工作种类而异，还因其就业状况而异。最后，我们将讨论新媒体对工作场所本身的影响。数字技术给公司和管理者如何完成工作给予了很大的控制权。这有助于公司提升他们的利润，而且让他们很容易培训新员工和替换那些辞职的员工。

异化与自主

异化通常指的是我们在工作中感到孤立或疏远，自主性指的是我们可以控制工作场所和自己生产的产品，关于异化和自主的社会学思想可以追溯到著名的社会科学家卡尔·马克思。他关于资本主义的理论是复杂的，在他的一生中不断变化。在这里，我们只是想了解在资本主义经济中，或者在一个国家的贸易和工业由私人所有者而不是政府控制的经济中，异化和自主性对工人意味着什么。在资本主义经济中，个人相对自由地使用和出售他们的劳动力和财产，不受政府干预。你可能知道，马克思对统治阶级（拥有金钱和权力的人，如公司老板）和被压迫阶级（拥有有限金钱和权力的人，如工人）之间的利益冲突如何塑造经济和社会非常感兴趣。众所周知，马克思主张工人起来推翻资本主义，用共产主义取代它，或者用一种经济体制，让政府控制大部分贸易和工业，分配金钱和资源，他对为什么社会主义更适合工人的理解非常有趣。简而言之，他认为改变经济将使我们获得自由，或使我们更加自主。

这是马克思关于异化和自治的一般性论点：马克思在19世纪40年代开始写关于资本主义的所有文章，他观察到世界被组织成两个群体或社会阶层：在工厂、办公室和农场工作的工人（他称之为无产阶级）和拥有工厂、建筑和工人使用的土地的所有者（他称之为资产阶级）。马克思认为资产阶级是统治阶级，因为他们拥有工人工作所需的所有工具（马克思称之为生产资料）。因为资产阶级拥有生产资料，所以他们自己不必劳动。他们靠雇员的工作为生。如果资产阶级想增加利润，他们只需利用无产阶级的知识和劳动来剥削无产阶级，使自

4. 不断变化的工作领域

己的企业更有利可图。我们认为马克思把资本主义理解为一场争夺资源的战争，并概述了资产阶级如何维持对无产阶级的权力。

这和异化有什么关系？很多。马克思认为，当无产阶级失去对工作的控制时，他们就失去了对生活的控制。其结果是异化或对工作和自我的疏远。让我们用我生活中的一个例子来解释一下。我大学时做过的一份兼职工作是在一家快餐店，我不会说出那家快餐店的名字。我讨厌这份工作有很多原因。首先，我无法控制自己什么时候工作。一天，我要在午餐高峰期工作 3 个小时，第二天，我要上 9 个小时的班，这样我就得在凌晨 2 点关门。其次，当我在工作时，我无法控制我做什么。有时，我在得来速餐厅工作，有时，我连续几个小时刷洗沾满食物的锅碗瓢盆。第三，快餐店有疯狂的程序，感觉他们的设计就是为了让我感觉自己很糟糕。例如，餐厅政策规定，我必须输入顾客的优惠券才能输入他们的订单。如果没有先输入优惠券，那么经理将不得不取消订单，而我（雇员）将因违反公司政策而被记录下来。三次违规后，违规的员工（我）将被解雇。你可以想象，即使我先问，顾客有时也会忘记他们有优惠券。在我第一次因为这种违规行为被记录下来（顾客在付款后出示了一张优惠券）后，我明白了员工们不仅仅是在避免我们在与顾客打招呼时被迫说的那些愚蠢的公司口头语。还要避免去得来速餐厅工作和服务免下车的顾客，因为他们知道，三次无意中违反优惠券规则而被解雇只是时间问题。

最后，我没有办法强制执行我的权利，比如休息或加班费。当这家快餐店很忙的时候，经理不让我去上个厕所，也不让我去吃点东西。如果我坚持说我真的需要打断一下，经理威胁说要解雇我。餐厅不忙的时候，经理会强迫我打卡下班，坐在休息室里。她不让我回家，因为她担心生意会好转，需要我去工作。她说得很清楚，如果我想保住我的工作，我就不能离开。你可以想象我有多沮丧。有时我不得不坐在那里一坐就是两三个小时。因为我们不允许把个人物品带到公司，所以在这段时间里我甚至不能学习或做作业。我真的不得不坐在那里，等待经理召唤我回去工作或送我回家。简而言之，我无法控制自己做什么（廉价、不健康的食物），无法控制自己工作的环境（我无法选择工作时间或休息时间），也无法控制自己如何销售食物（我说的话以及如何输入他们的订单都是有规定的）。用马克思的话说，我正在经历异化。

由于马克思认为工作是我们人性的核心，他认为我们通过劳动创造了自己。资本主义将工作减少为工资，而不是作为一种表达创造力和培养我们的智力的方式。因此，工作场所的异化也会影响我们对自己的感觉。异化的反义词是自治。马克思认为，个人自主的唯一途径是控制自己生产什么，如何生产，以及如何销售。如果你回想一下我在食品行业的经历，如果我能够选择我做什么食物，我怎么做，我什么时候做，我卖给谁，我会是自主的。

在我们开始谈论数字经济中的异化之前，重要的是要注意到社会学家不像马克思那样认为只有两个阶级。事实上，社会学家通常会发现五个社会阶层，人们在社会中拥有相似程度的财富、权力和声望：

1.上流社会和精英阶层，包括薪水非常高、权力很大的职业，比如首席执行官、首席财务官和其他高层职位。这些人拥有生产资料。

2.中上层阶级，由高薪和声望高的职业组成，如计算机工

4. 不断变化的工作领域

程师、学者、会计师、律师和组织负责人。

3. 下层中产阶级，包括旨在支持中上层阶级的职业，如文书和行政职位、数据输入和记录保存工作，以及律师助理职位。这些工作薪水和声望适中。

4. 工人阶级由需要高中文凭的职业组成，通常是"亲力亲为"的职业，比如工厂和餐馆工人、劳工、银行出纳员、客户服务代表和电话营销人员。这些工作薪水适中，声望低。

5. 穷人，包括需要有限教育和最低工资的职业，例如快餐店员工和大商店职员。从事此类工作的个人可以全职工作，但仍然需要社会服务（EBT 和 Medicaid）来维持生计。这些工作薪水低，声望低。

这些区别之所以重要是因为，正如我们已经讨论过的那样，它们反映出获取资源的机会不均等，这影响到孩子们受教育的质量，进而影响到他们竞争的工作种类。

这些区别对于我们理解数字经济中的异化也很重要。新媒体可以增强一些人的力量，增加另一些人的异化。举个例子，你可以想象，一个电话推销员与一个学者对异化的感受截然不同。阅读下面的摘录，标题为"我是一名远程推销员，我讨厌我的生活"，这篇文章于2012年6月发布在现在已经关闭的体验项目网站上。注意，那张海报表明他对自己的工作几乎没有控制权。他无法控制自己给谁打电话，说什么，老板认为什么是粗鲁的，两个电话之间隔了多长时间，他什么时候去洗手间或休息，或者他是否被送回家一天。还注意到他谈到了工作如何影响他的个人生活。由于他没有病假，当他或他的孩子生病时，他必须利用假期或补足时间。你可以看出,这是一个非常烦恼的来源,因为他非常渴望利用他的假期离开他讨厌的电话销售工作。简而言之,电话推销员与他的工作是异化的,而新媒体在这种异化中扮演了重要的角色。他工作的方式(以及速度)几乎完全由计算机决定。

我做电话营销,我讨厌我的生活

匿名帖子

2012年6月

我讨厌我的工作。我恨死它了。我在一家电话销售公司工作,为慈善组织打电话筹款。我恨死它了。我怎么说都不为过。它几乎无法支付账单,感觉更像监狱或第三世界国家的血汗工厂。让我告诉你我在这份工作中典型的一天。我早上8点到那里,然后电话就开始了。我们无法控制我们给谁打电话,或者我们给这个国家的哪个地区打电话。我们照着剧本读。无论对方说什么,我们都要做第二次请求。如果这个人说他们已经失业这么长时间了,我们仍然会提出第二个请求。如果他们告诉我们,"妻子快死了",我们仍然会提出第二个请求。他们说"不"也没有关系,我们仍然会提出第二个请求,就好像他们从来没有说过"不"一样。有时我们甚至要钱。如果打电话的是残疾人和老人,我们仍然会提出我们的第二次请求和要钱要求。如果我们做不到,我们要么被记录在案,要么被无薪遣送回家,要么两者兼而有之。所以我们别无选择。另外,如果我们被骂了或被侮辱了,我们必须表现得友善,不要说老板说的任何粗鲁的话。粗鲁可以是任何事情,改变你的语气,甚至说话更友好。说真的,他们认为那很粗鲁。所以

4. 不断变化的工作领域

我们不得不忍受侮辱和咒骂，最重要的是，我们几乎没有时间休息。记住，拨号的不是我们。电脑为我们拨号。我们无法控制电话来的速度，也无法控制打电话给谁。所以当一个电话结束时，另一个电话在 1 秒或 2 秒内进入。你没有时间喝点水什么的。流鼻涕或咳嗽是被禁止的。这就是为什么一些在这家公司工作的人称它为监狱或血汗工厂。我们必须得到许可才能去卫生间。我们走的时候他们会给我们计时，这样我们就不会离开太久。几分钟就是太久。他们希望我们穿过大厅，去洗手间，洗完手，最多 4 到 5 分钟就回来。在那之后，你可能会惹上麻烦，或者被推迟 30 分钟的无薪休假。公司还会听你的电话，如果你对病人或老人好，让他们休息一下，公司就会骚扰你。禁止你对那些因他们深爱的人刚死于癌症而哭诉不能在这一次帮助你的人表示同情。

生病也是被禁止的。我工作的公司不发病假工资，只发假期工资。如果你或你的孩子生病了，需要请假，也被禁止。你必须按规定时间工作，否则就有被解雇的危险。我工作的公司不接受医生写的假条。所以，如果你生病了，或者你需要待在家里照顾生病的孩子，你就有可能丢掉工作。是的，你可以用你的假期补回来，但这样的话，当你想休假时，你就没有真正的休假甚至法定假期了。是的，我们必须用假期把时间补回来。这意味着在监狱（血汗工厂）待更长的时间。

这家公司的人员流动率很高，因为它是一个多么困难和糟糕的地方。他们改变规则就像有些人用厕纸一样。一周是这个规则，另一周又是另一个规则。你必须习惯你的主管撒谎，告诉你"这一直是一条规则，我们只是现在在应用它。"

我必须提到，如果你的表现不佳，没有足够的志愿者，你就会被无薪遣送回家。而且，如果他们没有工作了，你就会被送回家，没有薪水。

我讨厌这份工作。我讨厌主管。我讨厌无聊。我讨厌打电话骚扰别人。我讨厌我基本上只是在照本宣科。不要为任何电话销售呼叫中心工作。继续找工作吧。他们会骗你，告诉你这是份好工作。它不是。那些为了报酬而工作和做实际工作的人把它叫做监狱和血汗工厂。我等不及要找到另一份工作了。

以下是电话营销业务运作所需的一些技术列表：
- 数据网络／互联网
- 自动呼叫分配器系统
- 交互式语音应答系统
- 预测拨号器
- 网络应用程序（如电子邮件、在线聊天和在线协作）
- 客户关系管理工具，如计费系统、脚本编写和客户分析
- 计算机—电话集成软硬件
- 机构绩效仪表盘
- 劳动力管理软件
- 通话记录设备
- 互联网协议语音通信技术

很容易看出为什么电话推销员对他们的工作生活几乎没有控制权。他们的整个经历都是通过计算机软件和设备进行中介和评估的。当你在家工作时，电话营销并不会减少异化。在家工作的电话销售员仍然报告说他们的工作时间和工作经验完全无法控制。

将这种与数字经济中的新媒体打交道的经历与教授研究生和本科生并进行研究的学者的经历进行比较。新媒体可以让学者们更好地控

制他们的工作生活和时间。我将再次以我的工作经验为例。新媒体使教学课程更容易，更有趣。我可以把课程内容放在我的课程网站上，通过电子邮件快速分享我在网上找到的有趣的信息和链接，保持虚拟办公时间，通过推特和脸书与学生一对一地讨论课程内容。新媒体也让我的研究更容易，更令人兴奋。例如，我研究公民如何在政治参与中使用媒体。由于新媒体使个人更容易告诉政治家他们对某一问题的看法（见第5章），我可以收集发送给政治领导人的电子邮件，并分析公民如何支持（或反对）重要的政治问题。在互联网和电子邮件出现之前，要真正了解个人如何进行政治辩论是不可能的，因为学者们不得不依赖个人告诉他们的东西——我们知道，有时人们所说的和他们实际做的并不一致。新媒体（以及将政客的电子邮件公之于世的法律）让我有机会接触到新类型的数据，这些数据让我对政治世界的运作方式有了新的认识。对我来说，这是一种解放和兴奋。不像电话推销员，新媒体增加了我做我想做的工作的能力，以我想要的方式。

灵活安全性：这对于异化和自主意味着什么？

"灵活安全性"（flexicurity）是北欧国家的一种社会模式。这个词最早是由丹麦首相波尔·尼鲁普·拉斯穆森在20世纪90年代提出的，指的是一种试图通过平衡雇主对灵活劳动力的需求和工人对工作保障的需求，来保护公民健康和福祉的治理模式。换句话说，雇主想要的是能够为公司做各种不同工作的员工，他们可以根据需要分配到不同的职位，而雇员想知道他们不会失业很长一段时间。简而言之，弹性工作制旨在帮助公司实现利润最大化，同时为员工提供工作保障。在美国，公司经常根据需要雇用自由职业者、独立专业人士、临时合同工、独立承包商或顾问，从而使劳动力更加灵活。这些临时工人对雇主来说是很好的，因为当他们的产品需求很高时，当他们开始一个新项目时，或当他们需要更多的员工帮助时，他们可以雇佣这些临时工人，当他们的产品需求恢复正常或项目完成时，解雇这些工人。例如，在圣诞节和光明节（Hanukkah）期间，有很多临时员工被雇佣来处理零售商店涌入的购物者和增加的邮件。2016年，联邦快递额外雇佣了5万名员工，在节日期间递送邮件和礼物。美国邮政总局也会在节日期间增加工作人员，雇佣额外的工人在12月期间对进入加工和配送中心和大宗邮件中心的包裹进行分类。

由于美国劳工部（Department of Labor）下属的劳工统计局（Bureau of Labor Statistics）自2005年以来就没有收集过关于临时劳动力的数据，因此不清楚美国的临时劳动力的规模。2015年，劳工统计局使用全国调查数据估计，约7.9%的就业劳动力是临时工人。但是，这一数字不包括机构临时工和日工。当这些工人被定义为临时工人，这一数字跃升至40.5%——一个巨大的增长。劳工统计局还发现，临时工的工作不稳定率高于固定工，工资低于固定工，而且几乎没有（如果有的话）福利。美国劳工部在其网站上指出，许多公司正在转向备用劳动力，这不仅是为了灵活性和效率，也是为了提高利润率。雇主不必缴纳社会保障、失业保险、工人补偿和临时工的健康保险。这不仅为公司节省了公司员工福利，还节省了管理费用和与员工伤害和诉讼相关的潜在成本。临时工在劳动和就业法律下受到的保护要少得多，因为他们的定义是临时工或兼职工。

4. 不断变化的工作领域

　　为什么有这么多的临时工？这在一定程度上是对 2008 年大衰退（Great Recession）的回应。从 2007 年 12 月到 2009 年 6 月的"大衰退"始于 8 万亿美元的房地产泡沫的破裂。基本上，在整个 20 世纪 90 年代和 21 世纪初，由于住房需求的增加和房地产市场投机行为的增加，房价大幅上涨。正如你可能从 A&E 的《翻房子》和 HGTV 的《翻房子还是翻房子》等节目中了解到的，许多美国人试图通过购买和炒房赚钱。由于利率很低，一些美国人购买了多处房产，而另一些人以前由于各种原因（如信用不良或失业）无法获得贷款，突然发现自己有资格获得数十万美元的贷款。然而，房价在 2006 年达到顶峰，并开始下降。突然之间，许多美国人发现他们的资产为负，这意味着他们的抵押贷款债务高于他们的房屋价值。投机房地产的人让银行取消了他们的房产赎回权，其他人则削减了在其他方面的支出，以保住自己的房子。

　　正如你想象的那样，这产生了涟漪效应。锐减消费支出影响了商业投资，造成大量失业。在 2008 年和 2009 年，美国劳动力市场失去了 840 万个工作岗位，这是自大萧条以来最严重的一次衰退。相比之下，在经济深度衰退时期消费者支出影响商业投资，造成大量失业。2008 年和 2009 年，美国劳动力市场失去 840 万个就业岗位，这是经济大萧条以来就业萎缩最为剧烈的一次。相比之下，在 1981 年开始的深度衰退中，失业率为 3.1%，仅为大萧条时期的一半左右。给你们一点背景知识，2001 年，在大萧条之前，每个职位空缺都有一个人在找工作。这种情况在大衰退期间急剧增加。2010 年，每有一个职位空缺，就有 7 个人在找工作。就业形势有所改善。2015 年，每个职位空缺都有两个人在找工作。

在这种经济背景下,弹性保障的思想受到了广泛的批评。正如劳工部指出的那样,许多公司和州使用临时工人,以牺牲工人的安全来增加利润。这导致了对工人的异化,而不是自我约束。让我们考虑两个例子。首先,以美国邮局的临时工为例。在联邦就业博客上发布招聘临时工的公告并不罕见。以下是2014年发布在网上的一则招聘广告:

> 邮局里的圣诞节气氛越来越浓了!又到了每年的这个时候。是时候开始考虑雇佣临时员工来帮助应对圣诞购物高峰了。美国邮政总局将雇佣临时职员和邮件处理人员,为期21天,以帮助他们度过假期。这些工作的平均工资是每小时11美元,没有福利;但可能会导致360天的预约……
>
> 在处理和配送中心的普通职员和邮件处理员的工作可能对体力有很高的要求。他们将用叉车、小型电动牵引车和手推车在邮件处理中心上下邮件。这些工作人员通常站着,伸手去拿装邮件的袋子和托盘,或者把包裹和成捆的邮件放进袋子和托盘。办事员和邮件处理员是一份非常乏味、劳累和有压力的工作。邮袋可能很重,所以你必须能举起70磅。你将在一个快节奏的环境中工作,在完成工作时你会有时间限制。

请注意,临时工每小时可以挣11美元,但对于一份"体力要求高""乏味""紧张"和"压力大"的工作却得不到任何好处。如果他们主管喜欢他们,这些"随意"工人们可以得到一份360天的合同。但他们仍然没有好处,也不可能获得永久职位。

4. 不断变化的工作领域

在这些岗位上工作的邮政员工有一个很大的抱怨,就是他们在工作中无法控制的方面被评估。例如,为了使邮件准时发出,分拣机必须按时运行。邮件分类后,工作人员就会按路线将它们组织起来,以便派送。分拣机落后了,办事员也落后了。当然,问题是邮政工人可能会因为迟到而失去工作。一位成功获得长期合同的"临时工"在网站 Federal Soup 上写道,他一直担心自己会因为无法控制的原因被解雇。

> 这不是上班的办法,每天都担心这一天是不是你的最后一天!我是说,比如今天,今天是几周来第一天每台机器都能准时收到邮件。通常至少有 2 或 3 台机器会迟到 20、30 分钟,有时甚至是 45 分钟或更长时间。这并不是说我们无能或效率低下,只是在与机器打交道时就是这样……很容易发生堵塞和故障,乘以我们运行的机器数量。

这种描述与上面讨论的电话营销人员的组合没有太大区别。像电话销售员一样,邮政雇员几乎无法控制自己的工作。

邮政服务的临时工人并不是唯一在大萧条之后经历异化的群体。各种雇主,包括学院和大学,都越来越依赖于临时员工,他们通常称之为兼职教授或教员。事实上,临时或兼职教师的比例从 1975 年的 30% 上升到 2011 年的 51%。研究大学如何花钱的丽塔·科什斯坦(Rita Kirshstein)整理了有关美国教育机构兼职教师比例的数据。表 4.3 列出了她的一些数据。请注意,即使是私人机构也严重依赖临时工。加州大学伯克利分校是一所公立学校,教育费用约为 12864 美元,但只有 29% 的教师是兼职教师。

与其相比，乔治·华盛顿大学的学费和杂费（47343美元）以及兼职教师的比例（54%）要高得多。换句话说，在私立学校和公立学校，兼职教授给你上课的可能性是一样的。

表4.3 美国部分大学的学杂费、兼职教师比例和研究生比例

学校	学费和费用（美元）	兼职员工比例（%）	兼职员工及研究生助教比例（%）
公立			
伊利诺伊大学（厄巴纳香槟分校）	14750	13	58
北卡罗来纳大学（教堂山分校）	8340	18	50
加州大学（伯克利分校）	12864	29	68
特拉华大学	12112	4	34
弗吉尼亚联邦大学	12002	32	46
私立			
波士顿大学	44880	32	50
美国西北大学	45527	13	32
雪城大学	40458	35	57
乔治·华盛顿大学	47343	54	61
埃默里大学	44008	25	30

注：州内学费和费用报告为公立大学。

资料来源：丽塔·科什斯坦

像其他临时工一样，兼职教授的工资较低（平均每班2700美元），而且没有任何福利。因此，大多数兼职人员同时在两所或更多的学院和大学任教，即使许多人拥有博士学位，但每年只能挣两万到两万五千美元。正如电话营销员和邮政工作人员一样，兼职教员们毫不意外地将他们的临时职位描述为"异化"和"剥削"。兼职教师指出，

他们只拿上课时间的报酬,而不拿备课和与学生见面的报酬;他们称之为工资盗窃。在服务雇员国际工会(Service Employees International Union)2013年在波士顿地区进行的一份报告中,一名兼职人员称自己是"面巾纸"(Kleenex),因为她是一次性的。她指出:

> 作为兼职教师没有工作保障。我计划今年秋天在(波士顿一所大学)授课。这门课可以取消到它应该开始的早上——就是这样。没有支付工资。所以我们所有人都在忙着工作。如果我被安排了另一门课,而且两者之间存在冲突,我就必须选择其中一门课——但如果我选的那门课被取消了,那么我就失去了补偿,因为另一门课将不再可用。他们把我们当面巾纸一样对待。

她的故事并不罕见。Adjunctnation.com网站上也有类似的记述,教职员工在其中谈论工作的困难,因为他们的时间被谋生所占据。一位名叫乔迪·坎贝尔(Jodi Campbell)的作家记录了她作为一名高级研究生为找到一份收入足够让她搬出父母房子的稳定工作所做的努力。坎贝尔指出,她愿意接受任何工作,但没有人愿意雇用她,要么是因为她资历过高,要么是因为她的工作记录不佳。她指出:

> 我生活在恐惧和自我批评的永恒循环中。我经常怀疑自己,因为我找不到工作,即使是当地健身房的接待员或比萨店的服务员。我担心自己不是一个优秀的学者,就是做出了所有错误的选择,否则,我就不会在找工作的过程中苦苦挣扎,任何工作都行。我担心我永远写不完我的论文,因为我满脑子想的都

是我怎么付不起账单。我担心一旦我完成了我的论文，我将在五年的时间里一无所有，除了一篇没人会读的论文。

当然，并不是每个人都在数字经济中感到疏离。根据盖洛普民意调查，37%的美国员工报告称，他们在2015年平均每月有6天在家办公，或使用互联网、电子邮件和手机。正如你在表4.4中所看到的，大多数远程工作者是大学毕业生（55%），从事专业职位（44%），年收入在7.5万美元或以上（52%）。重要的是，盖洛普发现越来越多的专业人士在正常工作时间进行远程办公，而不是去办公室（46%的远程办公者），或者只是在正常工作时间结束后再加班。与2006年相比，这是一个变化，当时大多数员工报告说他们远程办公是为了适应正常的工作日。社会科学家发现远程办公可以提高员工的工作满意度、生产力和投入度。更重要的是，远程办公减少了员工的压力和工作与家庭的冲突，因为它让员工对自己的工作和时间有更多的控制权。

表4.4 曾经进行过远程办公的（按教育水平、收入水平和工作类型分类，基于在职成年人）

	是（%）
大学毕业生	55
非大学毕业生	26
家庭年收入75000美元或以上	52
家庭年收入低于75000美元	26
白领职业	44
蓝领职业	16

2015年8月5日—9日
注：白领职业指经营/管理类、专业类、技术类、销售类或行政类。

资料来源：盖洛普（Gallup）

4. 不断变化的工作领域

让我们来看看 Handy 的例子，这是一个全球性的平台，通过智能手机应用程序将需要家政服务（如清洁工和杂工）的个人与预先筛选的独立承包商联系起来。如果家里有你不想干的活，Handy 可以帮助你找到附近的专业人员来完成这项工作。Handy 向其客户保证，工人是称职和诚实的，并保证工人有稳定的工作和及时的报酬。对于我们关于自主性的讨论来说，更重要的是，大多数员工喜欢为公司工作。Glassdoor 拥有超过 800 万份公司评论、CEO 支持率、薪酬报告和福利评论的数据库，据它的报告，员工通常都很高兴为 Handy 工作。事实上，独立承包商在工作/生活平衡、薪酬和福利以及职业机会方面给 Handy 打出了 3.5 星或更高的评分（满分 5 星）。大多数人也会推荐朋友为 Handy 工作，并同意该公司有一个积极的商业前景。Glassdoor 也提供了员工满意度的总体趋势，报告称 2015 年在 Handy 工作的人最不快乐。员工幸福感的下降是随着公司的发展而变化的。Handy 成立于 2012 年，2014 年经历了巨大的增长，但难以有效扩大业务。这导致了大量的招聘和解雇，但没有引起人们对 Handy 作为一个值得工作的公司的不满。这一趋势在 2016 年发生逆转。独立承包商似乎又一次对他们通过 Handy 完成的工作感到满意。

在 Glassdoor 的评论区，独立承包商经常提到，他们喜欢为 Handy 工作，因为他们可以制定自己的时间表，这让他们有更多的时间与朋友和家人在一起。纽约的一位清洁工给 Handy 打了五星，并说道："在 Handy 工作最大的好处就是我可以制定自己的时间表，这使我能更好地平衡工作和业余时间，有更多的时间和家人、朋友在一起。薪水很令人满意，工作也不是很辛苦。我遇到了许多有趣的人，结识了一些重要的朋友。而且，这里的管理也很好，我们就像一个大家庭！"

另一位来自加州洛杉矶的网友对此表示赞同，并指出她喜欢自己不用整天坐在"无聊的老工作"前，自己是"自己的老板"。她补充说："在这家公司工作，有几点是我非常喜欢的。大多数顾客都很好相处，我是自己的老板，这意味着我可以制定自己的日程安排。管理很好，我是唯一一个对所做的工作负责的人。自从一年前开始和他们在一起以来，我一直很开心。"换句话说，这些帖子表明为 Handy 工作的员工比电话销售员、邮政工作者和以上的兼职教师拥有更多的自主权。

自由撰稿人也有类似的自主权。2014 年 6 月，米兰达·米勒在她的博客上讲述了她的工作，以及她作为一名自由职业商人和营销作家的感受。她承认这是她自己的事，但她很感激这份工作给她的灵活性，这样她就可以试着做一个"超级妈妈"。她的时间安排很灵活，早上送儿子上学，下午接他们回家，陪他们做作业和活动。米勒特别将她成为成功自由职业者的能力归功于新媒体。她利用新媒体，尤其是社交媒体，建立商业联系，寻找新客户为其写作。她指出，这在数字时代更容易做到，因为"社交媒体极大地改善了竞争环境，消除了地域和其他障碍。"新媒体使米勒能够在她想工作的时候做她想做的工作。自由职业者指出，还有其他好处。他们有更多机会在自己方便的时候从事新的或有挑战性的工作，而且，作为临时工人，他们可以要求更高的工作报酬，因为他们的雇主不支付他们医疗保健等福利，也不给他们办公空间。事实上，据《时代》杂志报道，截至 2015 年，临时工的时薪比全职工人高 17%。一些自由职业者认为，最大的障碍是知道他们可以要求更多。

总之，很难确定新媒体是使工作更疏远还是更自主。我们看到，新媒体使工人的经历变得多样化。例如，一些临时工对新媒体融入工作场所感到非常疏离。电话营销人员报告说，他们工作日的方方面面都由计算机软件控制，经理们监控着每小时打多少通电话，以及每次通话的时长。像我这样的研究型教授对新媒体有着不同的体验。我发现这让我的工作在某些方面变得更容易。我几乎可以立即搜索书籍和访问文章，这帮助我完成自己的研究和写作项目。然而，我们看到，电话推销员和我的工作经验之间的差异不能仅用教育程度来解释。越来越多的兼职教授尽管拥有高等学位，却无法得到长期工作。此外，我们看到，就业状况，或者一个工人是临时雇员还是长期雇员，并不能解释个人对他们的工作的感受的差异。有许多临时雇员喜欢临时雇员的自由，因为这使他们在为谁工作以及如何完成工作方面有更多的发言权。

再现不平等：优步（Uber）案例

> 不知道你有没有没听说过优步，它是一种数字出租车服务。优步为智能手机提供了一款应用程序，将独立承包商司机与乘客连接起来。基本上，你可以使用该应用请求与注册司机搭车。一旦司机接受了请求，该应用程序就会给你一个预估到达时间，以及司机及其车辆的信息。当你到达目的地时，你的账户会自动计费，并要求你从1到5颗星给司机打分。优步从每笔车费中抽取大约25%的佣金。
>
> 以下是《企业家》杂志（2015年1月22日）关于优步司机的一些基本人口统计数据。请注意，对于许多优步司机来说，这是他们的第二份工作，而且司机大多是男性：

- 86%的优步司机是男性。
- 37%的司机为白人,18%为非裔美国人,16%为西班牙裔,15%为亚洲或太平洋岛民。
- 56%的司机年龄在30岁至49岁之间。
- 48%的司机拥有大学或高级学位。
- 50%的司机已婚,46%有孩子。
- 25%的司机经济上支持父母或其他亲属。
- 超过60%的司机报告说他们除了为优步开车之外还有全职或兼职工作。

优步拥有超过16万名司机,吸引了大量关注。最近,很多关注都是负面的。例如,2017年6月,苏珊·福勒(Susan Fowler)指控优步的人力资源团队无视她在该公司工作期间的性骚扰报告后,导致近20名员工被解雇。福勒在一篇博客文章中概述了她的指控,称她"在优步的奇怪一年",引发了内部调查和大规模解雇。福勒在她的帖子中讨论了优步的几起事件。第一件事是一名男性经理要求福勒和他发生性关系。第二起事件涉及一名男性经理,他改变了福勒的绩效评估,因此福勒不能调到另一个团队。最后一起事件涉及皮夹克。一位男性经理给剩下的六名女工程师发了一封电子邮件,称她们只会为120名男性员工购买夹克,因为优步可以获得男性夹克的大量折扣。不会为妇女订购夹克,因为本组织没有足够的妇女来证明下订单的合理性。当福勒质疑这一逻辑时,她的经理回答道:"如果我们女人真的想要平等的话,那么我们应该意识到我们通过没有皮夹克来获得平等。"他说,因为组织里男人太多了,他

4. 不断变化的工作领域

们得到了男式夹克很大的折扣,而女式夹克却没有。他争辩说,女士夹克比男式夹克贵,这是公平的。"福勒接受了另一个职位,一周后离开了优步。最近,一群法律制定者要求优步解释优步如何处理针对司机的性暴力指控。2014年至2018年期间,103名优步司机因性攻击和性虐待被指控和起诉。

优步还被指控在心理上操纵司机,试图让他们工作更长时间。事实证明,优步雇佣了数百名社会科学家和数据科学家,以找到让司机工作时间更长、更有效的方法。它特别模仿电子游戏的方法。当然,司机将驾驶更长的时间,而不是玩更长时间的游戏。优步特别感兴趣的是创建一个内部化的激励系统,这样司机就可以在他们想要的很长时间后继续取车费。优步是怎么做到的?思考以下几点:

• 优步利用了司机设定具体收入目标的倾向,以及实现遥不可及目标的愿望。当司机试图注销时,它会提醒他们已经接近目标了。例如,一名司机会在应用程序上收到一条信息,指出他离净赚330美元还有10美元,并询问他是否确定要下线。这通常伴随着发动机仪表的图形,它和指针接近,但却是美元符号。

• 优步使用算法(类似于奈飞),在当前乘客离开汽车之前加载下一个乘客机会。这是为了让更多的司机上路,并缓解票价飙升。

• 优步司机可以因提供优质服务和富有娱乐性等成就获得徽章。这是司机们的骄傲。佛罗里达州的一名司机指出,他赚了2个优秀服务奖章和9个优秀交谈奖章。在扣除费用(如汽油和汽车保养费)之前,他的收入也不到2万美元。

> 优步通过短信、邮件和弹出窗口让司机上路并到达他们想要的地点。一些当地的男性经理,甚至在与司机打交道时采用了女性的形象,因为他们发现这能诱导更多的司机上路;记住,大部分司机都是男性。
>
> 优步根据司机本周出行次数、赚了多少钱、乘客总评分以及上车时间来排名。这些指标旨在引发司机之间的竞争。
>
> 简而言之,尽管优步承诺司机享有自主权,但它使用新的技术和心理技术塑造司机"行为符合公司而非司机"的利益。

效率和生产率

为了充分理解职场,我们还必须思考职场是如何构成的,以及它如何影响工作方式。如上所述,我在研究机构担任教员的经历与电话推销员甚至兼职教员的经历非常不同。只要我找到方法成为一个有效的研究者、教师和社区成员,我就能按照自己认为合适的方式安排时间。但对于一个需要打卡的电话推销员来说,情况就不一样了,她在轮班期间需要一个接一个地打电话。电话推销员的工作经验旨在最大限度地提高她作为雇员的效率。电话推销员的大部分经历都是受泰勒主义的影响。泰勒主义是一种管理理论,它分析人们如何工作,以使员工在工作时更有效率、更多产。泰勒主义是以弗雷德里克·温斯洛·泰勒的名字命名的,他在19世纪80年代和90年代观察了体力劳动者的工作,比如从火车上铲出矿石,在钢铁厂提升和搬运矿石,以及检查所生产的产品,如滚珠轴承。

泰勒从他对工人的分析中得出了几个结论。首先,每一项工作都

4. 不断变化的工作领域

可以被分解成独立的、简单的任务，一个工人就可以完成。例如，不是一次制造一辆完整的马车，而是把制造马车分解成几个部分。一个工人为马车制作长凳，另一个工人把长凳装到马车上，第三个工人把轮子装到马车上。工人每天只执行一项任务，这使他的效率和生产力更高。第二点是相关的，将一项工作分解成独立的任务将使产品标准化。在这种情况下，马车看起来非常相似，因为它们是用同样的方式组装的。最后，泰勒总结道，由于他们是按小时计酬的，大多数员工都是出于金钱的动机，所以通常完成工作的速度较慢。他的解决办法是将工人的工资与工人的产出挂钩，以鼓励他们更努力、更快地工作。

阅读以下泰勒1911年出版的《科学管理原理》一书中的摘录。在这里，他描述了他在伯利恒钢铁公司的成功，工人们负责把铁块（称为生铁）从一个地方运到另一个地方。泰勒选择了一个被他称为施密特的人来展示如何用金钱让人们更努力、更快地工作。注意在下面的节选中，泰勒假设施密特想要建造房子的愿望可以作为让他携带更多生铁的筹码。另外要注意的是，泰勒在他们的对话中一直都在贬低对方。他认为施密特很笨（称他为"精神迟钝"的），施密特需要知道他的工作是服从命令，或者在被要求时搬生铁，在被要求时休息。泰勒指出，结果是积极的。施密特增加了每天运送的生铁量和他的工资。当然，这只考虑了效率和生产力——员工满意度根本没有考虑在内。

摘自《科学管理原理》第二章

作者：弗雷德里克·温斯洛·泰勒（1911年）

哈珀兄弟出版社

他是宾夕法尼亚的一个荷兰小个子，有人注意到他晚上下班后小跑一英里左右回家,就像他早上小跑下来上班时一样精力充沛。我们发现他用每天1.15美元的工资,成功地买了一小块地,他每天早晨上班前,晚上下班后,都在为自己盖一所小房子的墙。他还以极其"小气"而闻名,也就是说,他对一美元看得非常重。正如我们采访过的一个人所说:"在他看来,一分钱和一个车轮差不多大。"这个人我们叫他施密特。

因此,摆在我们面前的任务就缩小到让施密特每天搬运47吨生铁,并使他乐于这样做。实验过程如下:施密特从一群生铁工人中被叫出来,用这种方式跟他说:

"施密特,你是个高薪的人吗?"

"唔,我不知道你是什么意思。"

"哦,不,你知道。我想知道的是,你是不是一个高薪的人。"

"唔,我不知道你是什么意思。"

"哦,来吧,你回答我的问题。我想知道的是,你是一个高薪的人,还是这里的廉价工人中的一个。我想知道的是,你是想每天挣1.85美元,还是满足于1.15美元,就像所有那些便宜的低薪者一样。"

"我一天要赚1.85美元吗?一个高薪的人?嗯,是的,我是个高薪的人。"

"哦,你让我很恼火。你当然想每天赚1.85美元——每个人都想要!你很清楚这和你是一个高薪的人没什么关系。看在上帝的份上,回答我的问题,别再浪费我的时间了。现在到这边来。你看到那堆生铁了吗?"

"是的。"

4. 不断变化的工作领域

"你看见那辆车了吗?"

"是的。"

"好吧,如果你是个高薪的人,明天你就把那堆生铁装到那辆车上,价格是 1.85 美元。快醒醒,回答我的问题。告诉我,你到底是不是一个高薪的人。"

"唔——我明天装些生铁到车上,就能得到 1.85 美元吗?"

"是的,你当然有,而且你一年到头每天都能装这么一堆东西,都能得到 1.85 美元。高薪的人才会这么做,你和我一样清楚。"

"嗯,没关系。明天我只要把一点生铁装到车上去,就能得到 1.85 美元,而且我每天都能得到,是不是?"

"你当然知道——你当然知道。"

"唔,我是高薪的人。"

"现在,坚持住,坚持住。你和我一样清楚,一个高薪的人从早到晚必须完全按照他的吩咐去做。你以前见过这个人,是吗?"

"不,我从没见过他。"

"好吧,如果你是一个高薪的人,你就得按照这个人说的去做,从早到晚。当他让你抱起一块生铁走,你就抱起它走,当他让你坐下休息,你就坐下休息。你可以一整天都这样做。还有,不许顶嘴。现在高薪的人只做他被告知要做的事,没有顶嘴。你明白吗?当这个人让你走,你就走;他让你坐下的时候,你就坐下,不要顶嘴。那么你明天早上到这儿来干活,不到晚上我就能知道你是不是一个高薪的人。"

这似乎是相当粗暴的说法。如果把它应用到一个受过教育的机械师，甚至一个聪明的劳动者身上，的确会是这样。对于施密特这种思维迟钝的人来说，这样做是恰当的，也不是不厚道的，因为这样做能有效地把他的注意力集中在他想要的高工资上，而不是如果引起他的注意，他可能会认为难以想象的艰苦工作……

施密特开始干活，一整天，每隔一段时间，就有一个看守他的人告诉他"现在抱起生铁走。现在坐下休息。现在走，现在休息"，等等。叫他工作他就工作，叫他休息他就休息，下午五点半他就把那47.5吨的货物装上车。在作者在伯利恒的三年里，他几乎从未停止过这样的工作节奏并完成了他的任务。在这段时间里，他每天的平均工资是1.85美元多一点，而在此之前，他每天的工资从未超过1.15美元，这是伯利恒当时的工资标准。也就是说，他的工资比其他不从事任务性工作的人高60%。

一些社会学家认为，泰勒的思想被实现到了极端。基本上，任务被分解成尽可能小的级别，以便公司能找到最有效的方法来完成。所有的员工都要学习每一项任务，每次工作都要以相同的方式和相同的顺序完成。社会学家乔治·里策尔称这种现代的泰洛主义为麦当劳化。里策尔提到这家著名的快餐连锁店有几个原因。首先，麦当劳是一个有用的例子，让我们明白如何把简单的工作分解成最小、最有效的步骤。在麦当劳，员工被要求取几个牛肉饼，把它们放在烤架上，然后按下烤架上的一个按钮，这样牛肉饼就会被烤到合适的程度。当汉堡被烹饪时，雇员们被指示去拿面包，烤它们（也有计时器），然后开始把配料（酱汁、洋葱、生菜、咸菜和奶酪）放在面包上。计时器一响，员工就拿起肉饼，把它们放在准备好的面包上。

其次，里策尔将麦当劳作为一个参照点，因为这家快餐巨头的程序清楚地说明，雇主可以很容易地控制流程的各个方面，从而使结果是可计算和可预测的。可计算性指的是雇主和消费者量化产品的能力。麦当劳知道制作了多少个巨无霸，因此，知道任何一天使用的食材数量和与食材相关的成本，顾客也知道巨无霸有多大（更不用说大薯条和超大杯苏打水了）。通过这种方式，麦当劳是可以预测的。我们知道去麦当劳会吃什么，无论我们去哪一家麦当劳，食物都是差不多的。第三，里策尔指出，麦当劳化是如何让劳动力陷入困境的，这样一来，如果员工辞职或被解雇，他们可以快速、廉价地接受培训，而且很容易被替换。如果你曾经像我一样在快餐店工作过，培训其实就是几个视频。一般来说，这些视频涵盖了安全指南，并教你在餐馆工作的第一步，通常是在炸锅上炸薯条。

最后，麦当劳化让人们注意到，顾客是如何被骗去做原本由公司做的工作的。在麦当劳和大多数快餐店，我们应该清理我们的桌子，把我们的垃圾放在标有"谢谢"的垃圾箱里。清理餐桌曾经是餐厅的工作。现在由我们来做。当然，麦当劳化并不只针对麦当劳。每当我们去自助餐厅吃饭，使用自动电话菜单预约或预订，或从自动取款机取钱时，我们就会被骗去做公司以前做的事情。更重要的是，在涉及新媒体的各种工作中，工作的麦当劳化是显而易见的。生产手机的工厂、客户服务中心，甚至小学都采用了生产产品，服务客户，以高效、可计算和可预测的方式教育学生的程序。还记得那个电话推销员吗？

他详细描述了如何通过计算机程序控制和评估他的工作经验。

　　总而言之，当关于异化和自主性的争论集中在工人的经验和他们对工作的满意度上时，关于效率和生产力的讨论集中在如何控制工作场所，以确保员工快速工作，客户得到满足他们期望的产品，并确保公司赚取利润。我们可以看到新媒体在效率和生产力方面发挥着重要作用。具体来说，新媒体让雇主更容易控制员工——从他们什么时候卖汉堡到每小时给顾客打几个电话。

案例研究：玛丽娜·希夫林（Marina Shifrin）在优途上辞职

　　2013年9月，玛丽娜·希夫林凌晨4:30上班，制作了一段辞职视频。这段视频以坎耶·韦斯特（Kanye West）的歌曲《一去不返》（Gone）为特色，用尖锐的评论和解释性舞蹈告诉她在 Next Media Animation 的主管，她也一去不返。

　　这段视频显示希夫林到处跳舞，从一间空寂无人的办公室到一间卫生间。视频中写道："近两年来，我为这份工作牺牲了人际关系、时间和精力。我的老板只关心视频的数量和浏览量。所以我想我会拍一段属于我自己的视频。"当她跳舞时，屏幕底部会出现"我不干了"。

　　观看完整的视频（在本章末尾有优途视频的链接），并讨论希夫林的工作场所如何成为麦当劳化的一个例子。具体来说，想想希夫林的工作是如何被评估的，以及这些评估标准在多大程度上是可计算和可预测的。

结论

在本章中，我们探讨了新媒体对工作的影响。我们从讨论卡尔·马克思开始，并解释了两个概念，这两个概念有助于我们理解我们与工作的关系：异化和自主性。我们了解到，当我们对工作感到疏远时，我们就会感受到疏离感。当我们感觉与工作联系在一起时，我们会体验到自主权。具体来说，我们可以控制我们做什么以及如何做。我们探索了数字时代的异化和自主性，发现新媒体对我们的工作体验有着复杂的影响。有些人发现，新媒体加剧了他们的疏离感，因为它允许公司和管理者控制他们工作的方方面面。另一些人则发现，新媒体给了他们自主权，让他们能够安排自己何时、如何更好地工作。我们了解到，无论是教育程度还是就业状况（是否为兼职）都不能完全解释工人的不同经历。

然后我们讨论了数字时代的效率和生产力。我们了解到，新媒体让公司对员工有了很大的控制权，这种控制权的目的是让公司获得更多的利润。这个被称为泰勒主义的管理理论已经存在了一百多年，它很少关心员工的经验。重点只在于提高工人的工作效率和生产力。雇主越来越多地依赖新媒体来提高员工的工作效率和生产力，并使消费者体验变得可预测。社会学家乔治·里策尔将此称为麦当劳化。他认为，为了控制员工的工作方式和顾客对其产品的体验，很多公司都在效仿快餐巨头麦当劳。麦当劳化将部分工作转移到顾客身上，增加了公司的利润，也加强了对员工的控制。

章节链接

"Number of Employers Passing on Applicants Due to Social Media Posts Continues to Rise, According to New CareerBuilder Survey." 2014. CareerBuilder. Last modified June 26, 2014. http://www.careerbuilder.com.

"State Social Media Privacy Laws." 2017. National Conference of State Legislatures. Last modified May 5, 2017. http://www.ncsl.org.

"I Hate Myself and I Want to Die." 2012. Experience Project. Last modified June 27, 2012. http:// www.experienceproject.com.

"Chart Book: The Legacy of the Great Recession." 2017. Center on Budget and Policy Priorities. Last modified November 7, 2017. http://www.cbpp.org.

Adjunct Action. 2013. "The High Cost of Adjunct Living: Boston." Service Employees International Union. Last modified November 2013. http://www.campaign-media.seiumedia.net.

"Handy's Rating Trends." 2017. Glassdoor. Last modified October 31, 2017. http://www.glassdoor.com.

Clifford, Catherine. 2015. "Who Exactly Are Uber's Drivers?" *Entrepreneur*. Last modified January 22, 2015. http://www.entrepreneur.com.

Fowler, Susan. 2017. "Reflecting on One Very Strange Year at Uber." Susan Fowler. Last modified February 2, 2017. http://www.susanjfowler.com.

Scheiber, Noam. 2017. "How Uber Uses Psychological Tricks to Push Its Drivers' Buttons." *New York Times*. Last modified April 2, 2017.

http://www.nytimes.com.

Moon, Mariella. 2018. "US Lawmakers Demand Answers from Uber about Sexual Assaults." Engadget. Last modified May 22, 2018, https://www.engadget.com.

Shifrin, Marina. 2013. "Quit Your Job by Dancing to Kanye, like Marina Shifrin." YouTube. Last modified October 1, 2013. http://www.youtube.com.

章节回顾问题

1. 电子邮件等新媒体如何改变美国人的工作方式?
2. 卡尔·马克思认为,资本主义是如何展开资源之争的?
3. 异化和自主之间有何区别?
4. 数字经济如何以异化和自主性塑造我们的工作经验? 工人们的经历是一样的吗? 为什么或为什么不?
5. 泰勒主义和麦当劳化有什么相似之处和区别?

了解更多信息

Alton, Larry. 2016. "Can't Wait to Freelance in the Gig Economy? Read This First." *Huffington Post*. Last modified June 9, 2016. http://www.huffingtonpost.com.

Cole, Nicki Lisa. 2017. "What Is Social Class, and Why Does It Matter?" ThoughtCo. Last modified March 2, 2017. http://www.thoughtco.

com.

"Contingent Workforce: Size, Characteristics, Earnings, and Benefits." 2015. US Government Accountability Office. Last modified April 20, 2015. http://www.gao.gov.

"Digital Taylorism." 2015. *Economist*. Last modified September 10, 2015. http://www.economist.com.

Ehrenreich, Barbara. 2001. "Excerpt of Nickel and Dimed: On (Not) Getting by in America." *New York Times*. http://www.nytimes.com.

Friedman, Thomas L. 2013. "How to Monetize Your Closet." *New York Times*. Last modified December 21, 2013. http://www.nytimes.com.

Fruscione, Joseph. 2014. "When a College Contracts 'Adjunctivitis,' It's the Students Who Lose." *PBS*. Last modified July 25, 2014. http://www.pbs.org.

"The Future of Work: There's an App for That." 2014. *Economist*. Last modified December 30, 2014. http://www.economist.com.

Griswold, Alison. 2015. "Dirty Work." *Slate*. Last modified July 24, 2015. http://www.slate.com.

Kessler, Sarah. 2014. "Pixel & Dimed On (Not) Getting by in the Gig Economy." *Fast Company*. Last modified March 18, 2014. http://www.fastcompany.com.

Kirshstein, Rita. 2015. "Percentage of Part-Time Faculty at U.S. Universities." Google Sheets. Last modified October 5, 2015. http://docs.google.com.

McGee, Suzanne. 2016. "How the Gig Economy Is Helping Make the

Case for Universal Basic Income." *Guardian.* Last modified June 9, 2016. http://www.theguardian.com.

NPR Money. 2014. "Episode 509: Will A Computer Decide Whether You Get Your Next Job?" *NPR.* Last modified January 15, 2014. http://www.npr.org.

O'Leary, Michael Boyer. 2013. "Telecommuting Can Boost Productivity and Job Performance." U.S. *News and World Report.* Last modified March 15, 2013. http://www.usnews.com.

Weissmann, Jordan. 2013. "The Ever-Shrinking Role of Tenured College Professors (in 1 Chart)." *Atlantic.* Last modified April 10, 2013. http://www.theatlantic.com.

White, Gillian B. 2015. "Working from Home: Awesome or Awful?" *Atlantic.* Last modified October 22, 2015. http://www.theatlantic.com.

Williams, Joseph. 2014. "My Life as a Retail Worker: Nasty, Brutish, and Poor." *Atlantic.* Last modified March 11, 2014. http://www.theatlantic.com.

Wladawsky-Berger, Irving. 2015. "Flexible Security: A Sensible Social Policy for Our Digital Age." *Wall Street Journal.* Last modified July 10, 2015. http://blogs.wsj.com.

视频和电影

BBC Radio 4. 2015. "Karl Marx on Alienation." YouTube. Last

modified January 4, 2015. http://www.youtube.com.

Botsman, Rachel. 2012. "The Currency of the New Economy Is Trust." *TED*. Last modified June 2012. http://www.ted.com.

Business Insider. 2012. "Nine Ways Your Employer May Be Legally Spying on You." *Financial Post*. Last modified December 15, 2012. http://www.business.financialpost.com.

FOX 47 News. 2012. "Employers Turning to Social Media in Hiring Process." YouTube. Last modified March 22, 2012. http://www.youtube.com.

Helmrich, Brittney. 2015. "Seven Ways Your Work Technology Is Betraying Your Privacy." *News*. Last modified April 24, 2015. http://www.news.com.au.

Jacobs, Deborah L. 2013. "The Six Best Ways to Find Your Next Job." *Forbes*. Last modified March 22, 2013. http://www.forbes.com.

Judge, Mike. 1999. *Office Space*. Twentieth Century Fox Film Corporation. DVD.

Kashdan, Jason. 2015. "New Ways Your Boss Could Be Keeping Tabs on You." *CBS*. Last modified August 21, 2015. http://www.cbsnews.com.

Kirby, John. 2005. *The American Ruling Class*. Alive Mind. DVD.

"McDonaldization." 2015. *Sociology Live!* Last modified September 28, 2015. http://www.youtube.com.

"Taylorism on ABC World Report." 2011. YouTube. Last modified October 28, 2011. http://www.youtube.com.

WISN 12 News. 2014. "Using Improper Social Media Etiquette Can Affect Your Jobs." YouTube. Last modified March 18, 2014. http://www.youtube.com.

本章参考

Bucher, Eliane, and Christian Fieseler. 2016. "The Flow of Digital Labor." *New Media & Society* 19 (11): 1868–86. https://doi.org/10.1177/1461444816644566.

Comor, Edward. 2010. "Digital Prosumption and Alienation." *Ephemera*: T*heory & Politics in Organization* 10 (3/4)：439–54.

Fish, Adam, and Ramesh Srinivasan. 2012. "Digital Labor Is the New Killer App." *New Media & Society* 14 (1): 137–52.

Fuchs, Christian, and Sebastian Sevignani. 2013. "What Is Digital Labour? What Is Digital Work? What's Their Difference? And Why Do These Questions Matter for Understanding Social Media?" *TripleC: Communication, Capitalism & Critique. Open Access Journal for a Global Sustainable Information Society* 11 (2): 237–93.

Gajendran, Ravi, David Harrison, and Kelly Delaney-Klinger. 2015. "Are Telecommuters Remotely Good Citizens? Unpacking Telecommuting's Effects on Performance via I-Deals and Job Resources." *Personnel Psychology* 68 (2): 353–93.

Golden, Timothy, and John Veiga. 2008. "The Impact of Superior-Subordinate Relationships on the Commitment, Job Satisfaction, and

Performance of Virtual Workers." *Leadership Quarterly* 19 (1): 77–88.

Grint, Keith, and Darren Nixon. 2015. *The Sociology of Work*. 4th ed. Cambridge, UK: Polity Press.

Grint, Keith, and Steve Woolgar, eds. 1997. *The Machine at Work: Technology, Work and Organization*. Cambridge, UK: Polity Press.

Huws, Ursula. 2015. "iCapitalism and the Cybertariat: Contradictions of the Digital Economy." *Monthly Review* 66 (8): 42–57.

Jacobs, Jerry A., and Kathleen Gerson. 2004. *The Time Divide: Work, Family, and Gender Inequality*. Cambridge, MA: Harvard University Press.

Keune, Maarten, and Amparo Serrano, eds. 2014. *Deconstructing Flexicurity and Developing Alternative Approaches: Toward New Concepts and Approaches for Employment and Social Policy*. New York: Routledge.

Marx, Karl. 1978. *The Marx-Engels Reader*. Edited by Robert Tucker. New York: W. W. Norton.

Ritzer, George. 2014. *The McDonaldization of Society*. 8th ed. Thousand Oaks, CA: Sage.

Scholz, Trebor, ed. 2012. *Digital Labor: The Internet as Playground and Factory*. New York: Routledge.

Taylor, Frederick Winslow. 1911. *The Principles of Scientific Management*. New York: Harper & Brothers.

Thompson, Terrie Lynn. 2016. "The Making of Mobilities in Online Work-Learning Practices." *New Media & Society* 20 (3): 1031–46. https://doi.org/10.1177/1461444816678946.

Tomaskovic-Devey, Donald, and Barbara J. Risman. 1993. "Telecommuting Innovation and Organization: A Contingency Theory of Labor Process Change." *Social Science Quarterly* 74 (2): 367–85.

Wellman, Barry, Janet Salaff, Dimitrina Dimitrova, Laura Garton, Melina Gulia, and Caroline Haythornthwaite. 1996. "Computer Networks as Social Networks: Collaborative Work, Telework, and Virtual Community." *Annual Review of Sociology* 22: 213–38.

5. 民主就是这样吗？

关键概念

社会包容（Social inclusion）是指个人和群体充分参与社会并控制其生活机会的能力。个人和团体开始参与政治活动，以便更好地融入政治机构。

政治机构（Political institutions）是制定法律、调解政治冲突和代表公民的组织。个人希望，通过发出自己的声音，当选官员将以改善他们的社会包容性的方式行事。

议程设置过程（Agenda-setting process）指如何将某一问题确定为政治机构应解决的问题。政策议程的制定影响到个人和群体的社会包容。

政治组织（Political organizations）是从事旨在推动特定政治目标行动的团体，如国家步枪协会或动物伦理治疗人员。政治组织代表着成千上万关心同一事业的个人，可以让公民在议程设置过程中有更大的发言权，并增加他们的社会包容性。

框架（A frame）概述了一个问题及其解决方案。政治组织以影响议程设置进程的方式来确定问题。

想象一下1963年的美国；在这个国家，种族隔离很普遍，非裔美国人被禁止投票，尤其是在南方。多年来，活动人士一直在为美国黑人争取法律赋予的平等权利。然而，1963年的意义在于民权运动利用大众媒体（电视、报纸和杂志）让普通大众看到了种族歧视的恐怖。亚拉巴马州伯明翰的南方基督教领袖会议（SCLC）儿童游行就是一个著名的例子。伯明翰是美国种族分裂最严重的城市之一。包括弗雷德·沙特尔斯沃斯在内的民权活动人士曾抵制伯明翰的企业，但没有成功，并向SCLC寻求帮助。由马丁·路德·金博士领导的南方基督教领袖大会组织了一系列静坐和游行，旨在引发大规模逮捕，并塞满伯明翰监狱。当这个运动缺少成年志愿者时，SCLC要求学生参与到游行中来。公共安全专员尤金·"公牛"·康纳（Eugene "Bull" Connor）决心维持种族隔离制度，并遏制民权活动人士。当学生们在伯明翰街头游行时，康纳以暴力回应。他命令手下用高压水管向孩子们喷水，并释放警犬攻击示威者。所设置的软管压力足以剥掉树皮。它把孩子们打倒在地上，扯掉了他们身上的衣服。

图5.1 亚拉巴马州伯明翰的学生抗议者（查尔斯·摩尔拍摄）
原载于《生活》杂志

5. 民主就是这样吗？

《生活》杂志的摄影师查尔斯·摩尔（Charles Moore）记录了针对手无寸铁的年轻示威者的暴力。摩尔知道，像上面这样的照片会消除人们对"善良的南方人"的假设，并改变美国。他是对的。《生活》杂志刊登了摩尔的照片，公众对民权的支持在美国迅速增长。事实上，图 5.2 显示，当盖洛普问到"你认为当今国家面临的最重要的问题是什么？" 52% 的受访者认为种族关系和种族主义是 1963 年最重要的问题。如果你将这一比例与过去（1948 年至 2014 年）进行比较，其中多年被调查的人认为种族关系和种族主义根本不是问题，你可以看到针对非裔美国人的暴力是多么的重要。

对南方发生的事情的愤怒向白宫发出了一个明确的信号。民众期待民主党人约翰·f.肯尼迪总统采取行动。这不是肯尼迪想做的事。大多数南方民主党人支持种族隔离，肯尼迪担心在民权问题上摊牌会使民主党分裂。大众媒体——在这种情况下，广播、电视和报纸——把美国南部发生的事情带进了世界各地的客厅。民主党别无选择，只能在民权问题上采取更强硬的手段。第二个月，肯尼迪向全国发表讲话，宣布将向国会提交重要的民权立法，以确保平等使用公共设施的机会，结束教育中的种族隔离，并打击歧视性的雇佣做法。

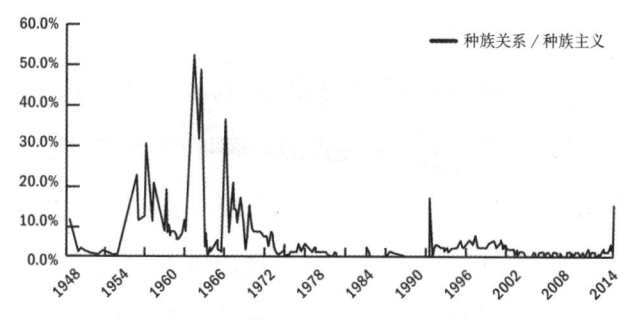

图 5.2 "种族关系 / 种族主义"作为美国最重要问题的趋势
资料来源：盖洛普（Gallup）

时间快进到2015年的夏天。在竞选过程中，总统候选人会遭遇"黑人的命也是命"活动人士的挑战，他们想知道民主党将如何处理种族歧视、警察暴力和刑事司法系统中的种族主义问题。2013年夏天，"黑人的命也是命"开始成为社交媒体上的一个话题标签，是对乔治·齐默尔曼无罪释放的直接回应。齐默尔曼在佛罗里达州桑福德枪杀了手无寸铁的少年特雷沃恩·马丁。三位社区组织者——艾丽西亚·加尔扎、帕特里丝·卡洛斯-布里尼亚克和奥珀尔·托米提——将马丁之死的话题标签和公众的愤怒转化为一场网络运动。一年内，在警察杀死两名手无寸铁的男子迈克尔·布朗（Michael Brown）和埃里克·加纳（Eric Garner）以及一名12岁的男孩塔米尔·赖斯（Tamir Rice）之后，"黑人的命也是命"运动利用社交媒体在密苏里州弗格森和纽约市组织了大规模抗议活动。到2015年夏天，"黑人的命也是命"活动人士开始向民主党总统候选人希拉里·克林顿和伯尼·桑德斯发起挑战，要求他们解决美国的种族主义问题。组织者将他们的成功归功于社交媒体。帕特里丝·卡洛斯-布里尼亚克解释道："因为社交媒体，我们接触到了美国最小角落的人们。我们正在拉一根永远没有被拉过的绳子。"

希拉里·克林顿最初避免与"黑人的命也是命"活动人士公开交谈。2015年8月，活动人士被拒绝进入新罕布什尔州的一场竞选活动。相反，她在后台会见了活动人士，并就美国的种族问题展开了热烈讨论。活动人士希望希拉里为她过去在更严厉的刑期上的政策立场承担责任，希拉里要求活动人士提供一份政策解决方案清单。这段对话被《善良杂志》记录下来，上传到优途上，浏览量达到了数十万次，并被全国新闻报道。伯尼·桑德斯（Bernie Sanders）在华盛顿州西雅图遇到的情况也差不多。"黑人的命也是命"活动人士发起了一场有关社会保障的集会，试图就桑德斯将如何解决美国的种族不平等问题提出质疑。桑德斯拒绝与抗议者接触，而是与助手和妻子站在台下。在为迈克尔·布朗沉默片刻后，集会结束了。视频在网上疯传，该事件得到了全球媒体的报道。关于种族主义和"黑人的命也是命"的讨论在网上和线下爆发，一些公民直接在推特上向候选人表达了他们在这个问题上的立场。

随着这场运动在整个夏天愈演愈烈，美国人越来越认识到种族关系和种族主义是这个国家的一个重要问题。在图 5.3 中，你可以看到美国对种族主义的关注在增加。受访者再次被问到："你认为当今国家面临的最重要的问题是什么？"请注意，在 2014 年 6 月至 2014 年 11 月期间，只有 1% 至 3% 的受访者认为种族主义是一个重要问题。去年 12 月，在"黑人的命也是命"活动人士抗议 12 岁的塔米尔·赖斯被杀后，这一比例急剧上升。当时赖斯在俄亥俄州克利夫兰的一个公园里玩一支没有橙色安全功能的气软手枪。视频显示，在警车停下来之前，警官蒂莫西·罗曼开了两枪，其中一枪击中了赖斯的躯干。"黑人的命也是命"活动人士利用社交媒体和抗议活动让公众知道，这是不到六个月来第四起黑人男子死于警察之手。

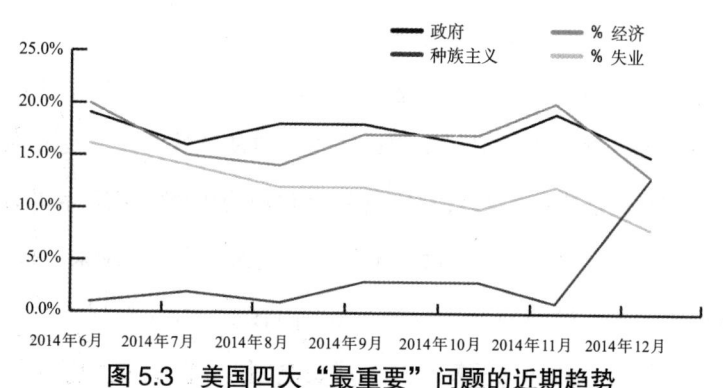

图 5.3　美国四大"最重要"问题的近期趋势

资料来源：盖洛普（Gallup）

同样，由于大众媒体和不断增长的公众不满，政客们对民权危机做出了回应。到 2015 年秋天，希拉里和桑德斯都在他们的竞选网站上发表了该运动的一些主张。"刑事司法改革"作为议题出现在希拉里的网站上，并承诺"正视美国种族和司法的一些残酷事实"。在她的网站上，希拉里承诺会：

- 结束大规模监禁时代，改革强制性最低刑期，结束私人监狱；
- 鼓励使用智能战略——例如警察人体摄像头——结束种族貌相做法，重建执法部门和社区之间的信任；
- 帮助以前被监禁的人成功地重返社会。

该网站还指出，"尽管美国的人口不到世界人口的 5%，但我们的监狱人口几乎占世界总人数的 25%"。今天被监禁的 200 多万美国人中有很大一部分是非暴力罪犯。与白人男性相比，非洲裔美国男性更有可能被警察拦截和搜身，被指控犯罪，并被判处更长的刑期。"

该网页甚至引用了希拉里的名言"黑人的命也是命"，并呼吁采取行动。2015 年 7 月 20 日，她的原话是："黑人的命也是命。这个国家的每个人都应该坚定地支持这一点。自从竞选开始，我就一直在谈论我们必须努力解决教育、经济机会和司法系统中持续存在的系统性不平等问题。但我们必须做的不仅仅是空谈，我们必须采取行动。"需要说明的是，她的网页并不缺乏实质内容。希拉里概述了一项详细的六点计划，包括加强警察和社区成员之间的信任，减少对非暴力毒品犯罪者的最低强制刑期，将联邦执法资源集中在暴力犯罪而不是大

5. 民主就是这样吗？

麻持有上，将非暴力毒品犯罪者的康复作为优先事项，结束监狱私有化，并促进曾经被监禁的个人在经济和社会上的成功。

桑德斯也在自己的网站上响应了号召。事实上，桑德斯把"种族公正"列为他的竞选议题之一；概述了美国针对有色人种的五种暴力：身体暴力、政治暴力、法律暴力、经济暴力和环境暴力；并促成了一场社会变革，让人们明白黑人的生命至关重要。他直言不讳地指出：

> 我们必须推行政策，把这个国家转变成一个肯定有色人种价值的国家。首先要解决针对黑人、棕色人种和土著美国人的五种主要暴力：身体、政治、法律、经济和环境。我们远未根除这个国家的种族主义。在今天的美国，如果你是黑人，你可能会因为在篮球比赛中得到一包彩虹糖而被杀死。或是在教堂祈祷时被谋杀。这种暴力让我们充满了愤怒、厌恶和深深的悲伤。这些可恨的暴力行为相当于恐怖行为。极端分子想要恐吓和威胁这个国家的黑人、棕色人种和土著人，以使这些暴力长期存在。

桑德斯正面谈到身体暴力问题，指出：

> 令人愤慨的是，在21世纪的最初几年里，我们看到令人无法容忍的警察暴力行动和白人至上主义者采取的种族主义恐怖主义行动。越来越多的社区不信任警察。执法人员已经与他们发誓要保护的社区脱节了。任何形式的暴力和残暴，尤其是在旨在保护和服务我们社区的政策下发生的暴力和残暴，都是不可接受的，绝不能容忍。我们需要进行社会变革，让人们明白

黑人的生命是重要的，在一个文明的国家，种族主义是不能被接受的。

桑德斯针对国家和极端分子的暴力行为提出了一些解决方案，包括美国警察部队的非军事化，投资社区警务，确保警察部队反映社区的多样性，打击仇恨团体的非法活动。

这两个例子——伯明翰的儿童游行和"黑人的命也是命"活动人士破坏竞选活动——都说明了大众媒体对社会包容的重要性，也说明了个人和群体充分参与社会并控制自己生活机会的能力。公民参与政治的一个关键原因是，他们在政治机构或制定法律、调解冲突和代表公民的组织中有发言权。个人希望，通过发出自己的声音，当选官员将采取行动，提高他们在政治机构中的社会包容性。1963年，SCLC成功地推动肯尼迪宣布立法，保护非裔美国人的民权。在2015年，"黑人的命也是命"组织向民主党总统候选人施压，要求他们提出解决刑事司法系统中的种族主义问题的计划。

当然，当选官员一旦就职，通常与他们所代表的公民的互动非常有限。正如上面的例子所说明的，大众媒体是政治家了解选民关心的问题以及他们对这些问题的想法的一个关键途径。将一个问题确定为应该由政府参与解决的问题的过程被称为议程设置，这个过程随着我们的技术而改变。1963年，公民倡导社会包容的方式相当直接。让我们使用图5.4和上面描述的1963年儿童游行的例子来了解议程设置过程是如何运行的。SCLC（由公民组成）参与了各种活动，包括亚拉巴马州伯明翰的儿童游行，以吸引报纸、杂志、广播报道和电视新闻等传统媒体的注意。这种关注引起了更广泛的公众对南方民权问题的关注，盖洛普等民意调查公司衡量了美国人是否将种族关系和种族主义视为严重的政治问题，当选的官员，如肯尼迪总统，根据这些信息采取了行动。肯尼迪利用传统媒体宣布即将出台重大的民权立法。如图5.4所示，这是一个相当直接的过程。市民的组织方式吸引了传统新闻机构的注意。盖洛普等公司对公民进行民意调查，以了解民众对某一问题的看法，政客们在决定是否采取行动之前会关注媒体报道和民调结果。如果他们决定采取行动，政客们会在传统媒体上概述他们的计划。

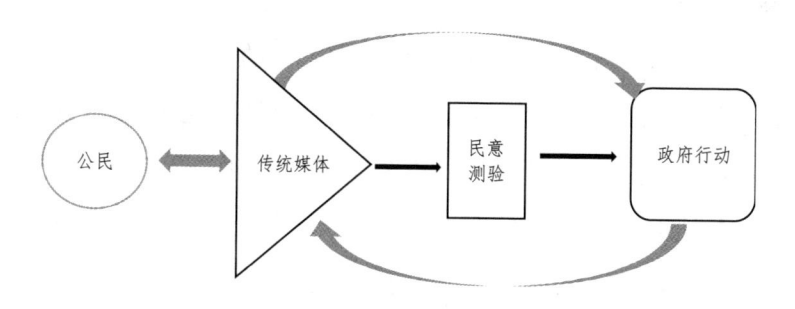

图 5.4　1963 年议程设置

在数字时代，议程设置更加复杂，因为有更多的媒体可以表达公民的关切，也有更多的机会让政治家听到（并回应）选民的抱怨。公民不需要做一些吸引传统新闻媒体注意的事情。他们可以组织竞选活动，让数千名关心此事的选民直接通过电子邮件、推特向政客请愿。同样，政治家们也不必等到民意测验才了解民众对某一问题的看法。他们可以关注话题标签，看看公民在说什么，在脸书上寻找讨论该问题的群体，并使用在线调查快速了解选民最关心的是什么。

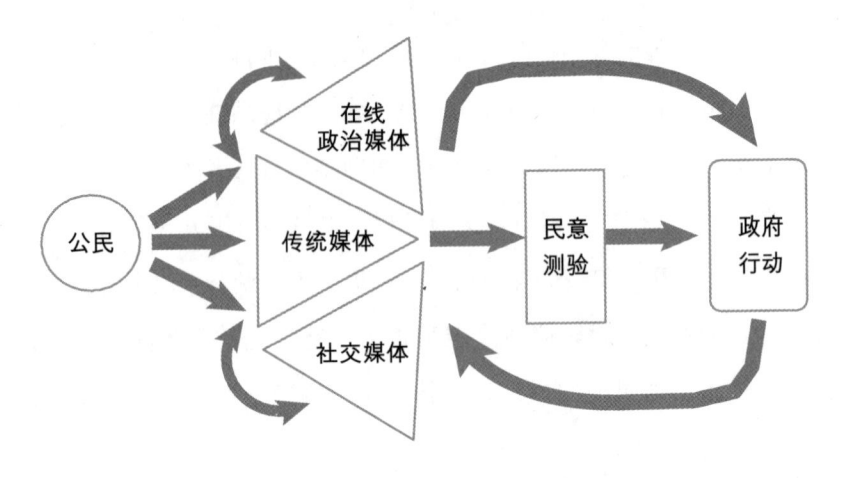

图 5.5　2018 年议程设置

让我们通过图 5.5 和"黑人的命也是命"的例子来更详细地探索当代议程设置过程。注意，在这个图表中还有更多线条。这是因为公民间接影响议程设置过程的方式更多了。在"黑人的命也是命"一案中，公民们使用推特（社交媒体）绕过传统媒体渠道，将他们对刑事司法系统的关注放在政治家的雷达上。公民们使用推特为他们的想法建立支持，并在密苏里州的弗格森市和纽约市组织抗议活动。早在《赫芬顿邮报》（*Huffington Post*）和《石板报》（*Slate*）等在线政治媒体或晚间广播新闻等传统新闻媒体报道之前，"黑人的命也是命"（Black Lives Matter）这个标签就已成为趋势，并广泛传播。事实上，传统媒体最初在报道这场运动方面做得很差，因为记者们不确定谁是这场运动的领导者，也不清楚这场运动的长期目标。盖洛普等民意调查公司评估了美国公民对种族主义担忧的转变，政客们在他们的网站和演讲中更多地谈到了这个问题。

虽然社会科学家仍在试图精确评估新媒体如何影响议程设置过程，但从图 5.5 和例子可以清楚地看出，传统媒体渠道不再主导这一过程。这意味着媒体在政治机构的社会包容中的作用也发生了变化。老式的媒体，如广播、印刷和电视，允许公民和民选官员进行间接的互动：公民可以让政治家看到他们所关心的问题，而政治家则可以利用媒体向选民更新他们的政治立场。新媒体使公民与民选官员之间的沟通以及政治参与更加容易和直接。正如我们在"黑人的命也是命"这个例子中看到的，新媒体使公民——在这个例子中，是关心刑事司法系统中的种族主义的公民——相对容易地组织起来，并向政治家施压，公开解决他们的关切。

社会科学家研究新媒体对我们政治制度的影响，比我们迄今为止在书中讨论的任何其他话题都要多。由于我们无法涵盖所有内容，本章将更深入地研究政治机构中的社会包容。我们首先考察个人的政治参与，或者个人可以做些什么来让政治机构更好地代表他们的利益。在本节中，我们将讨论单独行动的障碍，并概述新媒体如何帮助克服这些挑战。然后，我们把注意力转向政治组织，或代表拥有共同政治利益或目标的个人的团体。这些群体在社会包容方面发挥着关键作用，因为它们放大了普通公民的声音，并有能力利用传统、社会和政治媒体影响上述政策议程制定过程。

个人政治参与和社会包容

选择一个你关心的政治问题——环境、动物权利、人权——想象你想带头写一封信，敦促政客们在这个问题上采取行动。这相对容易。你应该写一封清楚的信，告诉政客们你为什么生气，并列出你希望他们采取的合理行动。新媒体使你可以很容易地通过电子邮件、社交媒体和论坛通知其他人你的竞选活动,他们也很容易地签署和发送信件给政治家。但情况并非总是如此。在话题标签、请愿网站和社交媒体出现之前,让人们意识到你的问题和活动要困难得多——特别是如果你想让你所在地区以外的公民参与进来。想想吧!在整理了一封令人信服的、经过充分调查的信之后,你必须找到签字的人,并把它寄给他们的代表。当然,你可以从让你的家人和朋友签名和寄信开始,但在这些直接的网络之外,分享你的想法并为他们获得支持并不是一件容易的事。即使你站在行人多的地方,如杂货店或邮局,不认识你的人可能也不愿意参与进来。毕竟,他们怎么知道你是一个正直的公民,或者你在信中提供的信息是否正确呢?

问题是,政治参与是一项艰巨的工作。如果你带头发起了一项写信活动,你必须愿意为一项事业付出时间、精力和金钱。如果你参加了一封公开信的写作活动,你希望对这个问题有一定的了解(或者愿意在图书馆里研究这个问题——记住,没有互联网),并能够评估信中提出的观点和行动过程是否合理。这既耗时间又耗精力,而且你还需要找到你能寄这封信的合适的政客的地址。即使你做了所有这些工作,仍然不能保证政治家们会阅读你的信并采取行动。

新媒体有助于降低与参与相关的成本,并使政治参与更容易。这在一定程度上是因为新媒体改变了我们的社交网络或个人关系。在新媒体出现之前,社交网络主要基于地理位置,这意味着我们与那些居住或工作相对较近的人互动。正如我们已经讨论过的,新媒体大大拓宽了我们与之联系的对象。现在我们可以和那些我们从未见过面,生活在世界另一端的人聊天。新媒体让我们更容易找到志同道合的人。在本章的这一节中,我们将考虑个人可能不参与政治的三个原因,并

5. 民主就是这样吗？

讨论新媒体如何使个人行动更容易。同样，参与很重要，因为如果个人不努力让自己的声音被听到，他们就不太可能看到自己的利益在政治机构中得到反映。

首先，随着年龄的增长和时间的变化，参政往往会变得更加困难。一般来说，你在大学期间比毕业后有更多的时间参与政治（和其他活动）。毕业后，你有希望找到一份能在经济上支持你的有意义的工作。工作当然减少了你可以给自己和政治活动的自由时间。如果你找到了伴侣，组建了家庭，或者有了健康问题，你对自己的时间会有更多的要求，你愿意花在研究政治问题和参与竞选活动上的精力可能会非常有限。新媒体使查找和检查政治信息变得快捷和容易。

例如，当你听到一个政客发表了一个令人发指的评论，而且几乎所有人都是这样做的，你可以迅速访问政治事实（PolitiFact）等网站，检查该声明的真实性。政治事实是一个极好的资源，因为它不仅评估了特定政客的每一个令人发指的言论，而且还提供了一个"记分卡"，让你看到他或她在公共行为中的诚实或不诚实模式。唐纳德·特朗普的记分卡显示（图5.6），截至2017年11月30日，他的大多数声明——总共475个声明——属于"基本错误"、"错误"和"弥天大谎"（这意味着该声明毫无真实性）类别。例如，特朗普关于美国税收状况的声明（"我们是世界上税收最高的发达国家"），共和党的税收计划（这是"美国历史上最大的减税"），以及特朗普个人是否会从该税收计划中受益（特朗普在谈论他的税收建议时说："不，我没有好处，我没有好处。"）都是假的。

图 5.6　唐纳德·特朗普记分卡

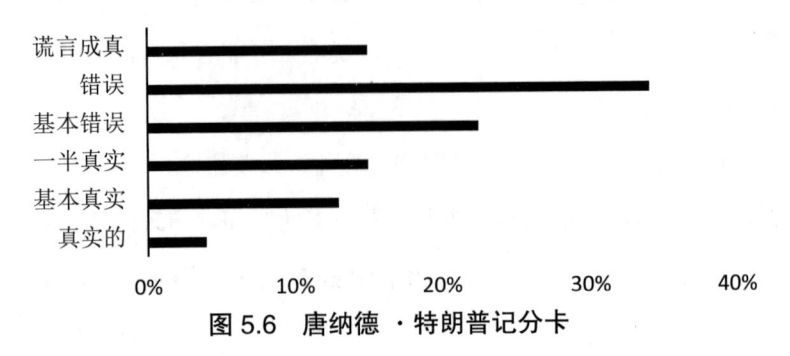

资料来源：政治事实（PolitiFact）

政治经验不足是人们避免参与政治的第二个原因。大多数小学都教授诸如投票这样的基本政治技能，而在总统选举前带头发起写信运动、组织集会或抗议活动以及在社区拉票等技能则主要是通过参与公民、政治和教会团体来学习的。如果没有这些丰富的经验，个人就不太可能知道如何进行这些更复杂的政治项目。新媒体再次让政治参与变得更容易，因为它们降低了相关的成本。印度人可以很容易地访问请愿网站，如 Change.org，或找到一个政治组织，一个致力于实现特定政治目标的团体，围绕他们关心的问题在网上组织起来。

政治组织不仅给个人提供参与的机会，而且给个人提供学习新的政治技能的机会。让我们以美国步枪协会立法行动研究所的网页为例，对枪支权利感兴趣的个人可以通过多种方式参与其中。游客可以要求演讲者，在推特上发布他们的立法者，订购一个广告牌，注册警报，志愿服务，并参与当地即将到来的选举。如果您进一步探索该网站，您将看到个人可以通过个性化信息与他们的立法者联系，只需填写空字段，使用下拉菜单填写他们的地方、州和联邦代表，填写好后，单击"发送"。希望更多地参与进来的持枪权利支持者可以自愿抽出时间，

5. 民主就是这样吗？

学习如何做一切事情，从挨家挨户拉票到通过照片墙和推特等社交媒体促进政治对话。

重要的是要记住，并不是所有的人都有相同的渠道接触新媒体。数字鸿沟，或者说个人对互联网的不同访问方式，是一些个人不参与政治的最后一个原因。在美国，部分数字鸿沟可以用收入来解释。一个人的收入越低，他就越不可能在家里使用宽带和上网。在年收入低于2万美元的人群中，只有31%的人家里有宽带，只有52%的人上网。将这一数字与年收入10万美元及以上的个人进行比较。年收入位于此列的人群中，有88%的人拥有家庭宽带，97%的人上网。这意味着，收入最高的人拥有宽带和上网的可能性比收入最低的人高出50%左右。收入也会影响个人的参与度。亚伦·史密斯（Aaron Smith）和他的同事在2009年的一项研究中发现，收入和教育水平越高的人参与政治的程度越高。

对于如何解释这些发现，我们必须谨慎。认为收入较低的人完全脱离社会是不正确的。事实上，如表5.1所示，当我们考虑更广泛的政治活动时，大多数收入差异就消失了。如在博客或社交媒体网站上撰写或发布有关政治或社会问题的文章，在网上搜索候选人信息，以及加入一个政治团体或投身一项政治事业。请注意，收入最低的互联网用户或家里可以上网的人，与年收入在10万美元或以上的人一样，有可能在网上发布政治内容，也有可能出于政治目的使用社交网站。

表 5.1 各收入群体参与下列活动的比例

	少于 20000 美元	20000 美元—39999 美元(%)	40000 美元—74999 美元(%)	75000 美元—99999 美元(%)	10 万美元及以上(%)	低于 2 万美元与 10 万美元及以上群体之比(%)
两次或两次以上参加线下政治活动	18	20	29	34	45	+27
在所有成人中						
两次或两次以上参加线下政治活动	8	10	23	27	35	+27
政治性地利用社交网站	6	6	11	9	9	+3
在网站发布政治内容	9	9	14	14	14	+5
在互联网用户中						
两次或两次以上参加线下政治活动	15	14	26	30	37	+22
政治性地利用社交网站	11	9	12	10	9	-2
在网站发布政治内容	17	13	16	16	15	-2
家庭宽带用户中						
两次或两次以上参加线下政治活动	21	15	28	32	40	+19
政治性地利用社交网站	15	11	15	12	10	-5
在网站发布政治内容	22	16	19	18	16	-6

这一切对于政治机构中的社会包容性意味着什么？新媒体对个人政治参与的影响好坏参半。一方面，新媒体使个人更容易找到政治信息，更容易参与一系列政治活动，更容易学习新的政治技能，从而降低了参与成本。另一方面，个人参与政治的方式因收入和互联网接入等因素而异，这可能使富人在政治进程中比低收入者更有曝光度。收入最高的人最可能参与吸引政治家注意的政治活动，比如给编辑写信。对政客来说，这类活动比在脸书上发表评论的选民数量更容易追踪，因此，在做出政治决定时，可能对他们考虑谁的利益有更大的影响。

政治组织与社会包容

政治组织能够比个人对政治制度施加更大的压力，因为它们允许拥有共同利益或观点的人作为一个集体行动。因此，参与政治组织的个人往往在政治机构中有更好的代表性。当然，不是所有的政治组织都是一样的，它们可以是正式的，也可以是非正式的。例如，美国商会是一个正式的政治组织，它代表着数以百万计的公司，倡导"亲商"政策，是一个结构明确、官僚主义、拥有有偿专业员工的组织，如将华盛顿特区的公司的税收降至最低。美国商会有一名主席和首席执行官，政策专家负责起草立法样本供政界人士考虑，公共关系专家负责向更广泛的公众宣传商会的理念，还有一组游说客，在政界人士在华盛顿特区或家乡时定期向他们汇报情况。所有这些活动都是由赞同该组织目标并希望看到州立法机构和国会发生政治变革的成员资助的。国家步枪协会（上面讨论过）、塞拉俱乐部和人道协会等组织也是如此。很容易看出至少在一个议题上非正式政治组织的成员身份转化为政治机构中的社会包容。正式的政治组织有全职员工代表他们进行宣传，这使他们比单独的个人有更好的机会影响政治变革。

在美国还有成千上万的非正式政治组织。与正式的政治组织不同，非正式政治组织的结构并不总是明确的，往往是由无偿志愿者管理的。通常，非正式政治组织是想要改变地方状况的草根团体，如城市对无家可归者的政策或在县城内安置垃圾填埋场和核电站。2011年在纽约开始并迅速蔓延到全国各个城市的占领运动是非正式政治组织的一个很好的例子。全国性的团体围绕着"99%"的人对社会和经济不平等、腐败和企业对政治的影响的担忧聚集起来，占领运动的团体则主要关注地方问题。例如，在科罗拉多州的丹佛市，"占领丹佛"组织抗议在2008年的"大衰退"后将家庭从止赎房屋中赶出；在加利福尼亚州的奥克兰，"占领奥克兰"组织挑战污染和环境恶化对低收入社区的影响。正式政治组织和非正式政治组织之间的差异汇总在表5.2。

表 5.2 正式政治组织和非正式政治组织之间差异摘要

	正式政治组织	非正式政治组织
资金筹措	会费	捐赠，可能是来自支持者的时间、金钱或空间
结构	专家和公共关系	可能有（或可能没有）明确的角色
工作人员	有偿专业人员	无偿志愿者

案例研究：交换选票与总统选举

2000年阿尔·戈尔（Al Gore）和乔治·W.布什（George W. Bush）之间的总统竞选被载入史册。这不仅是最高法院第一次介入总统选举，也是第一次公民利用"交换选票"网站试图改变选举结果的

5. 民主就是这样吗？

选举。交换选票网站就是你所想的那样。人们到一个网站上和别人交换选票。例如，一个生活在蓝州的共和党人和一个生活在摇摆州的志趣相投的自由党人交换了选票，后者打算投给第三党。两个人都赢了，因为他们的选票没有浪费。共和党人在战场州投了一票，自由党人把她的票投给了第三方候选人。

2000年，进步人士团结在绿党候选人拉尔夫·纳德（Ralph Nader）周围，他是一位著名的消费者权益活动家。有很多人猜测纳德是否会得到5%的选票，这将带来巨大的好处。达到这一标准的第三方候选人有资格获得联邦资助。为了在2004年击败乔治·W.布什，使绿党有资格在总统选举中获得联邦基金资格，进步人士上网建立了许多交换选票的网站，包括"投票交换""纳德交易商""选票交换2000""双赢活动"和"nadergore.org"。

虽然交换选票在2000年没有成功，但在每个总统选举周期都会出现交换选票的网站和讨论。事实上，你可能听说过#不要特朗普交换选票应用程序。它是由阿米特·库马尔创建的，旨在鼓励反对特朗普的共和党人交换选票。库马尔向《商业内幕》解释说："这真的是关于那些不喜欢希拉里的人，但也知道特朗普将是最糟糕的情况。所以我们说，好吧，让我们想办法让别人投票给希拉里，而不是你。"

这款应用在交换选票网站上得到了改进。首先，该应用程序会查看你现有的联系人，看看你是否有处于摇摆状态的朋友，这样你就可以和你认识的人交换选票。其次，该应用程序将你与对交换选票感兴趣的陌生人联系起来。#不要特朗普和约会应用没什么两样，它会给你五个政治兴趣相似的选民的名字。你可以查看他们的资料，找到一个你喜欢的选民，然后开始对话。

小组讨论交换选票网站的一系列问题。在你列出 3 到 7 个问题后，头脑风暴列出可能的解决方案。一定要注意当前的技术是否可以用来解决每一个问题。回顾你的清单，讨论新媒体和社会包容的好处和缺点。

新媒体、新组织

新媒体极大地改变了政治组织的结构。政治组织不再需要在现实世界中拥有实体地位；它们可以完全在线存在。上面我们区分了正式政治组织和非正式政治组织。虽然这些区别仍然是相关的，但新媒体已经使沟通在组织结构中变得更加重要，因为政治组织可以使用网站、讨论区和社交媒体来影响个人之间的互动。当然，政治组织不会以同样的方式组织沟通。有些群体的沟通结构是分层的，而有些群体按水平结构进行沟通。政治组织的沟通结构更加层级化，限制了支持者通过新媒体进行互动的方式。与正式的政治组织一样，它们通常有明确的领导人，即群体的决策者和发言人。相比之下，在沟通结构上更为横向的政治组织，其支持者之间的互动受到的限制要少得多，而且与非正式政治组织一样，通常是依靠志愿者和捐款来维持团体运转的草根团体。

继续前进（MoveOn）成立于 1998 年，目的是让进步人士和温和的独立人士更多地参与到政治进程中来。继续前进将互动限制在与其议程相关的主题上，并限制支持者可以相互交流的论坛。例如，公民可以推送（和推特有关）继续前进，但该组织主要使用推特宣传其立场、问题和活动。照片墙和汤博乐也是如此。支持者可以直接互动的主要论坛是继续前进的脸书页面。继续前进发布与其议题和活动相关的内

5. 民主就是这样吗?

容,并允许支持者发表评论。例如,在 2017 年 12 月,继续前进的支持者相互鼓励给他们的立法者打电话,敦促他们投票反对税收改革法案(图 5.7—图 5.8)。该法案的反对者指责说,这项改革在很大程度上减轻了美国富人和企业的税负,同时增加了中低收入家庭的税收。像继续前进这样的组织将此称为"共和党税收骗局",支持者们利用社交媒体鼓励彼此"继续斗争"。在脸书出现之前,继续前进的支持者除了偶尔的在线活动外,无法在网上相互交流。

图 5.7—图 5.8　继续前进的支持者互相鼓励对方打电话给他们的立法者

资料来源：脸书

等级沟通结构的一个关键好处是，它使个人更容易参与到政治组织中来。继续前进有一个执行董事和几个有偿的活动家（就像一个正式的政治组织），他们围绕环境、枪支管制、投票权、移民权利和医疗保健等政治问题发起运动。一旦继续前进的领导人发起了一场运动，他们就会给支持者发电子邮件，要求他们在请愿书上签名、捐款、在家里举办电影放映或写信活动、带头举行集会或守夜活动，或者在选举前在他们的社区进行宣传。虽然签署请愿书和捐款等活动不需要花费太多时间和精力,但组织集会或写信活动却需要,尤其是如果你以前从未做过的话。继续前进通过提供活动前的个人待办事项清单,预先填充与会者电子邮件地址的电子邮件,使组织工作变得容易,组织者可以发送信息和提醒,以及活动材料。对于写信活动,继续前进为组织者提供了一部电影,供与会者一起观看,关于电影的讨论问题提示,信件样本,信件收件人的名单,以及信封和邮票,以便在会议结束时将信件寄出。由于继续前进让人们很容易参与到它的活动中,这个政治组织有700多万名成员。

并不是所有使用新媒体的政治组织都按照层级结构来组织它们的传播。例如,"黑人的命也是命"组织与继续前进组织采取横向组织沟通。"黑人的命也是命"运动利用新媒体建立论坛,支持者可以在论坛上彼此分享信息,讨论目标,讨论影响政治变革的方法。该组织试图最大化互动的一个关键原因是,"黑人的命也是命"的创始人希望支持者在他们自己的社区成立小组,彼此分享他们的经验。这与非正式政治组织类似,后者侧重于共享领导和开放沟通。"黑人的命也是命"也利用新媒体直接向政界人士传达自己的观点。例如,在2016年1月的民主党总统候选人辩论中,该组织对候选人的回应进行了评论,建议希拉里和桑德斯承认对变性者、黑人女性的杀害,并为国家暴力(如不公正划分选区和贫困)提供解决方案。

虽然横向的沟通结构可以帮助政治组织加强基层参与,但也有缺点。例如,开放论坛可以吸引反对者和喷子,他们故意发布煽动性的声明和论点,以激怒那些支持某一事件或社区的人。在这个例子中(图5.9—图5.11),你可以看到一些人发表种族主义评论,目的是诋毁"黑人的命也是命"运动及其支持者。在这里,一场关于一名球迷向一名被驱逐的海鹰橄榄球员扔啤酒的对话不时被一些人打断,他们称这名球员(更普遍的说法是非洲裔美国人)为猴子。在美国历史上,把有色人种比作动物一直被用来剥夺非裔美国人的人性,为他们在社会中的从属地位辩护。正如你在这里看到的,在这种情况下这类帖子可以完全破坏一个关于种族和体育礼仪的对话。横向沟通的另一个缺点是,领导者几乎无法控制他们的想法和口号如何被个人使用。招致公众批评的政治活动会损害政治组织影响议程设置过程的能力。例如,"黑人的命也是命"组织在高速公路、桥梁和机场进行封锁,扰乱了民主党总统候选人集会和马丁·路德·金的活动,因此备受关注。封锁尤其引起了更广泛的公众的愤怒,因为它扰乱了上班等日常活动,并可能造成长时间的延误,无论原因是什么,市民都觉得不方便。

另一个例子是茶党运动,这在一定程度上是一场草根运动,是对问题资产救助计划(一项由乔治·W.布什总统在2008年10月签署成为法律的法案)通过的回应,该计划从经济危机中"拯救"了银行。许多地方茶党团体试图通过避免党派政治和敦促公民投票罢免政治圈内人来扩大他们主张的吸引力。然而,这并不是普遍的事实。一些地方茶党组织攻击奥巴马总统,将他在2008年大衰退期间的领导能力与阿道夫·希特勒相提并论。北爱荷华州的一个茶党团体甚至赞助了一块广告牌,以表明他们对奥巴马的党派立场。在广告牌上,它给奥巴马贴上了"激进领袖"的标签,并认为奥巴马像希特勒一样"掠夺""恐惧者"。由于这些历史人物的观点和行为具有争议性,这类比较招致了批评和国际监督。简而言之,这类行动很少得到公众的支持,使政治组织难以影响议程设置过程。他们的想法被认为太过极端,不值得认真对待。

5. 民主就是这样吗？

图 5.9—图 5.11 "黑人的命也是命"脸书页面上的喷子

这些新的组织形式对公民也有不利因素。有时很难分辨政治组织代表的是企业的关切还是公民的关切。考虑到2010年联合公民诉联邦选举委员会最高法院的判决，这一点尤其正确，它允许个人和团体无限制地进行选举支出。这一决定推翻了《麦凯恩-法因戈尔德法》中禁止企业和工会进行"竞选宣传"的条款，"竞选宣传"是指在大选后60天内或在预选后30天内提及候选人的宣传。因此，新成立的政治组织在选举前打出攻击候选人日期的广告并不罕见。

企业所有者利用自己的个人影响力创建政治组织，支持特定的政策立场，这种情况也并不少见。亿万富翁查尔斯·科赫（Charles Koch）和大卫·科赫（David Koch）兄弟成立了美国荣昌组织，这是一个致力于降低税收和减少政府对企业监管的自由主义组织。为了影响议程设置过程，"美国荣昌"在茶党运动的早期阶段帮助资助了它。美国荣昌组织用巴士接送市民参加集会，并资助全国各地的市政厅会议，使茶党运动在全国范围内具有知名度和政治影响力。虽然"美国荣昌"帮助茶党运动的想法获得了影响力，但一些当地团体谴责该组织试图利用他们的草根努力，以便推动自己的议程。由公司、行业贸易协会或公关公司创建和/或资助的组织通常被称为"阿斯特罗夫草皮"组织，因为就像假草一样，它们被设计成看起来像真正的草根、公民组织，但实际上并不是。无论如何，人工草坪组织在政治上具有影响力，因为它们利用了民众的不满情绪，并将公民表达的失望情绪转化为推动其目标的行动和政策。

政治组织和议程设置过程

与公民一样,政治组织希望影响议程设置进程。如上所述,政治组织具有优势,因为它们往往代表成千上万的公民。政治组织还有另外两个优点。首先,它们可以利用自己的资源来确定我们——包括政治家——如何理解政治问题及其解决办法。如果这些框架成为确定议程进程的一部分,政治组织就可以制定立法。

政治框架并不像摄像机框架,因为我们必须决定在画面中包括什么和排除什么。有了照相机,我们就可以选择对景物的哪一部分进行聚焦。如果我们把镜头对准消失在乌云中的山峰,我们就会错过在湖底嬉戏的鸭子。如果我们把鸭子作为画面的中心,我们就无法捕捉到山脉穿透云层的戏剧性画面。换句话说,我们如何给照片配框是有影响的。政治框架也是如此。政治组织有选择地选择如何解释一个问题,在这样做的过程中,缩小了公众和政治家讨论的相关解决方案的范围。

让我们用合法堕胎的例子来思考框架是如何起作用的。在美国,支持安全合法堕胎的组织经常从妇女健康的角度来考虑这个问题。它们认为,合法堕胎是妇女终止意外怀孕的安全方式,并经常提醒我们,当堕胎是非法的时候,妇女们竭尽全力终止意外怀孕;有时会导致死亡。倡导安全合法堕胎的政治组织使用衣架等符号(妇女在堕胎合法之前曾使用衣架引产)戏剧性地辩称,政治家不应考虑限制堕胎权利的政策,因为这将把妇女的生命置于危险之中。相反,反对合法堕胎的组织则以"未出生婴儿"的"权利"来框定这个问题。它们认为,公众需要优先考虑"未出生的孩子"的权利,而不是母亲的权利,并使堕胎在大多数情况下是非法的。在这场辩论中,这一方的组织用来戏剧性地争论胎儿是儿童，政客们应该通过将堕胎定为非法来保护他们的权利符号之一的小脚丫。简而言之，主张和反对合法堕胎的政治组织以与其目标一致的方式提出这个问题。这些框架非常成功。政客们在考虑新的堕胎政策时经常引用这些框架。

　　政治组织相对于个人的第二个相关优势是，它们可以通过大众媒体有效地传播它们的框架。政治组织通常拥有具备媒体专业知识的员工或成员，知道如何推广它们的框架。同样，这很重要，因为政客关注媒体是为了了解选民关心什么问题。政治家也会受到框架的影响，这影响到政治机构如何处理这些问题。让我们更详细地看看政治组织如何使用传统媒体和新媒体。

政治组织与传统新闻媒体

　　虽然我们很容易将注意力集中在政治组织如何利用新媒体传播其框架上，但报纸和电视新闻等传统媒体仍在议程设置过程中发挥着作用。根据皮尤 2016 年新闻媒体状况报告，美国人可以继续收看传统新闻媒体，这意味着它们在议程设置过程中仍然很重要。因此，政治组织以传统的大众媒体为目标，以便公民和政治家能够接触并接受他们的政治框架。

　　将政治框架引入传统媒体并非易事。这一点尤其正确，因为媒体专业人员、编辑和所有者是信息的把关人，他们决定什么故事将被带到更大的公众面前，以及它们将如何呈现。毫不奇怪，新闻故事很少能完美地传达政治组织的思想，而且它们的框架常常被排除在报道之外。有时，政治组织的扭曲或遗漏是出口偏见的功能，即当一个出口

5. 民主就是这样吗？

倾向于支持或反对一个思想、个人或团体与另一个相比。例如，有时像《人类事件》这样的保守派杂志会歪曲进步政治组织的观点，有时像《琼斯母亲》这样的进步媒体会歪曲保守政治组织的观点，以吸引目标受众。其他时候，这是新闻实践的一个功能。例如，广播新闻等吸引普通受众的新闻媒体在报道政治问题时尽量保持客观或中立。在实践中，这意味着记者在他们的新闻报道中总结相反的观点。这就是为什么当你看到或读到关于堕胎权和持枪权等话题的报道时，两种观点——反对这些权利的团体的观点和支持这些权利的团体的观点——都包含在报道中。因此，出现了政治组织没有多少机会用它们自己的话来传达它们的思想。如果它们幸运的话，这些故事中会提到或引用政治组织。

一些政治团体会试图通过使用新的或有趣的策略来吸引记者的注意，以吸引传统媒体的注意。让我们以"拯救行动"为例，通过直接行动来吸引传统媒体的注意。当该组织的成员开始封锁堕胎诊所的入口并关闭时，该组织成为新闻的话题。记者们涌向诊所，记录了抗议者在谈论结束堕胎的重要性时被捕的情况。这一策略使"拯救行动"的新闻报道传遍了全国。在主流的大众媒体的记者通常对该组织进行均衡报道，这意味着他们包括不同的观点。例如，在1988年民主党全国代表大会前后发生在乔治亚州亚特兰大的一篇关于"拯救行动"首次在诊所举行示威的报道中，记者将"拯救行动"的框架——堕胎会杀死未出生的婴儿——包括在报道中。然而，它并不是唯一的框架。反对抗议活动的医务工作人员也被纳入报道范围，以便使报道更加客观。政治组织很少会在没有对比观点的情况下提出它们的议题和框架。

政治组织也试图在客座专栏、评论和给编辑的信中得到它们的框架。像新闻报道一样，政治组织写专栏、写评论和给编辑写信的机会是相当少的。写给编辑的信通常以普通市民的观点为特色，而专栏文章则常常讲述一家媒体的一名或多名新闻工作者的情况。在《普罗维登斯日报》上刊登的题为"失去朋友，影响他人"的专栏文章中，不愿透露姓名的编辑批评"救援行动"在诊所外的示威活动使用了"危及社会秩序""游击战战术"，编辑们写道：

> 但是，就像反对堕胎的人可以行使这些权利一样，他们也必须考虑到其他公民的权利。因此，集体突袭示威不仅是不明智，会引起公众骚动，分散警察的注意力，而且是完全错误的。事实上，示威活动是如此具有爆炸性，而且显然是如此的出乎意料，以至于警察无法在城市的其他地区履行他们的重要职责。如果反堕胎示威者试图影响舆论，他们最好避免采取危及社会秩序的游击战策略。在普罗维登斯，就像在其他城市一样，当局做了他们显然必须做的事（1988年11月1日《普罗维登斯日报》）。

注意，虽然编辑们对"拯救行动"持批评态度，但他们并没有提及它的框架（堕胎会杀死未出生的婴儿），专栏文章也没有讨论支持合法堕胎的组织的想法。简而言之，政治组织可能会投入大量的时间和精力，试图在传统媒体渠道获得媒体的关注，结果发现它们的策略和目标受到批评。

对于这个问题，付费广告似乎是一个显而易见的解决方案。毕竟，政治组织可以购买空间，制作广告来传达它们想要的框架。然而，广

5. 民主就是这样吗？

告是非常昂贵的。政治组织必须付钱给营销专家，让他们制作和测试它们的政治信息，然后在它们的框架对政客影响最大的城市和州购买广告位。公司通过提高产品价格把广告费用转嫁给消费者。无论如何，政治组织不是在销售产品，也没有人可以转嫁这些成本。一些政治组织，特别是非正式团体，没有足够的钱购买广告版面。即使是有资金的政治组织也必须小心使用资金。政治组织的支持者希望他们的捐款用于推进团体目标，而不是广告宣传。即使一个政治组织制作了一个广告，也不能保证媒体会刊登它。

报纸、广播电台和网络拒绝刊登政治组织的广告的例子有很多，因为他们担心会冒犯一部分听众。例如，反对合法堕胎的组织"全国生命权利委员会"（National Right to Life Committee）无法让当地报纸刊登对所谓的"部分生育流产"（partial birth abortion）手术进行直观描述的广告，这是医生用来终止妊娠的一种罕见手术。报纸担心这则以连环画形式展示手术过程的广告会冒犯读者。政治组织"善待动物组织"（People for the Ethical Treatment of Animals）发现，它无法让网络播放其广告。这则广告模仿了广受欢迎的"狂野女孩"系列，展示了女人们撕破上衣露出牛的乳房（而不是人的乳房），被认为争议太大，不能在"超级碗"期间播出。"善待动物组织"在让报纸和杂志刊登其宣传动物权利的衣着暴露的名人广告方面也遇到了类似的困难。在一则广告中，帕梅拉·安德森（Pamela Anderson）穿着比基尼，她的身体部位（如小腿、乳房、肩膀、肋骨、臀部、大腿和脚）标着"所有动物都有相同的部位。"在另一则广告中，赤身裸体的乔安娜·克鲁帕（Joanna Krupa）戴着天使的翅膀，手捧一个精心摆放的十字架，敦促观众："做动物的天使，总是接受，从来不买。"简而言之，政治组织不能总是从传统媒体上获得它们的想法，即使它们想为此付费。

这些例子强调了这样一个事实：通过传统媒体渠道进行的交流是单向的，有许多守门人（在这种情况下，是记者、编辑和所有者）决定什么问题、思想和政治组织应该出现在电视、报纸和广播中。因此，政治组织不仅难以从传统渠道获得其想法，而且也难以确定其努力是否有效。让我们以广告为例。当政治组织需要动员公众关注它们的议题时，它们往往会尝试使用付费广告。当枪支管制成为人们谈论的话题时，我们看到了美国步枪协会的电视广告；当善待动物组织想要揭露工业农场如何对待我们食用的动物时，我们看到了它们购买的广告牌。很难弄清楚一个特定的广告是否值得花钱，因为大多数观众不会就他们的立场向组织提供反馈。当然，强烈赞同和反对的个人可能会给组织发电子邮件，如果他们支持组织正在做的事情，可能会给这个组织提供资金。然而，大多数人都没有反应，因此很难确定一个广告是否值得花这么多钱。

再现不平等：线上"另类右翼"（Alt Right）

在2016年总统大选期间，我们听到了很多关于"另类右翼"的说法，它指的是那些认为"白人文明"受到多元文化主义倡导者攻击的人。基本上，另类右翼看到了美国人口结构的变化，并呼吁平等，这是对白人、异性恋和男性主导地位的威胁。极右倾团体的支持者将"政治正确"和"社会正义"视为反对者的主要工具，并在网上打击他们的努力，因为他们可以匿名。

5. 民主就是这样吗？

具体来说，美国的另类右翼倡导者使用以下方法：

- 诋毁主流保守派、犹太人和有色人种的表情包。例如，另类右翼分子称保守派为"cuckservatives"，这是"保守"和"戴绿帽"两个词的合成词，用来形容那些被视为软弱或"出卖"的共和党人。这个表情包经常明确地指性行为——丈夫允许陌生人和他的妻子发生性关系——以突出政治家的软弱和无能。另类右翼也使用了20世纪80年代麦当劳的角色，月亮人，作为说唱的"主角"，直截了当地描写谋杀有色人种的可怕场景。

- 红迪（Reddit）在美国的另类右翼中非常受欢迎，很大程度上是因为它允许发帖者在发布内容时保持匿名。红迪上的另类右翼论坛，以及唐纳德·特朗普（Donald Trump）愿意转发上面发布的内容，这些都是网上围绕政治问题展开辩论的核心议题。例如，特朗普在推特上分享了一张他殴打CNN记者的动图。该视频由"汉萨斯肖洛罗"制作，他是红迪版块"唐老报"（The_Donald）的44.8万名成员之一。虽然"汉萨斯肖洛罗"认为该视频是讽刺，但红迪版块的几项调查认为"唐老报"充斥着公开的宗教、性别和种族主义仇恨言论。

- 优途上的政治频道由另类右翼主导。哈佛大学琼·肖伦斯坦研究员扎克·埃克斯利（Zack Exley）对优途进行了研究，发现优途上的政治频道获得了数百万次观看，其中绝大多数支持带有现代色彩的白人民族主义。埃克斯利专门研究了黑鸽子讲话的视频。该视频拥有18万订阅者，其视频的浏览量通常超过10万。用制片人自己的话讲，埃克斯利解开了极右派对女性、移民和犹太人等问题的立场和态度。埃克斯利指出，另类右翼

> 正在政治言论上左右市场,这是有问题的,因为这种交流方式在优途观看人群中获得了吸引力。
>
> 鉴于美国人倾向于只看他们在政治上同意的内容,很容易想象极右派是如何破坏社会包容的。优途支持者明确界定了我们的政治体系中应该和不应该包括哪些人。

政治组织和新媒体

新媒体为政治组织影响议程设置过程提供了替代途径。政治组织可以使用新媒体将选民与代表他们的政治家直接联系起来。让我们以"母亲崛起"为例,这是一个为母亲和家庭解决紧迫问题的政治组织,例如负担得起的医疗保健。"母亲崛起"利用它们的网站和社交媒体收集有关医疗补助如何帮助美国家庭的故事。"母亲崛起"收集到一些故事后,通过社交媒体将其中一些故事转发给那些想要削减医疗补助资金的政客。例如,参议员米奇·麦康奈尔(Mitch McConnell)(来自肯塔基州的共和党人)在推特上介绍了医疗补助是如何帮助该州公民的。"母亲崛起"鼓励麦康奈尔更多地了解肯塔基州同胞罗兰达。罗兰达是两个孩子的母亲,如果没有该项目,她将无法获得医疗保健。"母亲崛起"组织将所有的故事汇集成一个名为"母亲为医疗补助发声"的合集,并将其转交给国会议员和奥巴马总统。

政治组织也可以传播它们的广告和视频,而不用担心看门人是否喜欢它们的想法。这对政治组织来说很重要,因为这使它们可以绕过传统媒体渠道,将自己的框架传播给更广泛的公众。例如,丹·萨维奇(Dan Savage)和萨维奇的丈夫特里·米勒(Terry Miller),完全避开了传统渠道,在优途上启动了"It Gets Better"项目。萨维奇和米勒的研究是针对因性取向而受到欺凌的青少年自杀率上升的问题。第一个视频发布于2010年9月21日,浏览量已超过200万次,来自世界各地的数千名名人和市民在该网站上分享了他们的希望。同样,倡导可持续农业的政治组织"可持续餐桌"(Sustainable Table)制作了一个名为The Meatrix[恶搞大片《黑客帝国》(*The Matrix*)]的视频,展示工业化农业如何造成环境破坏和健康问题。最近,世界野生动物基金会利用色拉布(Snapchat,一种照片分享平台)试图提高人们对濒临灭绝动物种群数量的意识。该组织抓拍了大猩猩、老虎和熊猫的照片,并指出,就像色拉布上的自拍照每十秒就会消失一样,濒危动物也会消失。

总而言之,新媒体使政治组织更容易向更广泛的受众提出问题,并向政客施压,促使他们采取行动。这对社会包容很重要,因为代表重要公民群体的组织将对政治家和议程设置过程具有更大的影响力。如果政治组织能够找到方法,利用新媒体来影响其支持者的个人经历,使他们对抗代表他们的政客,这一点就尤其正确。政客们可能会发现,在政治组织宣传受这些问题影响的选民的故事后,他们更难以淡化或忽视这些问题。

结论

在本章中,我们了解到新媒体已经改变了我们与政治机构的互动。具体而言,新媒体为个人和政治组织提供了更多影响议程设置过程的途径。在个人层面,新媒体有助于降低参与的相关成本,并使个人更容易参与政治。例如，新媒体使个人更容易学习政治技能。个人可以访问与全国步枪协会（National Rifle Association）相关的网站，并迅速学习如何做从游说他们的社区到促进政治对话的所有事情。这些活动具有重要意义，因为它们可能使个人在议程设置方面具有更大的影响力，从而转化为立法改革和更多的社会包容。

政治组织也受益于新媒体。政治组织可以利用新媒体以不同的方式组织自己。团体不再需要在现实世界有一个实体办公地点；它们可以完全在线存在。我们了解到，新媒体使沟通对政治组织更加重要，团体可以使用新技术来限制或促进支持者之间的互动。例如，MoveOn.org 分层组织沟通，并限制支持者通过新媒体相互交流的方式。相比之下，"黑人的命也是命"组织横向组织沟通，并允许其支持者更自由地互动。我们讨论了每种方法的优缺点。具有分层组织结构的团体使个人更容易参与政治组织，但使支持者很难在"现实"世界中定期联系。具有横向组织结构的政治组织培养基层基础，但无法控制自己的思想如何被他人使用。

政治组织相对于个人的一个关键优势是，它们有能力有效地影响议程设置过程。我们了解到，政治组织利用传统媒体和新媒体向公众和政治家传播它们的框架。由于政治组织比个人拥有更多的资源，它们相对容易传播其思想并影响议程设置过程。新媒体使政治组织能够更有效地针对政治人物的框架。正如我们在"母亲崛起"中看到的那样，政治组织可以创造性地将选民和政治家联系起来，公开向政治家施压，要求他们处理自己的问题——或者，至少，使这些问题很难被忽视。

也就是说，新媒体并不一定会带来更多的社会包容性。重要的是要记住，一些个人有更多和更好的机会接触新媒体，这塑造了公民参与政治和为自己的利益倡导的能力。同样，重要的是要记住，一些政治组织更能代表一个群体，在政治进程中更有力量。草根政治组织比"天马行空"的政治组织更能代表一个社区，后者只是利用大众的想法来达到自己的目的。尽管如此，阿斯特罗夫草皮政治机关可以利用它们的财富不成比例地影响政治和社会包容。

案例研究：善待动物组织

善待动物组织（PETA）以其对新媒体的创造性、有效性，有时甚至是攻击性的使用而闻名。该政治组织有以下内容：

- 针对不同目标受众的不同网站。除了它的一般网站（PETA.org），该组织还为小学和初中的孩子们维护 PETA Kids 网站，为高中生和大学生维护 PETA2 网站，为 50 岁及以上人群维护 PETA Prime 网站。

- 针对不同活动的不同网站。善待动物组织的活动经常攻击企业使用皮毛或对待动物的方式。看看他们针对奥尔森双胞胎（《装扮食人魔》）和肯德基（《残忍的肯德基》）的宣传吧。

- 许多旨在教育公众有关动物权利的讽刺游戏。两个例子是《番茄复仇》（基于《青蛙过河》），玩家在游戏中向穿皮草的人扔西红柿，以及《新超级小鸡》，玩家试图拯救明星帕梅拉·安德森，以免她成为麦当劳的秘密原料。

上网查看以下善待动物组织网站和游戏（链接位于本章末尾）：

- PETA Kids

- PETA2

• 超级小鸡

• 超级豆腐小子

讨论以下问题：

• 你认为善待动物组织能有效地利用新媒体来教育更广泛的公众吗？

• 你认为这有助于社会包容吗？为什么或为什么不？

章节链接

"Home Page." n.d. National Rifle Association Institute for Legislative Action. http://www.nraila.org.

Marikar, Sheila. 2016. "An App for Political Organizing." *New Yorker*. Last modified October 17, 2016. http://www.newyorker.com.

Janjigian, Lori. 2016. "#NeverTrump App Helps Facilitate Vote Swapping to Safely Vote for a Third-Party." *Business Insider*. Last modified October 6, 2016. http://www.businessinsider.com.

Atkinson, Robert. 2010. "Voices: Reactions to the North Iowa Tea Party Billboard Comparing President Barack Obama to Adolf Hitler and Vladimir Lenin." *Kalamazoo Gazette*. Last modified July 20, 2010. http://www.mlive.com.

"Last Selfie." n.d. World Wildlife Fund. http://www.justforthis.com.

Caffier, Justin. 2017. "Get to Know the Memes of the Alt-Right and Never Miss a Dog Whistle Again." *Vice*. Last modified January 25, 2017.

http://www.vice.com.

Ellis, Emma Grey. 2017. "The Alt-Right's Newest Ploy? Trolling with False Symbols." *Wired*. Last modified May 10, 2017. http://www.wired.com.

Exley, Zack. 2017. "Black Pigeon Speaks: The Anatomy of the Worldview of an Alt-Right YouTuber." Shorenstein Center on Media, Politics and Public Policy. Last modified June 2017. http://www.shorensteincenter.org.

"Home Page." n.d. PETA Kids. http://www.petakids.com.

"Home Page." n.d. PETA 2. http://www.peta2.com.

"Super Chick Sisters." n.d. PETA. http://www.mccruelty.com.

"Super Tofu Boy." n.d. PETA. http://www.peta.org.

章节回顾问题

1. 随着新技术的发展，议程设置发生了怎样的变化？

2. 议程设置与社会包容之间有何关系？

3. 新媒体如何帮助个人克服与政治参与有关的障碍？

4. 数字鸿沟如何成为社会包容的障碍？

5. 分层组织沟通的政治组织其缺点是什么？横向组织沟通的政治组织其缺点又是什么？

6. 为什么政治组织要建立框架？

了解更多信息

Capecchi, Christina. 2015. "'Black Lives Matter' Protesters Gather; Mall Is Shut in Response." *New York Times*. Last modified December 23, 2015. http://www.nytimes.com.

"Civil Rights Movement." n.d. John F. Kennedy Presidential Library and Museum. Retrieved June 2016. http://www.jfklibrary.org.

Cornish, Audie. 2013. "How the Civil Rights Movement Was Covered in Birmingham." *NPR*. Last modified June 18, 2013. http://www.npr.org.

Farley, Robert. 2011. "Americans for Prosperity." FactCheck.org. Last modified October 10, 2011. http://www.factcheck.org.

Freelon, Deen, Charlton D. McIlwain, and Meredith D. Clark. 2016. "Beyond the Hashtags: #Ferguson, #BlackLivesMatter, and the Online Struggle for Offline Justice." Center for Media & Social Impact. Last modified February 29, 2016. http://www.cmsimpact.org.

Garza, Alicia. 2014. "A Herstory of the #BlackLivesMatter Movement." The Feminist Wire. Last modified October 7, 2014. http://www.thefeministwire.com.

"How the Media Covered the Civil Rights Movement: The Children's March." 2015. *Alabama Public Radio*. Last modified April 25, 2013. http://www.apr.org.

Kanter, Beth. 2011. "Likes on Facebook Are Not a Victory: Results Are!" Beth's Blog. Last modified August 9, 2011. http://www.bethkanter.org.

"Mapping the Digital Divide." 2015. Council of Economic Advisers Issue Brief. Last modified July 2015. http://www.obamawhitehouse.archives.gov.

McClain, Dani. 2016. "The Black Lives Matter Movement Is Most Visible on Twitter. Its True Home Is Elsewhere." *Nation*. Last modified April 19, 2016. http://www.thenation.com.

Mohdin, Aamna. 2015. "From #PrayForParis to #BlackLivesMatter, Twitter Looks Back at This Year's Biggest Moments." *Quartz*. Last modified December 7, 2015. http://www.qz.com.

Savage, Dan, and Terry Miller. 2010. "It Gets Better: Dan & Terry." It Gets Better Project. Last modified October 13, 2010. http://www.youtube.com.

"Selma, Alabama: The Role of News Media in the Civil Rights Movement." n.d. *PBS LearningMedia*. Retrieved June 2016. http://www.pbslearningmedia.org.

Sidner, Sara, and Mallory Simon. 2015. "This Is How and Why the Black Lives Matter Movement Continues to Grow." *Las Vegas Review-Journal*. Last modified December 28, 2015. http://www.reviewjournal.com.

Smith, Aaron, Kay Lehman Schlozman, Sidney Verba, and Henry Brady. 2009. "The Demographics of Online and Offline Political Participation." Pew Research Center. Last modified September 1, 2009. http://www.pewinternet.org.

——. 2009. "Will Political Engagement on Blogs and Social Networking Sites Change Everything?" Pew Research Center. Last modified

September 1, 2009. http://www.pewinternet.org.

Spillius, Alex. 2010. "Barack Obama Compared to Hitler and Lenin in Tea Party Billboard." *Telegraph*. Last modified July 13, 2010. http://www.telegraph.co.uk.

"The State of Broadband: Broadband Catalyzing Sustainable Development." 2016. Broadband Commission. Last modified September 2016. http://www.broadbandcommission.org.

"State of the News Media 2016." 2016. Pew Research Center. Last modified June 15, 2016. http://www.pewresearch.org.

视频和电影

ABC News. 2010. "Social Networking Is Revolutionizing Politics." YouTube. Last modified July 22, 2010. http://www.youtube.com.

Anschuetz, Nika. 2015. "Is Hashtag-Based Activism All Talk, No Action?" *USA Today College*. Last modified October 26, 2015. http://www.college.usatoday.com.

Attkisson, Sharyl. 2015. "Astroturf and Manipulation of Media Messages." *TEDxUniversityofNevada*. Last modified February 6, 2015. http://www.youtube.com.

Auerbach, David. 2016. "The Bernie Bubble." *Slate*. Last modified February 17, 2016. http://www.slate.com.

BBC News. 2014. "Social Media & Twitter Abuse in Politics." YouTube. Last modified September 13, 2014. http://www.youtube.com.

Cleary, Ronica. 2016. "Impacts of Social Media on Politics, Presidential Race." *FOX 5*. Last modified March 2, 2016. http://www.fox5dc.com.

Daniels, Eugene. 2016. "House Democrats Use Social Media to Show House Floor Takeover." *Newsy*. Last modified June 22, 2016. http://www.newsy.com.

"Is Social Media Ruining Politics in the United States?" 2015. *MSNBC*. Last modified September 4, 2015. http://www.msnbc.com.

Keen, Andrew. 2009. "Social Media and the Internet Do Not Spread Democracy." *Telegraph*. Last modified August 18, 2009. http://www.telegraph.co.uk.

Maddow, Rachel. 2015. "Full Video: Hillary Clinton Meets Black Lives Matter." *MSNBC*. Last modified August 20, 2015. http://www.msnbc.com.

Patterson, Dan. 2016. "Election Tech: Let's Get Vertical—How Presidential Campaigns Use Data and Social Media to Microtarget Voters." TechRepublic. Last modified February 12, 2016. http://www.techrepublic.com.

Perry, Melissa Harris. 2016. "Engaging in Politics through Social Media." *MSNBC*. Last modified February 7, 2016. http://www.msnbc.com.

PETA. 2012. "Milk Gone Wild." YouTube. Last modified January 23, 2012. http://www.youtube.com.

"Political Change: What Social Media Can—and Can't Do." 2011. *NATO Review*. http://www.nato.int.

"Political Talk on Facebook Mirrors Political Talk Offline." 2015.

Phys.org. Last modified May 12, 2015. http://www.phys.org.

"Politics and Religion Don't Mix, Neither Do Politics and Social Media." 2012. *CBS DFW*. Last modified October 15, 2012. http://www.dfw.cbslocal.com.

Retherford, John. 2015. "Black Lives Matters Demonstration at Bernie Sanders Westlake Event Seattle (Unedited)." YouTube. Last modified August 10, 2015. http://www.youtube.com.

Ridgwell, Henry. 2013. "Global Politics Shaken by Social Media." *VOA*. Last modified March 13, 2013. http://www.voanews.com.

"Role of Social Media in 2016 Presidential Campaign Coverage." 2016. *C-SPAN*. Last modified July 24, 2016. http://www.c-span.org.

"The Role of Tech in Women's Political Participation—Video." 2013. *Guardian*. Last modified December 10, 2013. http://www.theguardian.com.

Shirky, Clay. 2009. "How Social Media Can Make History." *TED*. Last modified June 2009. http://www.ted.com.

"The Sustainable Table." n.d. *Meatrix*. Last modified July 2016. http://www.themeatrix.com.

本章参考

Andrews, Kenneth, and Neal Caren. 2010. "Making the News: Movement Organizations, Media Attention, and the Public Agenda." *American Sociological Review* 75 (6): 841–66.

Bennett, Lance, and Alexandra Segerberg. 2012. "The Logic of

Connective Action." *Information, Communication & Society* 15 (5): 739–68.

Bimber, Bruce, Andrew Flanagin, and Cynthia Stohl. 2012. *Collective Action in Organizations: Interaction and Engagement in an Era of Technological Change*. New York: Cambridge University Press.

Castells, Manuel. 2012. *Networks of Outrage and Hope: Social Movements in the Internet Age*. Malden, MA: Polity Press.

Earl, Jennifer, and Katrina Kimport. 2011. *Digitally Enabled Social Change: Activism in the Internet Age*. New York: MIT Press.

Faris, Rob, Hal Roberts, Bruce Etling, Nikki Bourassa, and Ethan Zucherman. 2017. "Partisanship, Propaganda, and Disinformation: Online Media and the 2016 U.S. Presidential Election." Bekman Klein Center for Internet & Society. Last modified August 2018. https://cyber.harvard.edu/publications/2017/08/mediacloud.

Freelon, Deen, Charlton McIlwain, and Meredith Clark. 2016. "Quantifying the Power and Consequences of Social Media Protest." *New Media & Society* 20 (3): 990–1011. https://doi.org/10.1177/1461444816676646.

Gamson, William, and David Meyer. 1996. "Framing Political Opportunity." In *Comparative Perspectives on Social Movements: Political Opportunities, Mobilizing Structures, and Cultural Framings*, edited by D. McAdam, J. McCarthy, and M. Zald, 275–90. Cambridge: Cambridge University Press.

Gamson, William, and Gadi Wolfsfeld. 1993. "Movement and Media as Interacting Systems." Annals of the American Academy of Political and

Social Science 578: 104–25.

Haines, Herbert. 1988. *Black Radicals and the Civil Rights Mainstream, 1954–1970.* Knoxville: University of Tennessee Press.

Heatherly, Kyle A., Yanqin Lu, and Jae Kook Lee. 2016. "Filtering Out the Other Side? Cross-Cutting and Like-Minded Discussions on Social Networking Sites." *New Media & Society* 19 (8): 1271–89. https://doi.org/10.1177/1461444816634677.

Hilgartner, Stephen, and Charles Bosk. 1988. "The Rise and Fall of Social Problems: A Public Arenas Model." *American Journal of Sociology* 94:53–78.

LeFebvre, Rebecca Kay, and Crystal Armstrong. 2016. "Grievance-Based Social Movement Mobilization in the #Ferguson Twitter Storm." *New Media & Society* 20(1):8. https://doi.org/10.1177/1461444816644697.

McCombs, Maxwell, and Donald Shaw. 1972. "The Agenda-Setting Function of Mass Media." *The Public Opinion Quarterly* 36 (2): 176–87.

Phillips, Whitney. 2018. "The Oxygen of Amplification: Better Practices for Reporting on Extremists, Antagonists, and Manipulators Online." *Data & Society*. Last modified May 2018. https://datasociety.net/wp-content/uploads/2018/05/FULLREPORT_Oxygen of Amplification DS.pdf.

Rohlinger, Deana. 2015. *Abortion Politics, Mass Media, and Social Movements in America.* New York: Cambridge University Press.

Rohlinger, Deana, and Leslie Bunnage. 2015. "Connecting People to Politics over Time? Internet Communication Technology and Retention in Moveon.org and the Florida Tea Party Movement." *Information, Communication & Society* 18 (5): 539–52.

Rojecki, Andrew, and Sharon Meraz. 2016. "Rumors and Factitious Informational Blends: The Role of the Web in Speculative Politics." *New Media & Society* 18 (1): 25–43.

Ryan, Charlotte. 1991. *Prime Time Activism: Media Strategies for Grassroots Organizing*. Boston: South End Press.

Shin, Jieun, Lian Jian, Kevin Driscoll, and François Bar. 2017. "Political Rumoring on Twitter During the 2012 US Presidential Election: Rumor Diffusion and Correction." *New Media & Society* 19 (8):1214–35.

Snow, David, and Robert Benford. 1992. "Master Frames and Cycles of Protest." In *Frontiers in Social Movement Theory*, edited by A. Morris and C. M. Mueller, 133–55. New Haven: Yale University Press.

Sobieraj, Sarah. 2011. *Soundbitten: The Perils of Media-Centered Political Activism*. New York: New York University Press.

Wiewiura, Joachim S., and Vincent F. Hendricks. 2017. "Informational Pathologies and Interest Bubbles: Exploring the Structural Mobilization of Knowledge, Ignorance, and Slack." *New Media & Society* 20(3):1123–38. https://doi.org/10.1177/1461444816686095.

结论

在这本书的开头，我把我们比作鱼。像鱼一样，我们很难理解我们游泳的水域。对我们来说，新媒体才是水。虽然你可能对自己的数字技术依赖程度有所了解，但你可能没有记录过自己花在设备上的上网时间，更没有想过新技术如何改变了我们的互动方式和我们所依赖的社会机制。在本书的最后一章中，我们回顾了引言中提出的两个问题：

1. 新媒体如何塑造我们之间的互动和体验？

2. 新媒体如何对确立行为预期和规范人们生活的社会机构或既定社会规则体系产生影响？

我们将依次讨论每个问题。

练习

你真的知道你花了多少时间在大众媒体上吗？查出来！记录你一周内使用不同设备的情况。最好的方法是创建一个 Excel 表格，记录 (1) 媒介 / 设备，(2) 每个媒介 / 设备花费的分钟数，(3) 媒介 / 设备用于做什么（例如，10 分钟与父母交谈，90 分钟在学习时播放音乐，120 分钟电视作为消遣，等等）。Excel 表格中应包含的介质和设备如下：

- 计算机
- 电视

- 平板电脑
- 报纸/杂志
- 收音机
- 立体声音响/CD
- 书籍
- 电话
- 其他

非常重要的是,你要明确你是如何使用媒介/设备的,这样你就可以看到你在工作和娱乐中使用大众媒体的频率。例如,你可能在智能手机上总共花了 5 个小时,但其中大部分时间可能都花在给朋友发短信上了。

在周末结束时,评估一下你平均在每种媒介/设备上花了多少时间,并确定你在各种活动上花了多少时间,比如在工作中使用电脑。结果有什么让你惊讶的吗?将你的结果与你的一个或多个同学进行比较。你们在媒体使用上有多相似/不同?

新媒体与我们

第一个问题是新媒体如何影响我们彼此间的互动和体验。正如我们在第一章中看到的,这个问题的答案很复杂。事实上,我们发现新媒体对我们的关系产生潜在的积极和消极的影响。以下是我们所知道的。

新媒体使我们更容易与他人联系,并为我们提供了更多的方式,以广泛的兴趣与他人联系。如果我们想和其他人聊《西部世界》的最新一集,世界大赛的竞争队伍,甚至是托拉(或希伯来圣经的教义)

中难懂的一段话，很容易找到一个在线社区准备好并愿意详细讨论这些话题。在数字时代也很容易找到集体娱乐。我们可以在移动设备上玩各种游戏，从《填字游戏》到《堡垒之夜大逃杀》。更重要的是，我们知道这些在线社交网络很重要。还记得第一章皮尤研究中心关于青少年、科技和友谊的调查吗？皮尤研究中心发现，大多数青少年通过社交媒体或在线游戏认识了他们原本不会认识的人，20%的青少年在"现实"世界中认识了这些数字朋友。我们还了解到，在线交流有助于青少年向成年过渡。尤其是青少年，他们可以上网体验自己性格的不同方面，并发展虚拟友谊，这可以让上大学更容易。简而言之，新媒体提供了我们可以建立有意义和积极关系的论坛。

然而，新媒体不一定能帮助我们培养快乐和健康的人际关系。在第一章中，我们学习了本体安全的重要性，它来自于我们与朋友和家人的关系，在处理我们无法控制的事件时。我们还了解到，新媒体给这些关系带来了压力。例如，青少年报告说，他们希望父母放下电子设备，与他们交谈。当他们在同一个房间里，同时试图通过社交媒体跟踪他们的朋友和活动时，青少年会怨恨父母忽视他们。新媒体也给友谊带来了压力。我们发现，青少年和成年人有时更关心自己在网上的形象，而不是他们友谊的质量。因此，我们经常小心翼翼地在网上吸引朋友，发布一些我们希望能让自己看起来不错——被别人"喜欢"的内容。这种为朋友和家人持续策划的生活最终会造成我们之间的距离，这会影响我们在面对面交流中处理人际冲突和尴尬互动的能力。

在数字时代，我们不一定对彼此更友好。新媒体在互动中制造了一种距离感，这种距离感使一些人可以很容易地做和说他们在其他情况下可能不会做和说的事情。青少年和成年人有时也会在网上做出粗鲁的行为。在温布尔登网球公开赛上,人们对塞雷娜·威廉姆斯乳头的奇怪关注只是普通人利用新媒体对他人发表不得体评论的一个例子。那些攻击女权主义者林迪·韦斯特的喷子更糟糕。一个喷子甚至冒充她死去的父亲,用这个角色威胁要强奸韦斯特。最后,我们似乎没有在网上挑战种族或民族歧视。像"第二人生"这样的虚拟论坛由白人头像主导,这使得他们的多样性不如我们的现实生活。虽然这在一定程度上是论坛的功能(记住,"第二人生"为用户提供了肤色较浅的头像,因为他们更接近于想象中的白人理想),但少数族裔和少数民族在网上经常被谩骂和骚扰。

再现不平等:网络中立

我们通常认为互联网是一个信息快速自由流动的空间。我们想知道的任何事情或想买的任何产品,只需点击一下即可。我们可以上网,自由交流,获取关于世界的信息,这是网络中立原则的核心。我们相信我们——而不是公司——应该负责我们的互联网体验。

美国电话电报公司(AT&T)、康卡斯特(Comcast)和威瑞森(Verizon)等互联网服务提供商对此并不认同。他们认为,既然他们为我们所知的互联网提供了一些必要的实体基础设施,他们应该对我们如何接收内容以及他们如何从中获利有更多的控制权。这是有争议的,因为互联网服务提供商可以影响信息流,影响我们可以访问的内容种类。如果没有网络中立,互联网服务提供商可能会阻止我们访问他们不喜欢的内容,让他们不同意的个人和团体保持沉默,并建立"快速通道",让我们只能快速访问支付额外费用的公司的内容和服务。我们可能还会发现互联网服务更贵了。互联网服务提供商可以像有线电视那样将内容捆绑在一起。例如,康卡斯特可以决定用户访问谷歌、CNN和《纽约时报》等"流行"网站的费用为每月60美元。

这和不平等有什么关系?很多。首先,"快车道"和"慢车道"对大公司有利。较小的企业和初创公司将更难筹到资金,让他们的内容进入"快车道",这将使他们更难生存。第二,允许互联网服务提供商对内容进行分类,使得有色人种、LGBTQ群体、土著人民和宗教少数群体更难组织起来反对歧视。最后,它将加深美国的数字鸿沟。随着互联网接入成本的增加,有能力付费的美国人数量减少了。

新媒体与社会机构

第二个问题是,新媒体如何对确立行为预期和规范人们生活的社会机构或既定社会规则体系产生影响。为了更好地理解个人、机构和新媒体之间的互动,我们使用了社会交换模型。这个模型强调了关系动力学的重要性,即一个行为者的行为是如何被其他行为者的行为和制度环境的变化所塑造的。换句话说,社会交换模式并不认为新媒体对美国社会是好是坏。它只是让我们注意到这样一个事实:大众媒体、社会机构和个人之间的互动改变了我们的行为和社会,并认识到与变化相关的后果可能是积极的和消极的。在整本书中,我们探索了这些互动如何改变教育、法律机构、工作场所和政治机构。在这里,我们将简要总结一些与新媒体在各种社会机构中相关的后果。

让我们从教育开始。在第二章中，我们了解到新媒体被用来增加学生、教师、专业人员和专家之间的联系，并扩大学生的教育机会。例如，贫困社区的学生可以通过可汗学院（Khan Academy）等免费平台学习基础和专业技能，或通过大规模在线开放课程（慕课，MOOCs）从该领域的专家那里学习先进材料。此外，新媒体使教师的授课方式多样化，使他们能够适应各种学习方式。学习速度快的人可以读完一节课，然后立即做要求的测试，而学习速度慢的人可以利用不同的格式来展示他们需要学习的材料。学习慢的人可以读一节课（或让人读给他们听），看一段关于材料的短视频，在参加要求的测试之前玩一个测试他们知识的游戏。新媒体也让害羞的学生和学习慢的学生更容易参与课堂讨论——更不用说数字课堂淡化了教师对学生的主观评价和他们成功可能性的重要性。

然而，接入高速互联网并不能解决美国教育的难题。资源紧张的学校请不起教师，更不用说安装和解决不可避免的技术问题的技术人员了。此外，并不是所有的教育环境都优先考虑教育。像菲尼克斯大学和珠峰学院这样的营利性公司担心的是先拿到工资，然后才是学生教育。新媒体在课堂上也存在问题。新媒体经常将教育游戏化，并强化学生的期望，即学习应该是愉快的，如果不是十足的乐趣。新媒体也为学生们提供了在上课期间和放学后相互联系——有时甚至互相欺负——的新闻途径。最后，低估教师的专业技能会产生后果。老师们接受的训练是识别学生个体的优点和缺点。把他们当作在线辅导者，意味着学生在课堂上可能没有得到适当的发展和挑战。

当我们考虑法律制度时，新媒体的影响尤其有趣。新媒体应该能

结论

改善我们的社区和国家的安全。当然,美国国家安全局已经使用"棱镜"和"XKeyScore"等程序来过滤美国人的通信,阻止恐怖袭击。2013年,一名未透露姓名的官员出席了众议院一个委员会的听证会,据他说,美国国家安全局的项目在世界各地挫败了50多起恐怖主义阴谋。警察部门声称在预测警务项目上也取得了类似的成功。然而,关于预测性警务的有效性的研究一直是良莠不齐的。弗吉尼亚州阿灵顿市兰德公司的分析师约翰·好莱坞(John Hollywood)与人合作撰写了一份关于该问题的报告,他发现,与传统警务相比,预测性警务的优势"充其量是递增的"。此外,我们发现,这些社区和国家项目并不总是有良好的数据,并可能最终延续种族、民族和宗教偏见。我们很难忘记我们从"穆斯林地图"项目中学到的东西,在这个项目中,纽约警察局监视了250多座清真寺和学生团体,试图根除潜在的恐怖分子。

当你进入职场时,你应该思考新媒体如何改变你的求职、工作内容和工作方式。新媒体无疑使求职和申请工作变得更容易,特别是当你在另一个国家求职时。你可以一次快速上传几份工作的求职信和简历。新媒体也让我们更容易调查潜在雇主。我们可以上网看看一家公司是否有良好的声誉,是否有体面的福利。雇主也是如此。他们可以上网看你公开发布的内容,然后决定你是不是他们想面试的人。然而,当潜在雇主要求你在给你面试机会之前提供社交媒体账户的登录信息时,这可能会让人觉得侵犯了你的隐私。

很多新技术都是为了提高工作效率和利润而设计的。一方面,这可以涉及生产的标准化,这可以使工作更容易完成,并为客户提供一致的产品。还记得麦当劳的员工吗?一系列的计时器告诉他或她什么时候翻汉堡肉饼,把面包从烤面包机里拿出来,组装巨无霸。同样,远程营销人员报告说，雇主会给他们提供脚本，精确地告诉他们该对客户说什么，然后电脑会自动拨打通话结束后的下一个电话号码。在这些情况下，数字技术将工作分解为特定的任务，并允许公司将工作的完成方式、产品的外观和交付方式标准化。一致性有助于营利。另一方面，新媒体会异化员工，因为他们对自己在工作日的时间安排几乎没有发言权。虽然很容易用一句简单的"呸呸"就把这种抱怨一笔抹去，但值得记住的是电话推销员和临时邮局雇员的工作经历。他们对自己的工作节奏，甚至什么时候可以上厕所都没有发言权。同样，重要的是要考虑工作是否已经侵占了你的自由时间。如果是这样，想象一下当你和爱人共进晚餐或在夏威夷度假时的感觉。对你所做的事情和如何做有所控制会产生幸福感，这对幸福很重要。

  在最后一章，我们讨论了新媒体对政治制度的影响。在这里，我们看到新媒体有助于社会包容，因为数字技术可以降低参与的成本。不管我们是全职工作、照顾他人还是管理家庭，新媒体都让我们更容易了解政治问题。更重要的是，新媒体使我们更容易参与其中。我们可以分享关于一个问题的信息，为一个组织捐款，或自愿在支持某项事业的活动中提供帮助。我们甚至可以在网上学习新的政治技巧。像全国步枪协会和善待动物组织这样的组织提供了从给立法者写电子邮件到发起草根运动的各种指导。我们还了解到，政治组织在增加公民在政治体系中的发言权方面发挥着重要作用。虽然像善待动物组织和人道协会这样的组织在全国范围内倡导动物权利，但也有很多草根组织利用新媒体组织和动员当地社区的公民。

  当然，新媒体并不能完全解决社会包容问题。我们了解到，在美国存在着数字鸿沟，这影响着谁在网上参与政治，以及他们参与的活动类型。家庭收入和教育水平较高的个人利用新媒体参与广泛的政治活动，包括写信给立法者和编辑，为候选人和事业捐款，加入在线组织，通过社交媒体分享政治内容。家庭收入和教育水平较低的个体主要从事后加入组织和分享内容的行为。教育和收入是社会包容的障碍。我们还了解到，新媒体使持有极端观点的团体（如"另类右翼"）得以蓬勃发展，并允许造势。由公司、行业协会或公关公司资助的组织试图利用公民的不满来推动有利于他们基本论点的立法。

现在呢？

本书的目的是为你提供一个社会学框架，以理解新媒体在美国社会中的作用。你不仅应该能够以稍微不同的方式思考新媒体，还应该能够使用社会学工具来进行自己的研究项目。例如，你可以分析一个特定的公司。去城里的星巴克或唐恩都乐逛逛，看看新媒体和麦当劳化如何影响你的早餐咖啡和百吉饼的制作方式。注意员工的移动方式，他们按的按钮，以及他们使用收银机的方式。

你对在线教育感兴趣吗？注册两门慕课课程，并记下课程的结构以及教授如何与学生互动。还要注意学生之间是否（以及如何）进行交流。通过课程比较你的观察结果。你看到显著的差异了吗？你对在线教育的好处和坏处有什么看法？当然，你也可以将这些社会学工具应用到书中没有涉及的其他兴趣爱好上。如果你对美国的医疗保健系统感兴趣，你可以探索新媒体如何促进学术期刊以外的信息传播，如非医学专业人士很少阅读的《儿科杂志》。例如，你可以分析医生和药剂师如何使用网站、博客和维基百科与在网上寻找医疗信息的个人讨论诊断和药物。像 RxWiki 这样的维基百科只能由药剂师编辑，但它为访问者提供药物的信息，包括副作用和药物相互作用，以及医疗状况。

如果你对医院是如何运作的更感兴趣，你可以观察新媒体和麦当劳化是如何影响医护人员的效率和病人护理的。对于最近住过院的人来说，你们可能已经注意到，每个医护人员似乎都有一台平板电脑，而且很擅长记录患者的生命体征，并将信息输入到一个程序中，以确保患者信息随时可用，并在适当的时候再次检查患者的生命体征。在这方面，新媒体提高了医院的效率。然而，数字技术并不一定会转化为更好的医疗。例如，一名医生可能会选择不给病人做必要的手术，因为他正在使用呼吸机，而没有意识到可以进行手术的便携式呼吸机就在现场。

1959 年，社会学家 C. 赖特·米尔斯（C. Wright Mills）要求读者思考我们的生活是如何与我们所处的历史和社会的力量联系在一起的。米尔斯要求我们从自身的角度去思考，思考我们所面临的现实和问题是如何被许多其他人所共享的，以及如何与社会结构及其内部发生的变化直接相关。他把我们在自我、历史和社会之间建立联系的能力称为"社会学想象力"。有了它，我们可以更好地理解快速变化的技术如何影响我们彼此之间的关系，以及如何改变我们赖以生存的社会机构。社会学的想象力帮助我们解释我们游泳的水。

致谢

这本书一开始是一系列不连贯的帖子和推文,这些都是我多年来收集和分享给我的学生的。多亏了伊琳·卡利什(Ilene Kalish)的鼓励和支持,我把这些"可教的时刻"变成了我想在课堂上使用的书。如果没有杰出的编辑助理玛丽亚姆·阿兰(Maryam Arain)和佛罗里达州立大学三位优秀的研究生塔拉·斯坦姆(Tara Stamm)、肖恩·高登(Shawn Gaulden)和辛西娅·威廉姆斯(Cynthia Williams)的不懈协助,这本书是不可能完成的。在帮助我将这本书推向众所周知的终点线的过程中,每一个人都发挥了关键作用。我非常感谢佛罗里达州立大学社会学系、佩珀老龄化与公共政策研究所和社会科学与公共政策学院,在项目的关键时刻为我提供了如此优秀的学生。我还要感谢我的妈妈迪·思迪博斯克(Dee Styborski),她读完了每一章,给了我生动的反馈。如果你不能依靠你的妈妈告知你的例子很无聊,那么你还能依靠谁呢?我非常感激我的丈夫和儿子们对我的爱和无尽的支持。没有他们我没法工作。

术语表

代理机构（Agency）是指遵守或挑战社会机构规则或惯例的个人意志集合体。

议程设置过程（Agenda-setting process）指的是如何将某一问题确定为政治机构应解决的问题。政策议程的制定影响到个人和群体的社会包容。

异化（Alienation）是指个人因为无法控制工作而感到与工作疏远。卡尔·马克思认为工作以及我们驾驭它的能力是我们自我意识的核心。他认为资本主义剥削劳动者并导致异化。

阿斯特罗夫草皮组织（Astroturf groups）是由公司、行业贸易协会或公共关系公司创建和/或资助的组织。

权威（Authority）指机构发布命令、作出决定和强迫公民遵守的权力。

自主性（Autonomy）是异化的对立面。卡尔·马克思认为，个人真正自主的唯一途径就是控制他们制造什么、如何制造以及如何销售。

资产阶级（Bourgeoisie）是卡尔·马克思所说的拥有生产资料的资本主义阶级。资产阶级是工人们使用的工厂、建筑物和土地的主人。

科层化（Bureaucratization）就是采用明确的组织结构、规程和程序。韦伯注意到科层化是现代制度的一个重要特征，在维护对公民的权力方面发挥着重要作用。

资本主义经济（Capitalist economy）是指一个国家的贸易和工业由私人所有者而不是政府控制的经济。

分层组织沟通（Communication structured hierarchically）限制了支持者与政治组织互动的方式，这类政治组织通常拥有明确的领导人，他们是集团的决策者和代言人。

横向组织沟通（Communication structured horizontally）对于支持者如何与政治组织互动的限制较少，政治组织通常是草根团体，依靠志愿者和捐赠来维持团体的运作。

冲突理论（Conflict theory）描述的社会学理论集中于美国的竞争、权力和不平等。顾名思义，这些观点突出表明，争夺稀缺资源如何使不同群体之间发生冲突，这种冲突可能不会立即显现。例如，教育制度通过训练贫困学校的学生接受他们作为美国社会收入较低成员的地位，使美国的收入不平等永久化。

非正式员工（Contingent workers）是指临时工，如自由职业者、独立专业人员、临时合同工、独立订约人或顾问，他们在需要时被雇用，当他们不需要时被解雇。

公司合法性（Corporate legitimacy）是人们如何评价公司、公司目标及其适当性的结果。公司的某些合法性源于它遵守一国的规章制度。然而，我们也根据公司所代表的社会价值观来评估公司的合法性。

数据挖掘（Data mining）指的是搜索大型数据存储库以便发现数据中的趋势和模式的实践。公司从事数据挖掘工作，以便它们能够预测自己的销售情况，创建购买和使用其产品的人员概况，并发现向消费者推销产品的最佳方法——还有其他许多事情。

数字鸿沟（Digital divide）指能够上网者与无法上网者之间的差距。

种族定性（Ethnic profiling）描述了执法人员利用种族或民族特征来确定谁可能犯罪并防止犯罪发生的做法。

家庭（Family）由认为与自己有血缘关系、婚姻或收养关系的人组成。家庭是一种普遍的社会机构，这意味着家庭的形式可能有所不同，无论你身处世界何处或文化多么遥远，你都会找到家庭。

弹性安全（Flexicurity）是"弹性安全"（flexible security）的简称，指的是一种社会治理模式，试图通过平衡员工对灵活劳动力的需求和工人对工作保障的需求来保护公民的健康和福祉的社会治理模式。

框架（Frame）概述了一个问题及其解决方案。政治组织以旨在影响议程设置进程的方式来界定问题。

正式政治组织（Formal political organizations）是明显具有组织结构和科层制的团体，并拥有有偿专业人员。

功能主义（Functionalism）［或功能主义视角（functionalist perspective）］是指强调社会机构如何有助于在社会中创造共识和合作的社会学理论。例如，教育将基本的知识和技能传授给下一代，教导年轻人什么是（和不是）社会上可以接受的行为，并为他们就业做好准备。

教育游戏化（Gamification of education）描述了运用游戏思维和游戏机制刺激学习。

全球主义（Globalism）指的是连接空间和时间的联系网络。

身份（Identity）是指我们在与自我相关的环境中表现出来的行为。我们表现出许多身份，包括学生、兄弟姐妹、孩子、朋友、职工、合作者等等——所有这些都构成了自我。

帝国主义（Imperialism）描述了一个国家通过政策和军事力量扩大其权力的做法。

个性（Individuality）是我们彼此区别的特征。

非正式政治组织（Informal political organizations）是没有明确结构的团体，往往由无偿志愿人员管理。

潜在功能（Latent functions）指社会机构的意外后果。

法律行为者（Legal actors）系指为法律机构工作并代表法律机构的个人，包括警官、联邦调查局特工、国家安全局分析员、律师和法官。

法律机构（Legal institutions）是指负责执行法律和保护民众的组织。联邦调查局、中央情报局、国家安全局和执法机构就是法律机构的例子。

显性功能（Manifest functions）指社会机构的预期后果。

麦当劳化（McDonaldization）指的是社会学家乔治·里策尔关于泰勒主义在现代社会中的表现的理论。他的理论强调，现代雇主如何越来越多地依赖技术来提高员工的效率和生产力，以及让消费者的体验更加可预测。

生产资料（Means of production）是工人从事工作所需的工具，如农具或电脑。卡尔·马克思认为，生产资料归资产阶级所有。

媒体逻辑（Media logic）指的是媒介的结构和内容的格式如何影响传播。媒介结构概述了不同的媒介结构如何塑造我们所接收的信息。格式指信息如何呈现。

国家安全（National security）指的是政府应保护自己及其公民免受威胁。

术语表

新媒体（New media）是依赖数字技术的大众传播，如社交媒体、在线游戏和应用程序、多媒体、生产力应用程序、云计算、互操作系统和移动设备。新媒体是大众媒体的一部分。

客观性（Objectivity）描述记者在陈述政治问题时试图保持中立的新闻做法。

本体论安全感（Ontological security）指的是我们存在的自我意识。根据安东尼·吉登斯的观点，本体论安全感来自于我们与家庭成员和朋友的关系，当我们经历积极和稳定的情绪，帮助我们处理我们无法控制的事件时，本体论安全感就得到了实现。

出口偏差（Outlet bias）指的是，与另一个想法、个人或群体相比，一个出口受到赞成或反对的偏见。

全景监狱（Panopticon）是哲学家和社会理论家杰里米·边沁在18世纪创造的理想监狱的模型，所有的牢房都向一个有守卫的中央塔开放。囚犯们不能相互交流，也不知道他们什么时候被塔上的看守监视着。

政治机构（Political institutions）是制定法律、调解政治冲突和代表公民的组织。个人希望通过发出自己的声音，当选官员将以改善他们的社会包容性的方式行事。

政治组织（Political organizations）是从事旨在推进特定政治目标的行动的团体，如全国步枪协会或善待动物组织。

法理权威（Rational-legal authority）指的是一种权力，政府用来维持其在一定群体中的合法性。法律机构从一套规则中获得合法性，这些规则因为符合社会的价值观并得到制度行动者的支持而得到遵守。

自我（Self）指的是我们相对于他人所拥有的相对稳定的认知。自我是通过在各种环境中与他人的互动而形成的。

自我实现预言（Self-fulfilling prophesy）描述由于别人的预测而产生错误假设的现象。在课堂上，当一个学生表现很好（或很差），因为学生达到了老师的期望时，就会发生这种情况。如果老师相信一个学生可以提高他的表现或成绩，学生就会接受这种积极的期望，提高他的表现或成绩。

社会交换模型（Social exchange model）强调了关系动态的重要性，或者一个行为者的行为如何通过其他行为者的行为和制度环境的变化所塑造。

社会包容（Social inclusion）指的是个体和团体充分参与社会并掌控自己生活机会的能力。个人和团体参与政治，以提高他们在政治机构中的包容性。

社会机构（Social institutions）是既定的社会规则体系，对行为产生稳定的期望。社会机构包括提供支持和使命感的家庭和宗教，以及有助于建立社会秩序的教育、政府和法律。大众媒体也是一种社会机构。

社交网络（Social networks）指我们的社会交往和个人关系网络。

社会化（Socialization）指的是教育儿童语言、社会技能和社会价值观，使他们能够融入更大的社区。

结构（Structure）指社会和社会机构提供的规则和做法。

超级全景监狱（Superpanopticon）指的是数字时代机构（如法律机构）可能实施的超级监控。

符号互动（Symbolic interaction）指社会学理论，研究个体如何使用词语、肢体语言和符号与他人达成共识。像冲突理论家一样，研究互动的社会学家思考权力如何影响人们之间关系的方式。例如，在学校里，教师和教授管理课堂，决定是否允许学生参加课堂讨论以及如何参与课堂讨论。

泰勒主义（Taylorism）描述了弗雷德·埃里克·温斯洛·泰勒在19世纪80年代和19世纪90年代发展起来的管理学理论。泰勒分析了工人们如何完成他们的工作以便使他们更有效率和更有生产力。与马克思不同，泰勒不关心工人的体验。